和歌山大学経済学部研究叢書 25
Faculty of Economics
Wakayama University

現代の貨幣

石橋貞男【著】

●

Money in Our Age

ISHIBASHI Sadao

東京 白桃書房 神田

はしがき

　本書の課題は，貨幣を多角的に考察することにある。「貨幣が，私を人間的生活に，社会を私に，私を自然と人間とに結びつける紐帯であるとすれば，貨幣は一切の紐帯のなかの紐帯ではないか？」とマルクスがいったことがある[1]。本書の課題は，マルクスに即してこの文言の真意を解き明かそうとすることにあるのではない。本書は，ただこの文言に私が触発されて，私なりに考えた諸論文をまとめたものである。

　しかし「紐帯」という言葉ほど，貨幣の本質を言い表しているものはないのではないかとも考えられる。資本主義経済においては，商品は商品同士で結びつくことができない。商品は貨幣を媒介にすることによって初めて結びつくことができる。さらには，商品経済に生きる人類は貨幣によって初めてグローバルに結びつくこともできる。商品経済的には，商品は商品の中から1つの商品を貨幣として生み出すことによって，商品の交換は媒介されるしかない。貨幣はその意味で商品経済に生きる人類の紐帯となっているといえる。しかし，その紐帯がうまく機能しないときは，人類の未来は覚束なくなる。

　貨幣は，金本位制の国際的な成立が明示しているように，歴史的には金や銀の貴金属がその地位を占めた。しかし，同時に信用貨幣の発展がみられ，国内だけではなく国際関係においても貨幣は金から徐々に離れることになった。直接的には，第1次世界大戦を契機に金本位制は停止せざるをえなくなり，第2次世界大戦に至る戦間期の再建金本位制の試みも挫折した。戦後IMF体制において，アメリカがドルと金の交換を保証することによって，ドルが世界の基軸通貨となったが，1971年には金・ドル交換停止に至った。

1　Marx（[1970］：183頁，S. 223-224）。

そして，金を喪失した後も国際通貨体制は，ドル本位制という形で続いていくかに思われたが，2008年グローバル金融危機がそれに大きな疑問符を付したことになる。そのような中で，改めて貨幣とは何かが問われることになっていると考えられる。

本書は，3編9章の構成になっている。

第1編「貨幣と信用」では，まず，貨幣の生成の謎を明らかにするとともに，信用貨幣と信用貨幣を生み出す金融機関を理論的に論じたものである。

第1章「貨幣の生成」では，マルクスの価値形態論を貨幣生成の必然性を解き明かすものと理解したうえで，価値形態論が展開される動力を商品交換の効率性が追求されていく観点に求めた。第2章「貨幣・信用論の展開」では，マルクスの貨幣論と商業信用から銀行信用への展開とを取引費用の節減という視点から一貫して考察した。第3章「信用論と金融論」では，マルクスの信用論と金融論との架橋を試みた。マルクスの信用論・金融論は，これまで「信用論」と「利子生み資本論」として大別されてきた。本章では，これを「信用論」の系譜（掛売買→商業信用→銀行信用→中央銀行）と「利子生み資本論」の系譜（利子生み資本論→貨幣融通資本の形式→金融機関論）とに整理し，両者をつなぐものとして銀行という金融機関を捉えようとした。前者の系譜では銀行の信用創造が中心的な課題となるが，後者の系譜では銀行の資金仲介が中心となる。後者では，利子生み資本，貸付資本，そして貨幣融通資本の概念そのものが再検討される。第4章「貨幣と金融業資本──「貨幣融通資本の形式」について──」では，山口重克氏の「貨幣融通資本」概念の検討をしている。第3章の論点そのものが，この検討の結果として出てきたという点で，私にとっては重要なテキストクリティークであった。結論的にいえば，論点は，山口氏が説いた「貨幣融通資本の形式」は内容的には資金運用者と資金調達者をつなぐ金融機関論として論じられるような構成になっているにもかかわらず，それが「資本の形式」を論じるという意図に縛られてしまっているという点にある。そのためには，利子生み資本や貸付資本の概念に対する批判的な理解が必要になると考えている。

第2編「貨幣と情報」では，情報・通信技術の発展が貨幣および金融機関にどのような影響を及ぼしているのかが，理論的および現実分析によって考

察されている。

　第5章「貨幣と情報」では，電子マネーが発行される現実を前にして，貨幣の本質を問い直したものである。貨幣の本質は物的なものではなく，情報であり，それが金・鋳貨・紙幣・銀行券・電子マネーという姿をとってきたのではないかという問題意識があった。そのような観点からマルクス貨幣論に検討を加えた。第6章「電子マネーと貨幣の本質」では，1990年後半に出現したさまざまな電子マネーを具体的に考察したものをベースにしている。電子マネーの概念を明らかにし，電子マネーの貨幣論での位置づけを行い，電子マネーから貨幣の本質を論じた。初出から17年ほど経過したので，電子マネーの現状と仮想通貨（virtual money）といわれるビットコインにもふれることにした。第7章「デジタルエコノミーにおける金融業」では，情報・通信技術の発展によるデジタル化が，金融業にどのような影響を与えているのかを分析したものである。金融の規制緩和と金融のグローバリゼーションとが相俟って金融再編が世界的に起き，金融コングロマリットが出現した。それに呼応して，日本においてもインターネット専業の証券業・銀行業・保険業に異業種からも参入が生じた。初出論文は2007年であり，とくに第3節「インターネットと金融業」ではその後の再編も踏まえて新しいデータを追加した。ネット専業でも金融コングロマリットの動きがみられる。

　第3編「貨幣と国家」では，2008年グローバル金融危機による国際通貨体制の動揺を理論的かつ実証的に論じ，貨幣の在るべき姿を模索した。

　第8章「グローバル金融危機とSDR」では，ドルの基軸通貨国特権がアメリカの過剰投資・消費を過度に拡大させ，アメリカ発のグローバル金融危機を惹起したのではないかという視点に立って，国際準備通貨の代替案としてIMFのSDR（Special Drawing Rights）について考察した。SDRの原型にはケインズのバンコールがある。そこでブレトン・ウッズ体制の設立時におけるケインズ案・ホワイト案にまで遡って，バンコールを検討し，さらにSDRとの異同とSDRの本質について考えた。第9章「グローバル金融危機と国際通貨体制」では，2008年グローバル危機を引き起こした要因は複合的であるが，国際通貨体制そのものの在り方が大きな外枠としてあったのではないかという観点から，グローバル金融危機と新たな時代の国際通貨体制

について考えた。SDRを基にしてグローバル準備通貨の創設が目指されるべきであろう。

　以上のような構成で，本書はここ十数年に発表した論文をとりまとめ，大きく3つの角度から現代の貨幣を論じたものである。まだまだ不充分な点は多く，また地域通貨など論じられていない論点も多いが，ここで一区切り付けて，次の一歩を踏み出せればというのが実感である。データとしては既にかなり古くなったものもあるが，できるだけ新しいデータも追加した。奇貨として，時間的な変化が読み取れるかもしれないと思っている。

　さてこのような未熟な書であるが，多くの方々のご支援がなければ到底まとめることができなかった。この場を借りて，御礼申し上げたい。

　まず，「マルクス経済学の現代的課題」研究会（略称SGCIME―エス・ジー・シム：The Study Group on Contemporary Issues and Marxian Economics）に参加されているすべての皆様に，心から感謝申し上げたい。春・夏の研究会では，世界的に大きな変容が進む経済・社会・政治構造に対して，原理論や現実分析，学史・思想史に至る分野から自由闊達に議論されてきた。私はその末席で，理論の領域から少しでも現実とつながるような理論を考えようと，時には厳しい議論の中からさまざまなことを学ばせていただいた。もうすぐ20年になる研究会の運営をしていただいてきた皆様にもとくに御礼申し上げたい。

　また，関根友彦先生を中心にする「世田谷経済学研究会」の皆様にも，心から感謝申し上げたい。関根先生とは，カナダ・ヨーク大学留学時からご指導いただいているので，既に二十数年になる。関根理論の完成も間近いと感じている。

　さらに，「仙台経済学研究会」の皆様にも，心から感謝申し上げたい。大学院の時からの研究会であるが，一昨年，研究会でご指導いただいてきた馬渡尚憲先生が急逝された。ご冥福を心からお祈り申し上げたい。

　最後となりましたが，学部・大学院で一からご指導いただいた渡辺昭先生と田中菊次先生に対してこれまでの学恩に感謝申し上げるとともに，先生方のご健康をお祈りしたい。

　本書は，「和歌山大学経済学部研究叢書刊行制度」から出版助成を受けて

いる。私に出版助成を認めていただいた同叢書刊行委員会の皆様に心から感謝するとともに，「経済学部教育研究支援室」の回り道美貴さんに大変お世話になった。記して感謝したい。そして出版にあたっては，白桃書房編集部の平千枝子氏にひとかたならぬご尽力をいただいた。心から御礼申し上げたいと思う。

2015 年 12 月

紀淡海峡をのぞみて
石橋貞男

はしがき

第1編 貨幣と信用

第1章 貨幣の生成 — 3
1. 商品の本質 …………………………………………… 4
2. 簡単な交換方式（簡単な価値形態）………………… 6
3. 拡大された交換方式（拡大された価値形態）……… 10
4. 一般的交換方式（一般的価値形態）………………… 15
5. 売買方式と貨幣 ……………………………………… 18

第2章 貨幣・信用論の展開 — 21
1. 貨幣の機能と交換効率の追求 ……………………… 22
2. 商業信用と銀行信用による決済の効率化 ………… 35

第3章 信用論と金融論 — 43
1. マルクスの信用論と金融論の構造 ………………… 43
2. 「信用論」の系譜 …………………………………… 45
3. 「利子生み資本論」の系譜 ………………………… 54

第4章 貨幣と金融業資本 — 65
　　　　—「貨幣融通資本の形式」について—
1. 資本形式論について ………………………………… 66
2. 「貨幣融通資本の形式」について ………………… 70
3. 証券投資資本と証券業資本について ……………… 81

vii

第 2 編　貨幣と情報

第 5 章　貨幣と情報 ―――――――――――――――――― 91
1. マルクス貨幣論の構成 …………………………… 94
2. 貨幣の価値尺度機能をめぐって ………………… 95
3. 貨幣の流通手段機能をめぐって ………………… 111

第 6 章　電子マネーと貨幣の本質 ――――――――――― 117
1. 電子マネーの概念 ………………………………… 118
2. 電子マネーの位置づけ …………………………… 124
3. 電子マネーと貨幣の本質 ………………………… 132

第 7 章　デジタルエコノミーにおける金融業 ――――― 139
1. 金融業とデジタル化 ……………………………… 140
2. 金融業の変容 ……………………………………… 147
3. インターネットと金融業 ………………………… 153

第 3 編　貨幣と国家

第 8 章　グローバル金融危機と SDR ――――――――― 167
1. SDR ………………………………………………… 168
2. バンコール ………………………………………… 177
3. SDR とバンコール ………………………………… 179

第 9 章　グローバル金融危機と国際通貨体制 ――――― 183
1. グローバル金融危機の複合的要因 ……………… 186
2. グローバル金融危機と国際通貨体制 …………… 192
3. グローバル金融危機後の国際通貨体制 ………… 208

引用・参照文献一覧
初出一覧
人名・法人索引／事項索引

第1編

貨幣と信用

貨幣の生成

はじめに

　まず，マルクスの価値形態論を貨幣生成の必然性を解き明かすものとして理解していく。そのうえで，価値形態論が展開される動力を商品交換の効率性を追求していく観点に求めていく。貨幣の生成について商品交換の効率性追求から考える方法は，貨幣の生成の後では，決済の効率を追求する視点として，貨幣のさまざまな機能を説いたり，商業信用そして銀行信用や銀行組織を展開していくに際しても，効いてくるであろう。貨幣・信用論は，貨幣の生成からさまざまな信用システムに至るまで，商品交換をより効率よく行っていくという視点から一貫して考察できるのではないかと考える。

　ところで価値形態論の展開を交換方式からみる視点は，価値形態論を価値の表現とみる価値概念を軸にした考察と背馳することはない。しかし，なによりも商品交換を実現しようとする，しかもより効率よく商品交換を実現しようとする商品所有者に即して，価値形態論の展開の動力を明らかにすることにここでは重点が置かれている。

　本章では，マルクス価値形態論それ自体を詳細に検討したり，これまでの価値形態論をめぐる諸説を吟味して，議論を展開したりしているわけでもない。ただ，効率性という観点から貨幣生成を考えようとする諸論者の見解を取り上げているにすぎない。しかし，価値形態を交換方式とする捉え方は，マルクス価値形態論に対する宇野弘蔵の問題提起の中にそもそも含まれていたと考えられる[1]。つまり，価値の表現そのものに，商品所有者とその欲望

が前提にされていることを明確にすべきだという宇野の主張に，自ずと商品所有者がその交換を求めて，価値を表現していることが含意されている。そして，商品交換の在り方に経済性という概念を持ち込めば，自ずと商品交換における効率性の追求として価値形態論をみる考え方が浮き上がってくることにもなろう[2]。本章は，その視点を明示的に取り出して，貨幣の生成の謎に迫ろうとする[3]。

1. 商品の本質

　人間が自然に働きかけて獲得する生産物は，人間の欲望を充足するものとしての有用性をもつものとして生産される。この有用性をもった生産物（財・サービス）が交換に提供されると，生産物は商品となる。

　商品の本質とは，有用性をもつものであるが，有用性がその商品の所有者にとっての有用性ではないところにある。有用性があれば，自ら消費すればよい。たとえ所有者にとって有用性があったとしても，欲望を満足させる分

1　「特定の商品リンネルは，その所有者がそのリンネルと交換して得ようとする，他の商品の使用価値の一定量をもって，その価値を表現せられる。リンネル20ヤールは1着の上衣に値する，というように表現せられるわけである」（宇野［1985］：22）。ここで商品所有者は，自らの商品と交換して他の商品を得ようとしている。

2　馬渡尚憲によれば，「価値形態を商品所有者が交換を求める方式として扱う見解」は宇野弘蔵を始め，その問題提起を肯定的に受け止めた多くの論者にみられる（馬渡［1979b］：138）。しかし，そこからさらに踏み込んで，商品交換の効率の問題を意識的に注目している論者は，馬渡を嚆矢とするのではないかと思われる（馬渡［1978］，［1979a］）。本章では，この商品交換の効率性の視点を価値形態論においてさらに一貫して追求しようとしている。

3　貨幣の生成の謎に迫ることは，歴史的な生成の過程をたどることを意図していない。ここでは貨幣生成の論理を理論的に解き明かそうとしている。物々交換が歴史的にあって，歴史的にその中から貨幣が発展してきたといおうとしているのではない。ただ，現代の貨幣を考える場合，現代の貨幣は歴史的な産物であるので，ある面で歴史的な痕跡を残している。理論的な展開においても，歴史的な産物を理論的に解明しようとする限り，歴史的な痕跡が残る面がある。「個体発生は系統発生を繰り返す」と生物学でいわれるように，現代の貨幣の中にはそのような歴史的な過程が埋め込まれている面はあるが，ここでの貨幣の生成論は歴史的な過程そのものを抽象的に考察しているわけではない。

量を超過する量を所有していると想定してもよい。いま，商品 A は所有者 A にとって有用性をもたないとしよう。そのような場合，商品 A は所有者 A にとってまったく有用性をもたないかというと，必ずしもそうではない。他の商品所有者 B には有用であるかもしれない。したがって，いま商品所有者 A が商品 B に有用性を見いだしており，同時に所有者 B が商品 A に有用性を見いだしている場合，商品 B を交換によって獲得する手段として商品 A が使えるという意味において，商品 A は所有者 A にとっての「有用性」をもつ可能性がある。相互に不用物を出し，有用物を交換により得るという利益を共に得ている。

商品としての A の有用性とは他人のための有用性であり，この他人のための有用性を商品の使用価値という。そして，その商品を交換に提供して，自分が有用性を見いだす他の商品を獲得する手段として使用できるという商品の「有用性」は，商品の交換に際して他の商品を引き付ける力である。この商品がもつ交換力を商品の価値という。

商品は，価値としては一定の大きさをもって他の商品との交換を求める性質であり，使用価値としては他人のための有用性である。いま，ある商品をもつ所有者が，それによって自分の欲望を満足させるような有用性をもった他の商品すべてとの交換を求めている状態を想定する。しかし，使用価値としては，それ自体はある特殊な種類の有用性であり，他人がその有用性を見いだして，交換に応じてくれるものでなければならない。

それでは，商品の交換はどのようにしてなされるのか。商品所有者が出会い，商品が交換されるところを市場という。まず，市場の状況を理論的にみておこう。ここでは，商品交換を求めて商品所有者が，一堂に会する場を想定する。しかし，市場に行けば商品についてすべての情報が事前に手に入るわけではない。市場には，さしあたり情報が欠けている。A 商品所有者が交換を求める B 商品の所有者がどこにいるのか，いるとしてもどれだけいるのか，いまはいないが，しばらくすれば出現するのか，といったことがまったく分からない。しかも，たとえ B 商品所有者がいたとしても，その中に A 商品に対して有用性を認めるような所有者がいるのかいないのか，といったことはなおさら分からないような状況にあるとしよう。情報が欠如し

た市場で，商品所有者は，自ら商品所有者として交換のための探索行動を繰り返すことによってなんとか交換を実現しようとしており，しかもより効率的な商品交換の実現を目指して情報をつくり出そうとする。このように商品交換には交換をめぐる情報が欠如しているということが，二者間で商品が相互に交換される点では似ているとしても，お互いがそれぞれの需要と供給を知っていることを前提に交換するような物々交換と商品交換との違いをなす。物々交換から出発しようというのではなく，逆に貨幣がない物々交換の経済社会は成り立たないといおうとしている。

2. 簡単な交換方式（簡単な価値形態）

　最も簡単な商品交換の方式とは，商品所有者Aと商品所有者Bといった商品所有者同士が商品を相互に交換しあう場合である。いま，塩という商品の所有者が砂糖という商品を必要としているとする。塩を提供して砂糖を得たい。しかし，商品を供給し需要するためには，それぞれの大きさ，つまり必ずどれだけのものを提供するとか，どれだけのものを必要とするとかという量的な大きさを決めておかなくてはならない。例えば，いま2キロの砂糖が欲しいときには，それに対して自分の塩10キロを提供しようとするといった具合にである。商品所有者の需要は，いま砂糖に対する需要としてあるが，砂糖はいくらあってもよいわけではない。砂糖に対する欲望の大きさが一定量の砂糖という形で表現されている。

　なぜ，2キロの砂糖に対して塩10キロを提供しようとするのか。それは，塩の所有者が，2キロの砂糖の交換力である価値の大きさを見計らい，それに対して自分がもつ塩の価値を見計らい，同じ価値量をもつものとして塩の量を調整していると考えられる。どちらの商品の価値がどのように表現されているのか。この場合の量的な決定順序は，欲しい砂糖の量がまず決められ，その後でその量に対して提供する塩の量が決定されている。砂糖に対して塩が提供されており，砂糖の価値が表現されているようにもみえる[4]。し

4　この問題は，日高普によって「パリはミサに値するか」という論文で取り上げられ

かし，交換の方式としては，塩から砂糖に交換を申し込むのであり，使用価値量を決定する手順と逆になるのではなかろうか。そして交換の申し出が，そこにある塩 10 キロに，後でみるように 2 キロの砂糖というレッテルを貼ることによって行われるとすれば，やはり塩の価値が砂糖で表現されているのではなかろうか。交換の申し出の方向性と交換力の大きさの表現は，逆にはならないと考えられる[5]。

　塩の所有者は，まず塩を欲する人を先に探し出し，その人に「あなたは私が欲する砂糖をもっていますか」と尋ねて，もっている場合に，「その砂糖と私の塩を交換してください」というように行動するのであろうか。そうで

　　た。それによると，新教から旧教に改宗しなければパリに入城できないアンリ 4 世にとって，欲望の対象は「パリ」に入城することであり，それに対して提供されるものは改宗を意味する「ミサ」を行うことであった。『資本論』に引用されている「パリはまことにミサに値する」にならって，ここでの提供物である塩と手に入れたい砂糖との関係に置き直してみると，表現されているのは砂糖の価値であり，「2 キロの砂糖は，塩 10 キロに値する」というのが，本筋ではないかという問題提起である。日高によると，交換の申し出を行う所有者の商品と価値表現される商品とが逆になるべきだという（日高［1994］：44-70）。

5　「パリはまことにミサに値する」については，次のように解釈できるのではなかろうか。アンリ 4 世は，最初から「ミサ」を提供物として「パリ」を手に入れたいと思っていたわけではなかった。それなら「ミサはパリに値する」といったであろう。「パリ」が欲しいのは確かであるが，そのために「パリ」に対して何を提供したら良いのか分からない。「何回か武力によるパリ攻略をこころみたが成功せず，パリにはいるためには結局カトリックに改宗しなければならなかった」（日高［1994］：45-46）。「パリ」を手に入れようといろいろやってみたが，「パリ」が要求しているのが「ミサ」だと判明したのだ。「パリはミサに値する」とは，パリからの価値表現であり，交換要求であったのだ。それに対して，アンリはその交換に応じるかどうかを決めるいわば等価形態に立たされたのだ。そして，アンリは，その申し出に対して，パリには自らの信仰を曲げるだけの価値ありと判断し，交換要求に同意したのだ。だから，「パリはたしかにミサに値する！」と叫んだわけである。
　　また，奥山忠信は，リンネル所有者からの茶所有者への交換の申し出について，書評で次のようにいう。「著者（日高）の場合，リンネル所有者は，5 ポンドの茶は 20 ヤールに値する，と茶の所有者に告げるのではなかろうか。しかし，リンネル所有者にとっては，この情報を受けた茶の所有者の関心事が，茶ではなくリンネルにあるかどうかが問題である。そうであるとすれば，リンネル所有者の価値表現は，茶の所有者の関心に応えるように，交換の申し出と一致し，リンネル 20 ヤールは 5 ポンドの茶に値する，となるのではなかろうか」（奥山［1994b］：76）。

はないであろう．砂糖が欲しいのである．まず，砂糖をもっている人を探し出さねば，話は始まらないのではなかろうか．砂糖をもっている人を探し出した．そこで，その人に「私の塩と交換してください」と交換を申し込む．砂糖をもっている人が，たまたま塩を欲している場合に，交換が成立するわけである．順序はどうでもよいのではないか，と考えられるかもしれない．いずれにしても交換が成立すればそれでよいのではないか，と．そうではないであろう．この順序を問題とするところに，物々交換と貨幣を媒介した売買との違いがあると考えられるからである．また，この順序を論点の軸として，価値形態論が交換の方式として展開されていく．

　交換はどのようになされるのか．実際に探し回って，出会う人ごとに交換を求めると考えてもよいが，現実的ではない．商品交換を求める人たちは，1ヵ所つまり市場に集まるのが効率的であろう．そこで，自分の交換の要求を人々に情報として告げなければならない．想定できるのは，例えば1枚の札に自分が欲しい「2キロの砂糖」と書き，それを自分の商品である塩の中から10キロだけを取り出して，その前にぶら下げておくようなやり方であろう．この札は，最終的には値札へと発展していくものであるが「2キロの砂糖をもってくれば，塩10キロと交換します」という情報を発信している．このように塩の所有者は砂糖との交換を要求することによって，塩の交換力を主観的に表現している．

　塩の所有者は自分からは動き回らないとしても，塩の前を通る人々の中で，砂糖をもった人で同時に塩を欲しいという人と出会うには，確率的にどのようになるのか．全体を1として，自分が欲する商品である砂糖をもった人に出会う確率を P_1 とし，自分の商品である塩を欲する人に出会う確率を P_2 とすると，$1/P_1 \times 1/P_2$ の人々が，塩の前を通らなければならないであろう[6]．いま P_1 を10分の1，P_2 を20分の1とすると $10 \times 20 = 200$ 人となる．つまり，掛け算は，塩の所有者が砂糖を欲し，その砂糖の所有者が同時に塩を欲するという「欲望の二重の一致」が不可欠になっていることを示している．

---

[6] 金谷（[1992]：24-26），参照．

塩との交換の決定権は，塩を欲しい人に与えられているのではなく，砂糖をもっている人に与えられている。砂糖をもっている人が決定権をもち，砂糖をもっている人で塩を欲しい人は，いつでも塩の所有者と交換できる。塩の所有者は，砂糖との交換の申し出つまり価値の表現には能動的であるが，その交換の実現つまり価値の実現の決定権をもっているわけではない。それに対して，砂糖の所有者は，塩からの交換の申し出つまり価値の表現には受け身であり，受動的な立場にあるが，交換の実現つまり価値の実現の決定権を握っている。つまりこの二者の間では，砂糖は塩に対しての直接的交換可能性が与えられている。塩は砂糖によって価値が表現される相対的価値形態にあるといい，砂糖は塩の価値の等価として置かれているので等価形態にあるという[7]。

　ところが，交換を確率としてみた場合，「欲望の二重の一致」のために出会わなければならない人数は，掛け算となり，交換は高い偶然性に左右されていた。そこでより効率よく交換ができるようにするための改善は，どのようにしたら与えられるのであろうか。ヒントは，交換を求める塩の所有者が，相手から交換を求められる砂糖の所有者のような位置つまり等価形態につけばよい，という形で与えられている。等価形態の商品には交換を実現する決定権が与えられていた。例えば，砂糖の所有者が塩を欲していない場合でも，砂糖の所有者が欲する何かと塩との交換が可能であれば，まず，その何かと塩を交換しておけば，砂糖に対して直接的交換可能性を得て砂糖との交換が可能になるであろう。そのためには，砂糖の所有者の欲するものを調べ，さらにはその欲するもののさらに欲するものを調べるといった，いわば情報の収集が行われなければならない。

　「将を射んと欲すればまず馬を射よ」という諺がある。そのような迂回的な間接交換でよければ，たとえ不可能な交換も可能となりうるということである。一例を挙げてその実現可能性を探ってみよう。いま，塩の所有者が砂

---

[7] 「亜麻布はそれの価値を上衣で表現し，上衣はこの価値表現の材料に役立つ。第1の商品は能動的役割を演じ，第2の商品は受動的役割を演じる。第1の商品の価値は相対的価値として表示されている。すなわちこの商品は相対的価値形態にある。第2の商品は等価として機能する。すなわち等価形態にある」（マルクス［Ｉ］：134頁, S. 63）。

糖を欲し，砂糖の所有者が胡椒を欲し，胡椒の所有者が塩を欲するというように，三者で欲望の方向性が一方的になり循環するような場合（塩→砂糖→胡椒→塩）には，このままではこの三者は永久に交換できないことになる。しかし，塩の所有者がいま直接的な欲望の対象ではない胡椒との交換に同意して，塩を提供して胡椒を獲得するとしよう。砂糖の所有者は胡椒を欲しているから，塩の所有者はその胡椒を媒介物にして，砂糖が直ちに得られることとなる。かくして，胡椒は塩と交換され，塩は砂糖と交換され，砂糖は胡椒と交換できた[8]。

ここで重要なことは，これまでの商品交換の順序を逆にするということである。すなわち商品所有者は，①自分が欲する商品の所有者を探し，その中から同時に自分の所有する商品を欲する商品所有者を探して交換をするだけでなく，②順序を逆にして，まずは自分の商品を欲している所有者の商品と1回めの交換をする。そして，次にその交換した商品を欲する人と2回めの交換をするという回り道をした形で，つまりなんらかの商品を媒介物として自分の商品を提供して自分の欲する商品を獲得する方式も考えられるわけである。

3. 拡大された交換方式（拡大された価値形態）

塩の所有者にとっては，欲望の数だけ，交換を求めたい商品がある。いま，そのように交換を求める商品を拡大してみよう。塩の所有者は，自分が欲するさまざまな商品を欲しい量とともに札に記し，それと同じ価値をもつと判断したそれぞれの量の塩を取り出して，その札を塩の前に置くことによって交換を求める。確かに塩の所有者が，交換を求める商品の数を増やせば増やすほど，そのどれかとは交換できるかもしれないという意味での交換の確率は増えるが，このようにして拡大された交換方式では，簡単な交換方式の集合にすぎず，ひとつひとつの商品に対する交換の確率そのものが上昇し

---

[8] 酒井良清・鹿野嘉昭は，三者の間で欲望の方向性が一方的になり循環するような場合について，貨幣取引の例として取り上げているが，ここでは，貨幣が出てくる前における交換の困難の解決法として考えている（酒井・鹿野［2000］：81-83）。

ているわけではない。

　しかし，以上のような直接的な欲望に応じて等価形態を拡大していくことと並行して，次の２つの場合のように等価形態に置く商品を拡大していくことが考えられる[9]。それは，直接的な欲望の対象として拡大された等価形態に置かれた商品を間接的に得るために，いまは直接的な欲望の対象ではない商品をとりあえず自己の等価形態に追加するという行動様式である。簡単な交換方式の最後でふれた間接交換の行動様式をここでもみてみよう。ただし，商品所有者の行動様式には，同時に交換の経済効率性に配慮したものでなければならないという点で制約がかかる。いくら時間と費用をかけても，交換できさえすればよいというわけではない。交換するのに最も経済的効率のよいやり方をすべての商品所有者が模索している。その結果，すべての商品所有者はある１つの共通の商品との交換を求める方式を展開していくことになろう。

　第１の場合は，商品所有者が直接的な欲望の対象として自分の商品の等価

---

[9] 馬渡尚憲は，そのままの状態では実現しえない商品交換について次のようにいう。「解決する方法は，自己の「欲する」商品に，自分で使用するという意味では自分では欲しない商品や，自分で使用する以上の分量の商品をも含めて拡大された価値形態の等価物とすることである」，として間接的な交換を分析する。そして，リンネル，その原料の亜麻糸，さらにその原料の亜麻という生産の系列関係を取り上げ，亜麻は亜麻糸所有者からは欲望の対象になっても，上着，小麦，コーヒー，茶等の所有者から交換を求められることはないとして，次のようにいう。「亜麻所有者が亜麻の価値表現に自己の欲しない亜麻糸を含め，まず亜麻糸を得，ついでその価値表現にリンネルを含めリンネルを得てそれで欲するさまざまの商品を得ようとするばあいと，亜麻糸所有者が亜麻糸をもって自己の欲するもの以外に亜麻所有者の等価物とするものを得て，それをもって，亜麻所有者から亜麻を得ようとするばあいがある」（馬渡［1979b］：22-23）。本文の２つのケースは，この論述にヒントを得ている。

　小幡道昭も，リンネル20エレ＝１着の上衣という簡単な価値形態を前提に拡大された価値形態を展開する方法について次のようにいう。「もし上衣所有者のうちのある者が，上衣１着＝10ポンドの茶という形態で交換を求めているとすれば，われわれのリンネル所有者にとっては10ポンドの茶もまた新たな交換の対象に繰り入れられることになろう」として「探索」の結果，「無数の相手の欲求が取り込まれてゆく」（小幡［1988］：49）。さらに，小幡が共通等価物の絞り出しについては，第１に「交換の効率という観点」，第２に「富の世界」を意識して「交換を媒介する手段として適合的な素材上の特性」に着目している点が注目される（小幡［1988］：54-55）。

形態には置いていないが，ある商品の等価形態に逆に自分の商品が置かれていて，まずその商品を獲得し，さらにその商品を等価形態に置いている商品と交換するというように，直接的交換性が発揮できる商品に対して交換を繰り返していけば，いずれ自分の直接的欲望の対象たる等価形態の商品と交換できるかもしれないというものである。この場合には，一方では，自分の商品を欲する所有者の商品についてもそれを等価形態に置くことで，等価形態に置かれる商品の追加を図りながら，他方では，直ちにたんに交換できるものなら何とでも交換するというのではなく，それが自己の直接的欲望の対象である商品をできるだけ効率よく手に入れることのできる商品を等価形態に置かなければならない。すなわちできるだけ最短で，できるだけ欲するさまざまな多くの商品を獲得できるような商品との交換に応じていくものでなければならない。効率的交換の視点からは，この場合の間接的交換の媒介物は，直ちに交換できるもので，しかも自己の直接的欲望の対象である商品とできるだけ効率よく交換できるものとなる。

　第2の場合は，自分の直接的な欲望の対象として拡大された等価形態に置かれたさまざまな商品がそれぞれまた等価形態に置いている商品も，間接的な交換の媒介物として利用できるものとして，自分の拡大された等価形態にそれらを追加するという場合である[10]。等価形態に置いている商品と直接的には交換ができない場合でも，等価形態に置いている商品の所有者が欲している商品となら交換できるかもしれないからである。それでも交換できなければ，さらにその先の等価形態に置かれている商品との交換まで求めること

10　松田正彦は，この第2の場合について次のような効率性を考えている。「仮に，コーヒー所有者が，その等価形態に10種類の等価物をおいているとしよう。コーヒー所有者は，等価物のそれぞれの所有者に交換を求めた結果，交換は実現できなかったとしても，それらの所有者から彼らが欲する商品の情報を得ることはできるであろう。その等価物の所有者たちの中で，仮に茶を共通に欲している者が4種類の商品の所有者にいるとし，砂糖を共通に欲している者が3種類の商品の所有者に，塩を共通に欲している者が2種類の所有者にいるとしよう。……コーヒー所有者はまず茶を第1の順位で，次には砂糖を第2の順位で，塩を第3の順位で，交換によって獲得しようとするであろう」（松田［2002］：36）。なお，松田の議論は，「価値形態論が，効率化を追求する個別の商品所有者の行動の様子を示し，それを通じて貨幣の発生過程を明らかにしようとする」もので，そこから本章は多くのことを学んでいる（松田［2002］：35）。

になろう。一方では，等価形態に置かれる商品は，その意味で直接に欲望の対象でなければならないという点から離れ，無限に拡大していく傾向をもつと同時に，他方では，そのように無限に拡大される等価形態を効率よく獲得するためには，それらの最大多数によって共通に求められている商品との交換を目指すということにならざるをえない。

　第1の場合は，直ちに交換できる商品群の中から，それを使って直接的欲望の対象をできるだけ効率よく間接的に得られるであろう1つの商品に絞り込む行為であり，第2の場合は，直接的欲望の対象を間接的に得ることのできる商品群の中から，欲しい商品をできるだけ効率よく得られるであろう1つの商品に絞り込む行為である。2つの場合は，選び出す商品群とその方向性は違うが，同じ1つの市場の商品を母胎にしていることと，効率性という原理を同じにしているので，結局1つの同じ商品に行き着く力が働く。

　絞り込みは，第2の場合から始まり，結果的に第1の場合における商品と同じになる。第1の場合には，自分の商品を欲する所有者がいるかどうかにはさしあたり受動的で不確実性がある。第2の場合には，商品所有者が欲望の対象を並べることは，交換を求める側から一方的かつ積極的に行えるからである。

　絞り込みは，全商品所有者のうちの最大多数が共通に欲して等価形態に置いている商品を軸に収斂していくであろう。第2の場合において等価形態をある意味で無限に拡大していく中では，これまでは欲望の対象となっていなかった商品を追加することになるとともに，その中には，第1の場合においてみた商品が含まれてくる可能性が大きい。つまり，交換が成立する商品が増えてくる可能性がある。問題は，効率性の観点から，交換が可能となってきた商品の中のどの商品との交換を求めるのかという点にかかってくる。既にみたように交換の効率性の観点から，その交換によって，できるだけ多くの等価形態に置かれている他の商品，ひいては直接的欲望の対象である商品を一挙に獲得できる商品との交換を求めるべきということになろう。

　拡大された等価形態に置かれている商品については，既に商品所有者からの欲望の対象から離れてくることを指摘した。それらは，直接的な欲望の対象だけではなく，それを得るための間接的な商品も含む。それらの商品は，

結局，市場全体の商品に拡大しうる。そこで，自分の欲しい商品を等価物に並べて，その等価物の所有者の欲する商品を等価物に追加し，さらにその先の所有者が置く等価物の所有者が欲する商品をも追加する……，といった自己の欲望を基点にした情報探索を繰り返す行為よりも，等価形態の置く商品は市場のすべてに波及する可能性も踏まえて，市場全体の中の商品所有者の拡大された等価物を探索し，どの商品を獲得すれば，それを間接的に使って，市場全体の商品を効率よく獲得しやすいのかを選択した方が，効率的ではなかろうか。自分の欲する商品が，現時点の市場にはまだ出現していない場合とか，自分の欲望自体がまだ不確定で，将来的に欲する商品も予想される事態も考慮すべきであろう。

ただ，そのような商品と直接交換できるとは限らない。また，そのような市場全体を効率よく得る商品を得たとしても，それを使って自己の欲する商品を直ちに得ることができるかどうかも分からない[11]。とはいえ，その商品を獲得できれば，最大多数の商品が手に入るということになれば，それを媒介物として間接交換を経て自己の欲する商品にたどり着く可能性も大きいと考えられる。

そして，最大多数の商品所有者の拡大された等価形態に共通に置かれている商品へと，等価形態の絞り込みを行う展開が，たんに一人だけではなくすべての商品所有者によってその立場からそれぞれ同時に行われることで，すべての商品所有者は，最大多数の商品所有者が最も多く共通に等価形態に置いている商品にまず交換し，それを間接交換に使って，直接的欲望の対象を

---

11 山口重克は，全商品所有者を2つのグループに分ける。茶を等価形態に置く多数派のリンネルグループと，茶を等価物とはしない少数派のコーヒーグループとに分け，全商品所有者が茶を等価形態に置く過程を追跡している。これまでの私見は，結果的には山口の方法と同じになってしまうとはいえ，少し補足したい。山口の場合，少数派が茶を等価形態に置くようになるのは，茶さえ得られれば，多数派がすべて手に入るということで明らかであるが，同時に多数派の諸商品すべてを，実は少数派が欲している商品でもあるということを暗黙のうちに前提としているのではなかろうか（山口 [1988]：19-24）。茶が得られても，必ずしもコーヒーグループの者が自分の欲する商品を直ちに手に入れることができるとは限らない。それに対して，注10でみた松田の場合は，全商品を取り上げるのではなく，さしあたり，ある商品の等価形態に置かれた諸商品（例では10種類）を得るのに効率がよい商品の中で順位をつけている。

獲得していくことになろう。結局，すべての商品所有者が同じことを行うことで，最大多数の共通等価物は，すべての商品所有者にとっての1つの共通等価物となる[12]。

　自分の商品を欲する人の商品を獲得しても，それを媒介物として，自分が欲する商品と交換できなければならない。その媒介物が，やはりたんなる商品にとどまるならば，交換の効率は少しも上昇しない。その媒介物が，自分が欲する商品の所有者が欲している限りにおいて，つまり，自分が欲する商品の所有者に出会えば直ちにそれと交換できる限りにおいて意味がある。その点で，いま媒介物がすべての商品所有者が共通に欲している商品になっていれば，自分が欲する商品の所有者も当然その媒介物を欲していることになる。

　第1の場合は，直ちに交換できる商品群の中から，それを使って直接的欲望の対象である商品をできるだけ効率よく間接的に得られるであろう1つの商品に絞り込む行為であり，第2の場合は，直接的欲望の対象である商品を間接的に得られる商品群の中から，直接的欲望の対象をできるだけ効率よく直ちに得られるであろう1つの商品に絞り込む行為である。結局，2つの場合は，選び出す商品群の性質が異なるが効率性の原理から絞り込むことで結果的には同じとなる。絞り込みは，間接交換を実現する媒介物は，それを得れば，直接的欲望の対象である商品ができるだけ効率よく手に入ることを基準にしてなされることになろう。

4．一般的交換方式（一般的価値形態）

　一般的交換方式とは，すべての商品所有者が交換を求める等価形態の商品が多数の商品に拡大された状態から，ある1つの商品へと絞り込まれた状態になっている。すべての商品所有者が，自分の商品の全量と1つの特定の商品のできるだけ多い量との交換を求める方式である。

---

[12] 山口は，この経緯について，「比較的多数の商品所有者から共通に等価形態におかれる商品は，あらゆる商品所有者から共通に等価形態におかれることになるわけである」として明快に説いている（山口［1988］：23）。

等価形態が１つの商品になっているという交換方式を形式面からみれば，簡単な価値形態と同じである。しかしそのもつ意味は，異なっている。すべての商品所有者が特定の唯一同一の商品との交換を求めている点，そしてそれが必ずしも直接の欲望の対象ではない点，もちろん直接の欲望の対象であってもよいが，その場合でも直接的に必要とする分量を超えてできる限り多くの量との交換を求めている点で，異なっている。つまり一般的等価形態の商品は，間接的な交換によって商品所有者の欲望を満足させる商品を獲得する媒介物として交換を求められていることになる。

　例えば，塩の所有者は，特定の１つの商品である茶との交換を全面的に求めているわけであるから，茶をもっている人で，同時に塩を欲する人がいればいつでも交換に応じることになっている。これだけであれば，やはり「欲望の二重の一致」が必要であるから，簡単な交換方式と同じように，なかなか交換できないのではなかろうか。しかし，そうではない。ほかの全商品所有者も，茶との交換だけを求めている点で簡単な交換方式とは異なっていた。茶にすべての商品に対する直接的交換可能性が与えられている。茶さえ手に入れば，すべての商品が手に入るという関係に転換してきている。つまり，どのような商品所有者でも，交換したい商品があれば，まず，茶を媒介物として獲得しなければならないということである。茶を媒介物とする以外にお互いには交換できないようになってしまった。茶をもっていない商品所有者，そして将来にわたっても茶をもつ可能性がない商品所有者は，永久にどの商品も獲得できないことになってしまっている。ここでは茶は，すべての商品と交換できるという意味で，流動性が最も高いともいえる。

　したがってすべての商品所有者は，欲する商品を交換によって得るためには，まず茶を獲得しなければならない。つまり，すべての商品所有者は，自己の商品のほかに，交換に成功して媒介物としての茶という商品を現実にもっている，または将来いつか交換に成功して茶をもつ可能性がなければならない。したがって，「欲望の二重の一致」とはいっても，なんらかの商品を欲する人はすべて，茶を既にもっているか，あるいはもつ可能性があるかのいずれかであり，茶をもっていない場合にもその人がいつか茶をもつ可能性をもつと信用することができれば，全員が現在または将来の茶の所有者とい

うことになるから，自分の商品を欲する人さえ探し出せば，茶との交換が見込めるのである[13]。

　一般的交換方式では，商品所有者が交換を求めている使用価値は，自分の欲望を質的にも量的にも超えたものであり，すべての商品に対する直接的交換可能性をもつ。交換力つまり価値の具現化されたものになっている。そして，一般的等価形態にある商品を獲得することによって初めて，すべての商品に対する交換が直接的に可能となる。したがって，残されているのは，自分の欲する商品の所有者を探し出すだけでよいということになる。

　他方では，自分の商品とその一般的な交換の媒介物との交換に失敗するとき，つまり自分の商品を欲する人が見つけ出せなければ，他の商品との交換はすべて不可能になる。その意味で交換できない可能性は，依然として残っている。不確実性が改善されたのではない。改善されたのは，交換の効率なのである。交換の効率性の観点からすれば，一般的等価形態が確定されさえすれば，その交換の確率は，次のように増大する。全体を1として自分が欲する砂糖をもった人の確率をP_1とし，塩を欲する人に出会う確率をP_2とし，全員が一般的等価物をもっているとみなせば，出会いの必要数は，交換の順序について留意して表記すれば，$1/P_2 + 1/P_1$となる。いま，P_1を10分の1，P_2を20分の1とすると，$20 + 10 = 30$人となる。交換のための出会いの必要数は，簡単な価値形態と比較すると掛け算による200人から足し算による30人へと変わった。そこに効率の上昇が現れている[14]。

　しかし，一般的等価物は，このままだと常に入れ替わる可能性が残っている。一般的等価物の絞り込みは，商品所有者の多数によって等価形態に共通に置かれていたことを根拠にして，交換の効率性を求める商品所有者の行動

---

[13] 松田は，この点について次のようにいう。「多くの商品所有者が，仮に茶を等価形態におくようになると，当初は限定されていた茶の所有者が拡大することになるのである。……結局，コーヒー所有者は，自ら欲する茶の拡大した所有者の中から，コーヒーと茶を交換してもよいとする茶所有者を探せばよいことになり，交換の効率性が高まることになるのである」（松田［1993］：130）。

[14] 金谷（［1992］：24-26），参照。ちなみに，媒介とか仲介を果たす機能をもつ商業資本や金融仲介機関も，それらが介在することによって同じように取引の効率を向上させる側面がある。そこには，取引総数最小化の原理が働いている（石橋［1995］：218）。

が結果的にもたらした。毎日あるいは毎週，市場のすべての商品所有者が，最も効率よく交換できる商品を探索しなければならないとしたら，それはそれで大変なコストがかかることになろう。そこで，一般的等価物の固定化が，効率よく交換していくためには要請されることになろう。一般的等価物としての商品を1つに固定化したものが，貨幣である。

5. 売買方式と貨幣

　一般的等価物の固定化については，まず，次の点が交換の効率性の観点から重視されなければならない。商品所有者は，それぞれの商品の全量とできるだけ多くの貨幣との交換を目指す。しかし，貨幣の所有者とは全商品所有者のことでもあるから，それぞれの貨幣所有者の欲望の大小に従って商品と貨幣との交換が決定できるように，商品所有者は，自らの一取引単位を取り出し，それと交換力が等しいと考えた貨幣の一定量との交換を求める。これは，一取引単位が，貨幣の一定量に値するという主観的な交換要求となって現れる。需要者は，商品1単位を基準にして自らの欲望に従って欲する量だけ容易に獲得できるように変化する。

　商品の側からの貨幣との交換が販売で，貨幣の側からの商品との交換が購買であり，販売の裏側には必ず購買がある。しかし商品所有者にとって，自らの商品を提供して，自己の欲する商品を得るという商品交換の元来の在り方からすれば，まず，商品を販売し貨幣を獲得し，その後でその貨幣によって商品を購買するという2つの交換に分かれる。それでは，どのような性質をもつ商品が，そのような媒介物として最適であろうか。交換の媒介物としての貨幣についても，媒介物としての経済合理性が問われることになろう[15]。

15　奥山も，経済効率性の観点から一般的等価形態，貨幣形態が生成する論理を追求しようとしている。しかしそれは，媒介物の素材としての適格性に着目した「経済効率性」であった。「X_1にとっては，……媒介物としての経済合理性に反するものは，はじめから除外されるのである。すなわち，例えば，寝台は，1/2台の寝台という交換関係式にはなじまない。媒介物としての適格性に欠き，その商品を媒介物として選択すること

第1に，さまざまな価値を自由に表現できる性質をもった商品がよいであろう。そのためには，貨幣にふさわしい商品の使用価値は，分割・結合しても使用価値に変化がなく，使用価値の量的な変化に従ってその価値が比例的に変化するものがふさわしいであろう。交換方式は，ここでは明らかに商品の交換力つまり価値の表現に重点が移っている。確かに，2分の1着の上衣では経済合理性に反する。第2に，ハンドリング・コストを考えれば，少量でも価値の大きいものがよい。あまりに嵩張ったり，重すぎたり，取扱いが困難で費用がかかりすぎるものは経済合理性に欠け，媒介物としてはふさわしくない。第3に，交換の媒介物はすぐに使用されるとは限らない。長期の保存にも使用価値ができるだけ変化しにくいものがよい。使用価値が変化しやすいものは，媒介物としては経済合理性に欠ける。使用価値の耐久性がその使用価値が交換力を保持し続ける根拠となろう[16]。

　1つの商品が，商品所有者の行動をとおして貨幣になり，その貨幣に選ばれやすい性質は交換の媒介物としてふさわしい性質をもつものであろうということまでは，経済的な効率性の観点から説くことができる。そこで貨幣は貴金属が理想的ではないかとまではいうことができても，具体的にどの商品が貨幣とされるかは，たんに経済的な推論によるだけでは説くことができない。それは，歴史的な事情やその地域の資源とか，究極的には国家や国家間との関連をも視野に入れた貨幣制度としてしか説くことができないであろう。ここでは，金を貨幣とすると仮定しておこう。

　貨幣を媒介にすることにより，一方では商品交換の効率は飛躍的に上がることになろう。しかし他方では，生産された商品が持ち手を変えて消費に入っていく過程，つまり商品流通の世界に，交換を媒介する貨幣が常にとどまることなる。そのことにより，新たな費用が発生することになってくる。直ちに，貨幣の授受，輸送，保管，計算など貨幣を取り扱う費用であるハンド

　で，X_1は不利益を被るからである」（奥山［1990］：283）。われわれは，まずある1つの商品が一般的等価物になること自体に経済的合理性があることを説いた。さらに，一般的等価物に何が適格かということにも奥山と同じように経済的合理性が作用すると考える。

16 貨幣にふさわしい媒介物の性質については，三上（［1998］：5-22），参照。

リング・コストが，流通主体に直接，負担として認識されるであろう。

　貨幣には，それが商品経済的富を代表する富の化身という側面とともに，貨幣そのものにもコストがかかるという側面がある。貨幣を発行する主体は，私的または協同的なもの，そして最終的には公的なもので，信用の置けるものにならざるをえないであろう。したがって貨幣発行主体は，その発行コストとそれを上回る利益を造幣益によって賄うことにもなろう。貨幣の発行コストについては，理論の範囲にとどまる限り，国家を前提とするような税を通じた負担については問えない。しかし，理論的には経済主体はそのようなコストをなんらかの形で分担せざるをえないであろう。また，金を掘り出すことや金鉱探し自体にも時間とコストがかかり，急激な経済拡張が必要とする貨幣量に貨幣製造が応じきれなくなるような場合，貨幣量という側面から資本主義経済の発展そのものを制約する要因となる面もあると考えられる。そこには，「信用」という新たな関係が用意されている。

おわりに

　貨幣の発生により，商品交換における経済的効率性が上昇するとしても，それは，新たに媒介を果たす貨幣というコストを抱え込むことにもなっている。貨幣論では貨幣コストの節約を目指す効率性の追求という観点から貨幣機能について考えられるし，信用論では，その生成からさまざまな信用システムに至るまで，同じく商品交換をより効率よく行っていくという視点から原理的に一貫した論理として考察できるのではないかと考える。

貨幣・信用論の展開

はじめに

　インターネットの発展とともに，電子商取引が活発になりつつある。電子商取引は，もちろんネットを通じた商品の受発注情報の伝達だけで終わるのではなく，商品の引き渡しと代金の決済とが残る。商品引き渡しもデジタル化できるものはネットを通じて処理される。物流については最後まで残るが，代金の支払いによる決済は，デジタル化が可能であり，電子商取引も電子決済によってデジタル取引として完結する。そもそも貨幣にはデジタル情報として扱うことができる素地があったのである。貨幣とデジタル化については，さらに第2編で論じることにする。ここでは，決済という概念を軸にして貨幣・信用論の原理的な像を追求しようとする。そのことが，電子決済を分析する場合の理論的な基礎になるのではないかと考えている。

　電子決済の展開の起動力となっているのは，取引費用の削減である。そして決済という概念を使って貨幣・信用論を見通そうとする意図も，大きくは流通費用の節約として扱われる取引費用ひいては決済費用の節約が，貨幣・信用論の中でどのように追求されていくのかを見極めようとするところにある。

　もちろんこのような観点によって，貨幣論と信用論の内容がすべてが説き尽くされるものではないが，このような試みにより，原理論としての貨幣・信用論から，現代資本主義における情報・技術革新によって引き起こされている貨幣・信用の変貌について照射できる手がかりが得られると考える。

1. 貨幣の機能と交換効率の追求

(1) 価値尺度機能と計算貨幣

　第1章でみたように，貨幣は商品交換の効率性を高めるものとして既に発生していることを前提として貨幣について論じていきたい。

　ある商品の交換の要求としての価値表現は，さまざまな商品の貨幣による価値表現である価格を眺めながら，他商品と自己の商品の交換力を勘案しながら，貨幣所有者に対して主観的かつ一方的になされる。自らの価値表現が逆にさまざまな商品の価値表現に影響を与え，さらにそこから反作用を受けるといった相互作用の中で，各商品所有者の価格は常に市場をとおして訂正が施されていく。貨幣所有者が商品との交換に同意して購買すれば，商品価値の主観的評価は客観的に認められた。ここでは貨幣としての金量が，価値の大きさを計る尺度となっている。価値の大きさが計られ，貨幣が価値の尺度になることは，貨幣による購買をとおして初めてなされる。これが，可変的な商品価値が可変的な価値をもつ貨幣で計られる商品経済的なやり方である。

　貨幣が価値の尺度となるのは，確かに貨幣が購買するということをとおしてである。そうであれば，貨幣は，たんなる観念的なものであればよいのではなく，現物の金による購買によってしか，価値の尺度になれない[1]。しかし，購買した結果として貨幣はどういう機能を果たしているのかといえば，それは，貨幣が価値の尺度として機能することによって，もともとお互いに較量することが不可能な使用価値の諸商品に共通の計算単位を与えているということであろう。貨幣は商品の価値の大きさを計る統一的な計算単位を与

1　「マルクスの場合には，価値尺度としての貨幣は観念的なものでもよいが，他方でその背後の内在的な価値尺度たる労働時間が強調される。宇野の場合は，これとは逆に価値尺度としての貨幣について，その内在的な価値尺度たる労働時間については言及しないが，購買手段としては実質的価値をもつ現物として金でなければならないことになり，その使用価値を強調することになっている」（石橋［1996］：202-203）。奥山（［1993］：204-206，［1994a］30-32）も参照。

えているのであって，それによって諸商品は通約できる基礎を得たのである。貨幣が価値の尺度となるということは，価値を計る道具となるということである。そのためには，尺度の単位が決められなければならない。資本主義の貨幣制度は，歴史的に一定重量の金に対して貨幣名を与えることによって，価値尺度の基準を明確にした[2]。例えば日本の金本位制のもとでは「純金2分（750ミリグラム）の金」をもって価格の単位となし，円と称した。このことにより，商品の価値はすべて円という計算単位を与えられ，その大小によって交換力を計り，商品同士の価値量の比較がなされ，諸商品が効率よく交換できようになる。価値尺度財は，必ずしも交換を媒介する貨幣と一致する必要はない，といわれる。その場合は，貨幣と価値尺度との間の交換比率をさらに計算しなければならず，また価値変動が起こることを考慮すれば，効率が劣るので，価値尺度と交換媒介の貨幣は通常一致する[3]。

　この貨幣名は，さしあたり貨幣の代理である信用貨幣にも受け継がれ，それにより価値の大きさは計算貨幣としてデジタルな数字に置き換えられることにもなっていく。信用による債権・債務の形成とその清算である相殺を実現する貨幣は，まさに貨幣の価値尺度機能としての計算貨幣の具体的な姿と考えられる[4]。

(2) 交換媒介機能と決済

①流通手段機能

　貨幣は，既にみてきたように，商品交換の媒介物として商品交換の効率を高めるために商品の中から紡ぎ出されたものであった。貨幣を媒介にした商品交換の特徴は，物々交換と異なり，取引を2つの過程に分解することにある。1つは，商品Aの貨幣への交換つまり販売であり，もう1つは貨幣の

---

[2] 結論的にいえば，宇野は，貨幣による商品の価値尺度がどのようにしてなされるかという点を問題にしている。本章では，価値尺度機能とはマルクスがいうように観念的に計算単位を与える点にある，と考えている（石橋［1996］：199-201）。
[3] 金谷（［1992］：26-30），参照。
[4] 「諸支払が決済される限りでは，その貨幣はただ観念的にのみ，計算貨幣または価値尺度として機能する」（マルクス［Ⅰ］：269頁，S. 151）。

商品Bへの交換つまり購買である。そして、販売は買い手にとっては購買である。購買は売り手にとっては販売である。商品と貨幣との交換は、売買となる。

商品Aの所有者にとっては、結果的に商品Aは商品Bと交換される。しかし、それが物々交換と異なっているのは、商品Bの所有者にとって商品Bと商品Aが交換されたわけではない点にある。商品Aは売買によって貨幣所有者A'に移り、商品所有者Aは貨幣を得る。売買によって商品の所有者が変わることを商品が売り手から買い手に流れていくと捉え、商品流通という。商品所有者Aは、貨幣所有者となりその貨幣で商品Bを購買し、商品所有者Bに貨幣が移る。商品所有者Bは、その貨幣を使って自己の欲する商品、例えば商品Cを購買することになる。結局、売買によって商品AはA'へ流通し、商品BがAへ流通した。

貨幣は、購買を繰り返すことにより商品の流通を引き起こしつつ、媒介者として商品流通の間を縫いながら貨幣所有者を転々と替えて、商品の交換を媒介していく。このような交換媒介機能を果たす貨幣を流通手段としての貨幣と呼ぶ。貨幣が媒介することにより、交換の効率が高まったが、その結果として物々交換とは異なり、商品の授受のほかに新たに貨幣の授受が付け加わる。貨幣の授受には費用を伴う。貨幣の品位・量目の確認、授受そのもの、持ち運び、保管、計算などの貨幣取扱費用であるハンドリング・コストがかかる。経済的効率の観点からは、このコスト削減が課題となる。貨幣としての金を授受するたびに、品位の鑑定や量目の測定をしなければならないとすれば、大変な「手間とひま」というコストがかかる。そこで、例えば信用の高い経済主体（あるいは公的な機関）が、金を一定の形状と刻印をもつ金貨に鋳造し、その品位と量目を保証すれば、貨幣授受の便宜が図られるのではないか、ということになろう[5]。秤量貨幣から計数貨幣への変化である。

しかし、品位と量目の保証は、保証しているにもかかわらず、いやまさに保証することによって、逆に、内実が伴わない場合でも、保証が信用できれ

---

[5] 私鋳貨幣については歴史的な事例がある。日本の鐚銭(びたせん)やアメリカの私鋳金貨などである（日本銀行金融研究所［1991］:18, 88）。ただ、「鐚一文も払わない」という言い方が残るように、それほど価値が信用されていなかったのかもしれない。

ば流通手段として使われていくということを引き起こす。例えば，7.5グラムの純金である10円金貨は，7.4グラムになっても，授受のたびに重量・純度を検査しなければ，やはり10円として流通する。もちろん現実には法律的にいわゆる最軽量目規定を置き，ある一定程度までしかその軽量化を許さない。しかし，このような事実はここでは金そのものではなく，そこに金があるという保証とそれに対する信用が，金の代わりをしていることを示す。金との交換保証と信用があれば，金の代理ができるということである。金鋳貨の場合は，鋳潰せばたとえ多少の損にはなってもそのつど，実質を検査するよりも経済的であるとか，包金銀(つつみきんぎん)はずしりとした重みで金があるという実感に裏打ちされ，いざとなればいつでも，紙さえ剝がせば金が得られるという確信に満ちていても，意味をもっているのは保証と信用である[6]。このことを突き詰めれば，包金銀の包みの上書きを信じることさえできれば，貨幣は紙にまで行き着くことになろう[7]。

他面では，もっと実際的な観点からも金の代理化は要請される。少額取引に使う貨幣については，鋳造も難しいし使用頻度から摩滅も大きいので，経済的にコストと釣り合わないと考えられる。そこで，実質的な価値とは一致しないが，金との交換を保証するような補助鋳貨や紙幣を媒介にしなければ

---

[6] 包金銀は，例えば50両を紙に巻いて包んで上書きされたものであるが，「一定量の施封された金銀貨は通常そのまま授受された。包み紙に上書きされた金座・銀座・両替商名が信用され，開封されて内容が吟味されることはほとんどなかったといわれている」（日本銀行金融研究所［1991］：48）。包金銀が開封されなかったのは，信用に基づくが，そのように受け渡しする方が，経済的効率性からいって「手間とひま」の節約と摩損の防止ができたからにほかならないと推察する。もちろんそれは，実質的な意味をもつものが貨幣ではなく，貨幣が媒介する商品交換そのもの，経済的実体の再生産であることによる。逆に，経済的実体そのものが混乱すれば，注7のように取付けも起こる。

[7] 日本最古の紙幣とされるのは，「伊勢山田地方で，1600年頃，商人（神職でもあった）が秤量銀貨の釣り銭の代わりに発行した山田羽書(はがき)（小額銀貨の預かり証。「羽書」は端数の書き付けの意味）」である。また，近畿地方を中心に商人などが私札を発行したともいう（日本銀行金融研究所［1991］：32）。世界最初の紙幣は中国で生まれた。鉄銭が，「重くて不便だったので，北宋時代（10世紀末頃）に商人が紙幣（交子(こうし)）をつくり，鉄銭に代えて流通させた。しかし，たびたび取付けが起こったことから11世紀初頭には紙幣の発行は官営とされ，民間での発行が禁止された」という（日本銀行金融研究所［1991］：34）。

事が運ばないということもなる。流通手段としての貨幣は，金という使用価値が目的となっているわけではなく，交換の媒介さえ果たせればよいのであるから，補助鋳貨や紙幣でも金との交換が信用されさえすれば，授受される[8]。金が，実質的価値をもたない金の代理物に置き換えられることには経済的合理性がある。

②決済手段機能

これまでは，商品と貨幣との交換は同時であると考えてきた。売買契約の成立とともに，売り手は買い手に商品を引き渡し，買い手は売り手に貨幣を支払わねばならない。一方では，売り手は商品の引渡しについて債務をもち，買い手はその債権をもち，商品についての債権・債務関係が形成される。他方では，売り手は貨幣の支払いについて債権をもち，買い手はその債務をもち，貨幣についての債権・債務関係が形成される。商品と貨幣との同時交換は，商品と貨幣についての2つの債権・債務関係を，商品の引渡しと貨幣の支払いによって同時に清算していることになる。

しかし，貨幣の支払いと商品の引渡しが，時間的にずれる場合がある。1つは，貨幣の支払いが先に行われ，商品の引渡しが後になる，先払いである。もう1つは，商品の引渡しが先に行われ，貨幣の支払いが後になる，後払いである。いずれの場合も，契約が履行されると，商品が売り手から買い手に流通し，貨幣が買い手から売り手に支払われる。先払いについては，例えば手付けやプリペイドカードなどがある。ここでは後払いの信用による販

---

8 山口重克は，『経済原論講義』（山口［1988］：48-53）に「補論・貨幣制度」を設け，「……法律や制度でも，それが流通主体の経済人としての行動の便宜を促進する意味をもつものである限りでは，その考察は必ずしも原理論にはなじまないわけではないということでもある。……そこで，貨幣に関する法制の便宜的な意味に限って簡単に説明しておくことにする」とされ，「ここの説明は，……原理論の論理展開にとっても付録的なものでしかなく，きわめて中途半端な性格のもの」とされる。本書では，既に展開してきたように交換の効率性を追求する観点に立って貨幣をみている。したがって，「行動の便宜」にむしろ焦点が当てられている。もちろん，法律や制度などに依存して原理論を展開することはできないが，効率性を追求する経済主体がそのような法律や制度などの公共的な側面を，私的に要請していることを軽視できない。その意味でたんに「原理論の展開にとっても付録的な」というものではなく，山口が「補論・貨幣制度」で説いている内容を学び，それを原理的な展開として積極的に取り込もうとした。

売について考察する。この売り手からから買い手への信用供与について考える。

　後払いは，商品の売買において，貨幣の支払いを受けることなく，商品の引渡しがなされる。掛売買という。商品の債権・債務関係は清算されたが，貨幣の支払いの債権・債務関係が残る。一定期間後，債務者から債権者に貨幣が支払われることによって，貨幣支払いの債権・債務関係が清算される。債権・債務関係が清算されることを決済という。支払いとは，貨幣を引き渡す行為であり，決済とはその結果，債権・債務関係が清算されることである。

　これまでは，商品所有者は自己の商品を販売して，貨幣を得て，その貨幣で商品を購買し，商品交換してきた。後払いでは，まず，商品の購買がなされる（貨幣支払いの債権・債務関係の形成）。その後で，自己の商品が販売され，その貨幣で債務が支払われる（債権・債務関係の清算：決済）。与信によって貨幣機能が創出されている。このことによっても，貨幣は，結果的にやはり流通手段と同じく交換媒介機能を果たしていることが分かる。ただし，ここでは貨幣は，債権・債務関係を清算するための決済手段として機能している。他方では，債権・債務関係の形成は，債権・債務関係の相殺という形での清算を可能にし，貨幣を使わない決済も可能になる場合もある。

　このような掛売買は，売り手が買い手の支払約束を信じることから成立する信用による売買である。ここでは，売り手は，商品の買い手が将来，買い手自身の商品を販売して貨幣を入手し，売掛代金を支払ってくれると信じている。信用による買い手は，そのことにより，自己の商品を自己の欲する商品と交換できた。信用によって，貨幣の購買機能が売り手によって先取り的に創出され，買い手は欲する商品を入手した。そして，後で自己の商品を販売し，貨幣を払えばよい。しかし，それはあくまで販売できればの話であり，販売はまだ未定である。信用による販売には，債務不履行というリスクが伴う。

　支払約束は，口約束ではなく，文書化される。そこに債権・債務関係が明記される。この証書を手形という。したがって，買い手は，例えば「3カ月後，100万円，あなたの店で，あなたに支払います」という内容が記された

手形（約束手形）を振り出すことで，商品を買う。商品は手形に対して売られ，買い手は将来，貨幣で手形を取り戻すことにより，債権・債務関係を解消する。手形で買い手が購買できるのは，手形が将来の貨幣の代理をしているからにほかならない。将来の貨幣の代理に対する信用が，手形に購買機能を与えている。信用によって成り立つ貨幣を信用貨幣と呼ぶ。

　いつでも金と交換できるという保証（信用の高い私的，協同的，または公的機関による）とその信用によるのは，流通手段としての貨幣の紙券化である。

　ここでは，そこに債務者の「手形」が押してあっても，まったく私的な商品所有者が将来，入手する貨幣を支払うという約束書であって，貨幣を代位しているのではなく，貨幣の機能を新しく紙券という形で創り出している点が重要となる。貨幣機能が紙によって果たされている点で流通手段機能に基づく紙券化と同じ貨幣の紙券化であるが，その根拠と意味は異なる。

　いずれの貨幣の紙幣化においても，原理的には，保証と信用が必要であると考えられる。ただ，現実には，交換効率の追求の観点から貨幣の流通手段機能において要請されるような鋳貨，補助貨幣，紙幣の各々の性質は，その保証と信用の必要度についてかなりの開きがある。金鋳貨についてはなんといっても金そのものであり，多少の目減りとその利便性を天秤に掛ければ，授受は比較的スムーズであろう。補助貨幣については，あくまで小額の貨幣に限られる点が重要である[9]。その授受には，ちりも積もれば山とはなるが，それほどのリスクは伴わない。紙幣については，偽造がなされやすい点を考慮すれば少し趣が異なる。既にみたように，最古のものは，釣り銭の端数という小額のものであったし，通用地域は狭く，発行額も微少であったようだ[10]。このように，交換効率の追求の観点から貨幣の流通手段機能が要請す

9　「それら（金鋳貨の代用物としての銀製および銅製の標章）が金にとって代わるのは，そこでは鋳貨が最も急速に流通し従ってまた最も急速に磨滅するような，すなわち売買が絶えず極めて小さい規模でくり返されるような，そうした商品流通の諸領域においてである」（マルクス［Ⅰ］：252頁, S.140）。

10　藩札の通用は，藩の強制力に支えられていたが，他方では，有力商人を札元としてその社会的信用の助けも借りていたようである（滝沢［1996］：252-261）。

る代理の貨幣は,究極の代理として理論的には紙券化を含むとしても,私的なものは信用の点から流通範囲,額ともに未成熟にならざるをえない。国家紙幣というような公的なものは,結局,使用の強制などの権力を伴うから経済原理的には説けない。しかし,理論的な問題としても,国家紙幣と手形・銀行券のような信用貨幣は,その根拠が異なることを明らかにすることによって,国家紙幣の意味を浮き彫りにする必要がある。手形・銀行券を理論的に明らかにすることによって,国家紙幣は市場の取引を基礎としないものとして,いわば外部的な経済への介入であることを明らかにすることになる。

そして,理論的にも,この紙券化の要請に応えていくのは,決済手段機能としての貨幣を前提にした信用貨幣の発展によると考えられる[11]。そして,信用貨幣はたんに商品経済を前提にするだけでは,全面的に説きうるものではなく,生産過程の商品経済化を含む資本主義経済の再生産構造を前提にして原理的に手形から銀行券への展開の中で解明されるといえるであろう[12]。

---

11 「それ〔信用貨幣〕は,大口の商取引の部面内にとどまるような独自の実存諸形態を受けとるのであって,他方,金鋳貨または銀鋳貨は,主として小口取引の部面内に押しこめられる」(マルクス［Ⅰ］:273頁, S. 154)。

12 「ここでは,強制通用力をもつ国家紙幣だけを問題とする。それは直接的に,金属流通手段から発生する。……本来的紙幣が流通手段としての貨幣の機能から生ずるのと同じように,信用貨幣は,支払手段としての貨幣の機能のうちにその自然発生的な根源を有するのである」(マルクス［Ⅰ］:253頁, S. 141)。
　マルクスは流通手段としての貨幣を代替するものとしての鋳貨やその発展としての国家紙幣を問題にしている。現代の日本においても,「通貨の単位及び貨幣の発行等に関する法律」により「通貨」の中に,日本銀行券のほかに「製造及び発行の権能」が「政府に属する」「貨幣」も含まれている。ただこの「貨幣」は,小額な硬貨に限られるとともに,額面の20倍までを限り,法貨としての通用が認められている。この「貨幣」は流通手段としての貨幣に基づくと考えられる。
　本書では,経済外的な強制通用力をもつ国家紙幣は原理的には扱えないという立場をとる。しかし,流通手段の機能の要請として,金との交換の保証とその信用により,鋳貨,硬貨は説きうると考える。さらには紙券化も,小額なら説きうるが,その全面的な展開は信用貨幣を待たねばならないというように考えている。
　山口は,マルクスの「鋳貨論の位置と内容の理論的不当性を明らかにしよう」とした論文「鋳貨と貨幣の象徴化」において,次のように結論づける。「マルクスによって紙券通流が金属通流そのものから必然的に発生するということは,なんら理論的に論証されていないように思われた。また,個々の紙券の購買力に注目し,紙券と金の使用価値とのリンクを考えようとするならば,金の紙券化は,「流通手段」のディメンションで

さて，決済手段機能としての貨幣は，これまで支払手段としての貨幣として論じられてきた。支払手段を決済手段とすることで，ここで問題にしている支払いの意味はたんなる租税や地代の支払いということまで含む支払行為ではなく，経済的な信用から生じる債権・債務関係の清算であることを明確にすべきであると考える。さらに，この支払手段としての貨幣は，これまでは交換媒介機能とは分離して論じられてきた。しかし，山口はこれを見直し，支払手段としての貨幣を交換媒介機能に含める工夫をしている。ところが山口の場合，支払手段としての貨幣の前提に準備手段としての貨幣を説いている[13]。

説ける問題ではなく，信用論を媒介せざるをえないのではないかと思われたわけである」（山口［1984］：192, 251）。ただ，山口も『経済原論講義』の「補論・貨幣制度」で次のようにいう。「貨幣は，金との交換が保証されていさえすれば，金そのものでなくても，金の代理によって代位しうることになる」（山口［1988］：52）。そしてさらに「象徴としての貨幣」の中で，「貨幣は，媒介物としての適性を備えているものであれば，必ずしも金そのものでなくても，金そのものの直接的有用性からいわば相対的に独立している金の代用物でもよいことになる。……必要に応じて直接的有用性の具体的な担い手としての金に転換しうることが保証されていさえすればよい」，という（山口［1988］：30）。紙券化ではないが，象徴化について論じるようになってきている。本書は，このような方向性をさらに推し進めようとしている。

小幡道昭は，商品貨幣説をとる。問題は，価値形態論において信用貨幣を説きうるかという点である。商品貨幣説とは「諸商品に内在する貨幣性を基礎に，貨幣を特殊な商品と考える立場」であるとし，商品貨幣の中に，「物品貨幣」と「信用貨幣」があるとする（小幡［2009］：44-48）。これは，「金属貨幣から信用貨幣へという二段階の構成に原理的な疑問を投げかけるものである」という（小幡［2013］：55）。「商品価値は金銭債権のかたちで外化し自立することもある。商品価値が債権のかたちで自立化した貨幣を信用貨幣とよぶ」という（小幡［2009］：47）。信用貨幣は債務証書であり，何に対する債務かが直ちに問われるところとなり，価値形態論では，貴金属を素材とする物品貨幣に対する債務としか説きようがない，と考えられる。この点については，泉（［2012］：40-41），参照。

13　山口は貨幣の機能を「購買機能」「交換機能」「致富機能」の3つに分ける。「貨幣論の構成については『資本論』と宇野『原論』は同じで，貨幣の5規定（マルクスでは価値の尺度・流通手段・貨幣蓄蔵・支払手段・世界貨幣）のうちの最後の3規定を一括しているが，本書では真中の3規定を一括する構成に変えた」，という。マルクスでは，最後の3つの規定が，「貨幣」で一括りにされる。山口は，「いわゆる蓄蔵貨幣を準備手段としての貨幣と致富手段としての貨幣に分け」（山口［1988］：262），準備手段としての貨幣を支払手段としての貨幣の前提に説き，世界貨幣の規定を削り，貨幣蓄蔵のうち

マルクスが支払手段と蓄蔵貨幣と世界貨幣を一括りにしたのは，貨幣が支払手段としての機能により，債権・債務関係を最終的に決済するためには，金そのものであるような実体をもたなければならないという認識に基づいている[14]。蓄蔵貨幣も世界貨幣も，金の現物によって，貨幣はその機能を遂行できるわけである。蓄蔵貨幣が支払手段の前に説かれた理由は，流通界から引き上げられなければ支払いに出ていけないといっているようにもみえるし，支払手段の準備金という形態で貨幣蓄蔵が増えることをいっているようにもみえる[15]。山口（[1988]：42）はその理由を「流通の不確実性に対処する行動」の一環として明確にする。「準備貨幣が積み立てられているという条件があると，現在の貨幣ではなく将来の貨幣による売買が可能になる」という[16]。つまり，準備貨幣があるので，支払いが待てるということである。支払いが待てるということは，支払いが行われても，遊休化してしまうということが条件になる。ここでは，後払いという信用の形態的な特徴を明らかにすればよいのであって，必ずしも，蓄蔵手段の規定を前提として必要としないとも考えられる[17]。

　それでは，商品経済主体は，なぜこのような信用というリスクの伴う関係を展開するのであろうか。まず，商品交換の効率の追求という技術的観点を軸にして考えてみる。そもそも後払いのような取引が行われるのは，まずはお互いに相手のことをよく知っていることがあるであろう。初めての購入

　　致富手段だけを取り出し，「致富機能」として残した。本章では，準備手段としての貨幣も「価値保蔵機能」の中に含めた。
14　金が貨幣として機能するのは，「価値尺度におけるがごとく単に観念的にでもなく，また流通手段におけるがごとく代表可能的にでもなく」，貨幣が金の現物として現れなければならない場合であるという（マルクス［Ⅰ］：258頁，S. 143-144）。
15　マルクス（［Ⅰ］：267頁，S. 150，276頁，S. 156），参照。
16　「貨幣の蓄蔵にしても，……その形成は，その反面において貨幣を直ちに受け取ることなくして商品を販売し，後に貨幣を受けるという，いわゆる掛け売りを可能にする」（宇野［1985］：36）も山口の主張と同じである。日高は，「このように商品経済から分離した貨幣は，今度は逆に商品流通に外部から働きかけ，新しい機能を展開する。支払手段としての貨幣になるのである」，という（日高［1983］：42）。
17　奥山忠信は，「……蓄蔵貨幣を前提にしなくとも，貨幣の支払手段は展開することはできると考えている」という（奥山［1999］：79）。

者，たまにしか現れない購入者に対しては，信用を与えることは難しいと考えなければならない。頻繁にあるいは定期的に，どちらかといえば少額で取引する相手に対して，取引のたびごとにいちいち貨幣のやりとりをするのではなく，一定期間後あるいは定期的にまとめて貨幣の授受をするというのが，貨幣取扱いの面から効率的であろう[18]。

マルクスでは，貨幣取扱いにおける効率化は，貨幣取扱いの頻度を減少させることになる貨幣流通量の節約という形で押さえられている。支払期限に達した諸債務は，諸商品の価格総額を表し，その実現に必要な貨幣分量は，支払手段の流通速度によって定まるとしている。そして，諸販売の同時性と並行性は，流通速度が速くなっても，必要な鋳貨分量の代わりとなることを制限するが，逆に支払手段の節約をもたらすこの役割を果たすという[19]。諸支払いが，同じ場所で集中されると，それらの決済に関する自然発生的で独自の諸々の設備や方法が発達するという。ＡのＢに対する，ＢのＣに対する，ＣのＡに対する債権は，ただ突き合わせさえすれば，ある特定の額までは，プラス・マイナスとして互いに相殺され，債務の差額だけが精算されればよいとする。諸支払いの集中が大量的となればなるほど，それだけその差額が，したがって流通する支払手段の分量が，相対的に少なくなる，と結論づけている[20]。債権・債務関係の形成は，相殺を可能にする。

手形などを使った決済システムは，そのような「設備や方法」である。手形は，いわば債務関係についての情報を記載しているものであるから，手形をとおして商品所有者の債権と債務が突き合わされ，相殺され，差額だけが貨幣の決済手段機能で清算される。現物としての貨幣取扱いの費用は減少するが，新たに手形の取扱いが生じる。手形交換所，銀行，中央銀行などの決済システムは，このような決済システムとしての性格をもつ。

手形は，裏書きされ転々流通する。裏書は信用保証の意味をもつ。例えば，ＡがＢに振り出したまったく私的な支払約束の証書であるＡ手形を使

---

[18] 酒井良清・鹿野嘉昭は，決済の効率性という観点から信用取引を考えている（酒井・鹿野［2000］：78-88）。
[19] マルクス（［Ⅰ］：269頁, S. 151），参照。
[20] 同上。

って，BがCからの商品の支払いに利用することがある．金額や期間のことは問わないにしても，なによりもそれには信用がなければならない．さらに，手形は，CからDへ，DからEへ，……と流通することになると，多くの債権・債務関係が同一の手形で形成され，最後の手形の所持者がAから支払いを受けるとその中間の債権・債務関係もすべて相殺により決済される[21]．逆に，Aからの支払いを受けられないとなると，債務の遡及はその裏書譲渡人すべてに及ぶ．そのことは，最後の人が手形を受け取ったのは，必ずしも最初の人を信用しているのではなく，直前の人を信用していることにもよるということである．裏書人の多い手形は信用が高い．

AのBに対する，BのCに対する，CのAに対する債権・債務関係という上の例は，手形が円環する場合である．また，二者間で互いに反対方向の，貨幣支払いの債権・債務関係がある場合には，支払いの時期と額が同一ならば貨幣は出てこないし，金額に差があれば差額の決済だけで済む[22]．しかしこれは物々交換ではない．この場合でも，貨幣が計算単位として価値尺度機能を果たしているし，2つの売買は独立している．しかし，債権・債務を終了させる決済手段機能が相殺を経ることで流通貨幣量の節約とともに取扱費用の節約をもたらしている．次に，貨幣の第3機能をみておこう．

③価値保蔵機能

これまでは，貨幣を商品交換を媒介するという側面に即して，その効率面を中心にみてきた．しかし貨幣は，右から左に瞬時に流通するわけではない．瞬時なのは支払いの場面なのであって，貨幣は常に誰か貨幣を所有する者の手元にある[23]．そのような状態にある貨幣の機能に着目すると，貨幣は

---

21 「手形は，ついには債権債務の相殺によって決済されるかぎりでは，絶対的に貨幣として機能する」（マルクス［Ⅲ］：568頁，S. 413）．
22 山口は，「流通貨幣の節約」について次のようにいう．「債権・債務の連鎖の形成なり逆方向の債権・債務関係のへ依存なりがある場合には，相殺が成立する部分については支払手段としての貨幣は出動しなくて済むのであり，商品の持手変換にたいして貨幣の持手変換は回数そのものが節約されるのである」（山口［1988］：44-45）．
23 山口は，流通している貨幣を「送金過程にあって場所移動中の部分」と「個々の流通主体のもとで出動を待機中の滞留部分」との2つに分ける（山口［1988］：41-42）．そのような物理的なことは問題ではないと考えられる．送金過程でも所有者がいるし，保

価値保蔵機能を果たしていることになる。貨幣をもつということは，商品に対する直接交換可能性，つまり交換力を発揮せずに保ったままで持ち越していることになる。流通手段としての貨幣も実際には常に保有者の手元で滞留しつつ，持ち手を変えていくのである。このような貨幣の価値保蔵機能を利用して，販売によって得た貨幣を一定額まで蓄えて，一括して購入に充てたり，逆に販売によって得た貨幣を分割しながら，購入に充てたりできる。また，決済のための支払準備金である場合もある。金は，価値保蔵という点においても，その耐久性からいって申し分ない。

取引費用の節約という観点から貨幣の価値保蔵機能をみると，保管の費用がかかっていることになるし，その意味では遊休しているのである[24]。しかし，そのような費用をかけても，目的意識的に価値保蔵機能を利用しようとする場合もある。それが貯蓄である。商品所有者は，自分の欲望を満たすために商品の交換を実現しようとしてきた。しかし，自己の欲望は，さしあたり目的をもたず，将来の不測の事態に備えるために価値保蔵機能を使おうとすることも考えられる。不意の出費に対する備えはもとより，経済主体は，怪我や病気もし，老いる。そのための蓄えである。蓄えは，何時でも何に対しても交換できる，いわば商品経済的富の象徴である貨幣の価値保蔵機能を使っている。

しかし，価値保蔵機能を果たす貨幣は，それ自体は増えないという意味では，いずれにしろ遊休している。保管の費用もかかる。したがって，価値をたんに維持し保蔵するだけでなく，この貨幣を使って貨幣自体を増やそうとすることを商品経済的な利益を求める経済主体は考えることになろう。価値を増殖しつつ，価値を保蔵しようとする。価値保蔵を基礎にしながら，価値増殖の手段としても貨幣を使おうとするわけである。このようにして，貯蓄は投資に転化すると，貨幣は資本になる[25]。

　管もされなければならない。交換媒介機能の貨幣と価値保蔵機能の貨幣とは，同じ貨幣を異なった視点からみているのであって，時間的や場所的な区分ではない。貨幣には，常に保有主体がいる。

24　貨幣取扱資本は，貨幣の保管を集中し，保管費用を節約する資本である。
25　第3章でみるように，信用論と金融論には，信用論の系譜と利子生み資本の系譜の2つがあると考えられる。本章は，信用論の系譜に属する部分の詳論にあたる（第3章，参照）。

2. 商業信用と銀行信用による決済の効率化

次に，商業信用から銀行信用への必然性を取引費用の節約という観点からみてみる。商品経済的な流通主体が展開する信用による売買について既にみてきたが，ここでは，その具体的な姿として資本主義経済のもとでの商業信用と銀行信用について詳しくみる。資本主義経済のもとでは，これまで商品経済的利益という形で考察してきた経済効率の追求は，資本の運動のもとで利潤率の増進という明確な指標を与えられる[26]。したがって，商品交換の効率追求も，諸資本の利潤率の増進に包摂されるが，ここでは，交換の効率追求の側面をとくに取り出してみよう。

再生産に携わる資本家同士が与え合う信用とは，どのようなものなのか。先に，自己の商品を売る前に買う，掛売買をみたのであるが，資本主義的な信用の連鎖は再生産の系列に沿って形成される。つまり，産業資本家は，原料を仕入れ，製品にして売る。この後で売る商品とは，実は，掛買いで仕入れた原料（流動不変資本）を加工したものである。$W_1 － G － W_2 \Rightarrow$ 手形－W_2，$W_1 － G －$手形。手形を振り出して買う W_2 は，自分がこれから売る製品 W_1 の原料である。

信用の連鎖とは，1つの最終生産物をつくり出し最終消費者にまで至る生産・流通の諸資本が，仕入れ・販売において取り結ぶ取引の連鎖で形成されるものにほかならない。連鎖の中では，資本は一方では信用を与え，他方では信用を受ける。既にみたように，中間の資本においては，決済は債権・債務関係の相殺という形で貨幣の介入なしに行われる。しかし，相殺の円滑さは再生産の円滑さに依存している。最終生産物の販売が円滑に進まなければ，もちろん信用は連鎖的に崩壊する。

しかし具体的に考えれば，再生産的な連関があっても，金額や信用期間などの不一致によって，1つの最終生産物に至る信用の連鎖が1つの手形で結

---

[26] 商業信用のメリットについては，流通期間に必要となる追加貨幣の節約をすることによる産業資本の利潤率増進という観点からさしあたり捉えることができる（石橋［2000］：207）。

ばれることはありえないであろうし，さまざまな最終生産物に至るさまざまな信用の連鎖が存在することにより，さまざまな個別の手形が行き交う状況にあると考えられる。商業信用にとどまる限り，現実には，頻繁な貨幣での決済は避けられない。貨幣の現実的な流通には時間と費用がかかるということを考えれば，取引コストの削減に限界があるわけである。

さらに個別の資本が振り出す手形の流通には，2つの制約がある。第1には，個別資本の個別資本に対する信用が基本になっているということであり，第2には，手形では賃金の支払いや資本家が所得の支出に使用できないということである。つまり，商業手形が流通性を高めるためには，信用については，より信用が高い経済主体による信用保証を必要とするであろうし，不変流動資本の準備は節約できても，賃金である可変流動資本の準備は節約できないということになる。

そこで，商業信用をより社会化する銀行信用が要請される。銀行は，決済の効率性からみた場合に，さまざまな債権・債務関係の突き合わせをより効率的に行う銀行組織を形成すると考えることができる[27]。個別的な手形の信用については，まずより信用力が高い資本に，信用保証あるいは信用代位（いわゆる銀行手形による割引）してもらえば，より流通性を高めることになろう。そのような信用力の高い資本とはどのような資本であろうか。それは，遊休貨幣を保管し，収納・支払い・記帳等を代行している貨幣取扱いに特化した資本が有力となろう[28]。なぜなら，そこには一定の貨幣が常に滞留

---

[27] 銀行業資本は単独では成立しえない。多数の銀行業資本が，同じサービス提供の業務をしながら，相互にネットワークを組むことによって，私的社会性をもった組織としてのみ業務が可能となる特殊な資本である。もちろん組織は階層化することを含む。

[28] 信用力のより高い資本をどのように設定するかは，議論が分かれる。山口は，商業資本であるとする（山口［1988］：224-225）。守山昭男は，「より信用度の高い第三者の生産者」とする（守山［1994］：47）。山口は「多数の産業資本にたいして信用による商品の販売活動を行っている商業資本であれば，単一の産業資本よりもむしろ受信力はあるといってよい。その商業資本による貨幣支払いは，その資本に集積されている多数の産業資本にたいする債権の貨幣としての還流によって保証されている」という。しかし，商業資本は，信用で売る商業資本は，その商品を貨幣で買ったのであろうか，信用で買ったのであろうか。商業資本は，信用で買い，信用で売る。受信力があるから，与信力も生じた。与信力があるから受信力が生じるのではない。逆である。受信して購入した

するのであって，それを支払準備金に流用できるからである。銀行資本の信用代位もこのことが基礎になり可能となる。

　このような貨幣取扱業とともに信用保証・代位業を行う資本が，銀行になると考えられる。そのような資本が銀行として独立するには，一定期限がある銀行手形ではなく，一覧払い手形である銀行券によって，手形割引を行うことができるようにならなければならない。手形の割引をするにしても，同じ期間，同一額面の銀行手形を振り出すわけではない。金額は単位に分けて，しかも期間に定めのない手形の形で振り出す。一覧払い手形が可能になるためには，有期性預金の受け入れなどによる支払準備金の積み増しだけによるわけにはいかない。銀行は1行では銀行になりえないのであって，他の銀行との間に，決済を可能にする銀行間組織を形成することによって，自己宛の一覧払い債務を貸し付けることができると考えられる[29]。ここでは，銀行間組織については問わず，貨幣節約の観点から，商業信用を基礎として発生する銀行信用の意義についてみておくことにしたい[30]。

　一覧払い手形である銀行券による手形割引の意義は，銀行券なら労働者にも支払うことができるという点にある。銀行に対する信用が揺るがない限り，銀行券はいつでも貨幣と引き換えられると経済主体に思い込まれるから，貨幣と同じものと認識される。銀行券は，一覧払いであるから，いつ兌換請求されるかもしれないが，他方では転々と流通し続けることもできる。信用が揺るがない限り，銀行の安定した債務となりうるのである。そして，銀行券の還流は，兌換や返済だけによるのではなく，貯蓄によっても生じるのである。銀行券の発券は，預金になって跳ね返ってくる。もともと，貨幣取扱業務について，貨幣の取扱いに伴い一定の貨幣の保管つまり預託を考えることができた。しかし，ここではそれに加えて，銀行が自ら生み出した一覧払い債務である銀行券が，預金として貯蓄される。いいかえれば，発券と

　　商品を与信で販売している。貨幣取扱いにより，貨幣の集積が信用の基礎となると考える。
29　「一覧払い債務による貸付を固有の業務とする銀行は，手形交換所とインターバンク・マーケットからなる銀行組織を構築する」（守山［1994］：はしがき，第3章）。
30　以下の展開については，守山（［1994］：第2章）に多くのことを学んでいる。

預金の設定は同じ意義をもつことが分かる。貨幣や銀行券が必要ならば，預金から引き出せばよい。

　銀行は，発券に加えて，預金設定によっても貸付を行うことができる。預金は，銀行にとって銀行券と同じく一覧払い債務である。預金者にとっては，銀行に対する債権ということである。貸出による預金は支払いに使えなければならないから，ネットワークを組まなければならない。同時に預金の流出には，預金の獲得で穴埋めをしなければならない。預金の意義は，紙とはいえ銀行券という物的なものの取扱いを省く作用にある。その点で，預金を通じる決済は決済効率を高める役割を果たすといえる[31]。

　預金を通じる決済は，銀行預金による帳簿上の振替によってなされる。記帳等の情報管理の費用が発生するが，ハンドリング・コストが減少する。振替の依頼は，一定期日をもつ手形や期日をもたない小切手によってなされる。預金を引き出し，貨幣にし，その貨幣の授受をとおして決済を果たし，また受け取った貨幣を預金するのではない。預金を通じる決済には，貨幣は登場しない。ただ預金による決済の場合，資本家同士の債権・債務関係は銀行への振替依頼による預金口座の振替によって，資本家同士のレベルでの決済は終わったとしても，銀行間の債権・債務関係に組み替えられたにすぎないから，銀行間の債権・債務関係の決済が残っている。その決済の効率化は中央銀行のような「銀行の銀行」を要請することになろう。

　預金を通じる決済において，銀行間の債権・債務関係が不履行になったとしても，それは商品所有者の債権・債務関係の不履行にはならない。銀行がリスクを取ったのである。その点では，銀行券を使って商品を売買すれば，商品所有者同士の債権・債務関係は清算されたことになるのと同じである。後は，銀行券を受け取った売り手と銀行との債権・債務関係になるのである。その点に，裏書きをしなければならない手形と銀行券の違いが見てとれる[32]。

31　「預金を通じる決済」という表現は，木下ほか（[1997]：14）で使われている。
32　川合（[1981]：74-80），参照。なお川合一郎は，信用論の課題を大きく2つに分けている。1つは流通費用の節約に関するものであり，もう1つは資本の集中に関するものである（川合［1982］：27）。

銀行信用の意義は，商業信用のもつ信用度・期間・金額という個別性を解除することにある。銀行は，銀行券の発券あるいは預金設定により，自己宛の一覧払い債務を貸し付けることができる。最後に，貨幣節約については商業信用では充分に行われず，銀行信用を要請せざるをえない点については，守山昭男の議論に学んでまとめとしたい。

　守山は，「銀行信用を前提としない裸の商業信用取引においては購買準備金の積み立てが回避されても，債務者における支払準備金の積み立ては不可避となる」[33] という。つまり商業信用は，一方では貨幣の節約をもたらすようにみえながら，支払い決済のために形を変えて貨幣形態での積み立てを必要とするので，結局，貨幣の節約にはならないとし，実質的な貨幣の節約は銀行信用を待たねばならないという。

　守山は，結論に先立ち，再生産と貨幣還流の法則を分析して，流通のために投下された貨幣はその出発点に還流すること，ならびに生産財の補塡取引のための貨幣は必ずしも必要でないことを確認している。そして，再生産表式に，生産期間および流通期間（3ヵ月），所得期間（賃金や所得が貨幣で支払われる間隔：1ヵ月）などの回転の契機を加えて，第Ⅰ部門（V＋M）と第Ⅱ部門（C）との部門間取引における貨幣の流れをフォローしている[34]。賃金・所得に合計 3,000 の貨幣を投じるが，結果的に流通界にとどまっているのは 1,000 であって，2,000 は常に生産者の手元に滞留することになるという。

　そこに商業信用が入ると，「第Ⅱ部門の生産者は生産財の購入資金 2,000 を節約できるが，賃金と所得の支払いのための 1,000 は節約できないので準備する必要があった。他方，第Ⅰ部門の生産者は第Ⅱ部門の生産者に生産財

33　守山（[1994]：53），参照。
34　再生産表式は，下記のとおりである。第Ⅱ部門の資本家が 2,000 の貨幣を出して第Ⅰ部門の資本家から 1,000V＋1,000M を購入し，第Ⅰ部門の資本家は，その貨幣を 3 期に分けて賃金・所得に支出する。また，第Ⅱ部門の資本家は，1,000（500V＋500M）の貨幣を 3 期に分けて支出する。

　Ⅰ）4,000C＋<u>1,000V＋1,000M</u>＝6,000（生産財）
　Ⅱ）<u>2,000C</u>＋500V＋500M＝3,000（消費財）

を掛売りするので，賃金と所得の支払いのための貨幣2,000を自分たちで準備しなければならなくなる」[35]。つまり，2,000の貨幣は形を変えることになっているだけで，やはり必要となっているということである。商業信用によっては貨幣は節約されない。

ところが銀行信用が入ると，生産者の手元で恒常的に遊休する購買準備金や支払準備金はいまや銀行のもとにおける銀行の支払い準備となって，預金残高の形態で存在し，現金の形態で待機する必要がなくなり，2,000の貨幣は全体では余分なものになってしまう。それらは，銀行の預金口座を通じた振替で決済されていくのであって，そこに貨幣取扱業務と一覧払い債務の貸付とを行う銀行の本質が現れている。ただ1,000の貨幣が，銀行の窓口を通じて流出入を繰り返すものであって，商品流通に必要な貨幣になる，という。「銀行信用を前提としない裸の商業信用では生産者全体で3,000の貨幣が必要であったが，銀行制度を導入すると生産者全体で必要な貨幣は1,000にまで縮減される」[36] というのが，守山の結論になっている。

そのような縮減に伴って，貨幣としての金そのものの必要量が減るとともに，その取扱い費用が個別資本家にとっては，取引費用の節約として意義をもつことになる。以上のように貨幣の生成，貨幣の機能，商業信用から銀行信用への展開の中に，取引費用の節約という論理が1つの軸として貫いていることが確認できれば，本章の目的は，不充分ながらも達成されたことになる。

おわりに

ただし，信用論としては多くの論点を残している。1つは，銀行信用による商業信用の社会的組織化については述べたが，銀行自体の組織化の進展による決済効率のさらなる追求については言及しただけである。もう1つは，資金仲介機関としての銀行や資本の集中については，まったく考察されていないことである。最後に，決済の電子化について少し展望しておけば，2つ

---

[35] 守山（[1994]：56）。
[36] 守山（[1994]：61）。

の流れで電子化は行われよう。1つは，預金を通じる決済の電子化の徹底化であり，もう1つは，電子マネーなどの試みにみられるように，現金そのものの電子化であろう。第2編で，可能な限り考えていきたい。

第3章
信用論と金融論

はじめに

マルクスの『資本論』の中には豊富な信用論と金融論が与えられている。宇野弘蔵を初めとする研究は，その理論内容をより精緻化してきた。ところがそのような試みにもかかわらず，マルクス的な信用論・金融論から，現代的な金融の諸問題を全面的に解明することは必ずしもできていないようにも思われる。マルクス的な信用論・金融論をどのように組み立て直せば，現実を分析する理論として再生できるのか。現代の不安定な金融をめぐる状況の分析には，マルクス的な信用論・金融論からのアプローチによる現状分析を要請しているようにみえる。本章では，マルクスの信用論・金融論の方法的なパラダイムを再検討し，それを現実の認識に役立つような原理的な体系として再構築する手がかりを得ようとしている。とはいえ抜本的な再構築は，たんなるこれまでの理論の蒸し返しではなく，情報通信技術の発展を背景とした金融のグローバル化や金融自由化の進展だけではなく，現代の金融政策をも視野に入れてなされなければならないであろう。ここでは，マルクスの信用論・金融論のパラダイムを検討することをとおして，「銀行とは何か」について考えてみたい。

1. マルクスの信用論と金融論の構造

マルクスの信用論・金融論は，大きく3つの構成要素からなるとされる。

①「利子生み資本論」，②「信用論」，③「貨幣取扱資本論」である。貨幣についてはここでは信用貨幣という観点から言及する。『資本論』第3巻，第5編「利子と企業者利得への利潤の分裂。利子生み資本」が，①「利子生み資本論」と②「信用論」に大別される。『資本論』第5編の前半（第21〜24章）が「利子生み資本論」に，後半（第25〜35章）が「信用論」にあたる（馬渡［1980］：223）。

　ここではさらに，積極的に③「貨幣取扱資本論」も取り上げることにしたい[1]。『資本論』第4編の「貨幣取扱資本」は，銀行における決済機能に相当するものを論じている。マルクスは，受払いの差額計算や決済と結びつく貨幣の収納・支払い・記帳・保管といった純技術的操作だけを行う特殊な資本を想定し，商品取扱資本としての商業資本と並立する独立の資本として貨幣取扱資本を理論的に抽象している。貨幣取扱業務は，商品売買と不可分のものとしてもともと統合して行われうるが，2つの異なる業務として分割している。そこでは決済的なサービスが，一方では信用業と結びつきうるが，他方では信用論とまったく異なる要素として分離することもできると考えられており，利子論に入る前段で扱われた。

　さて，①「利子生み資本」については宇野弘蔵が批判的に検討した（宇野［1985］：202）。マルクスでは，利子が剰余価値の分配形態であることや利子を生む資本という物神的な性質を説くことに主眼があるために，利子生み資本が貨幣を保有するだけの貨幣資本家と貨幣を資本として実際に投じる機能資本家との貸借関係として展開されている。貨幣は資本として投じられ，平均利潤を生む。その利潤の一部が利子として機能資本家から貨幣資本家に支払われるという。貨幣が貸され利子が取られ，貨幣が資本として増殖したと考えられた。宇野は，2種類の資本家を想定することに対して，純粋資本主義的な理論にはそぐわないと批判した[2]。

1　馬渡尚憲は次のようにいう。「マルクスの場合，銀行信用の生成は商業信用と貨幣取引業の両方から説かれ，前者には銀行信用の発券業務が，後者には銀行信用の預金・貸付業務が対応し，それらが結合されたものが銀行信用として論じられている」（馬渡［1980］：235）。吉村信之は，貨幣取扱業務を再評価しようとしている（吉村［2005］）。
2　宇野弘蔵は貨幣資本家と機能資本家を理論的には想定できないという（［1985］：202-

宇野の批判は，次の2つの点に帰着した。1つは，利子生み資本からではなく商業信用から出発して利子論を原理的に構成し直すこと。もう1つは，利子生み資本の運動形式であるG…G'は，資本の3形式のうちの金貸資本形式としてあらかじめ説いておくということであった。つまり，②「信用論」を軸にした原理的な展開のうちに，①「利子生み資本論」の論点をも批判的に取り込みながら，マルクス信用論・金融論を再構成するという構成であった（馬渡［1980］：248-250）。マルクスを最大限に活かそうとする方法は，他方では批判する対象の論理に縛られてしまう一面を抱え込むことになった。この点は，川合一郎や山口重克からの批判を許すことになる。

それでは，信用論・金融論の展開を大きく「信用論」の系譜と「利子生み資本論」の系譜との2つに分けて論点を再整理しながら，さらに「貨幣取扱資本論」をも取り込みつつ，3つの要素を統合する形で「銀行とは何か」について考えてみたい。

2.「信用論」の系譜

「信用論」の系譜は，掛売買→商業信用→銀行信用→中央銀行という論理的展開として概括できる。論点は信用創造である。信用創造は既に商業信用で行われており，銀行は信用創造を商品経済的により社会化するシステムであるといえる[3]。

(1) 掛売買と決済手段

マルクスは『資本論』第1巻において，貨幣論の支払手段機能を前提に掛売買について論じている（マルクス［Ⅰ］265-266頁，S. 148-149）。掛売買とは，商品の譲渡を商品価格の実現から時間的に分離すること，つまり売り手からみれば後払いの約束を信用して商品を販売することであり，買い手

---

204)。資本の所有と経営の分離を類推させる面はあるが，貨幣資本家と機能資本家の両者において，それぞれのもとで資本の運動を想定している点に問題がある。
[3] 山口重克は，次のようにいう。「銀行信用による信用創造は商業信用による信用創造の限界を解除するものとして位置づけることが出来るといってよい」（山口［2000］：119）。

からみれば将来入手する貨幣を先取りした商品の購入である。掛売買の結果，売り手は債権者，買い手は債務者となり，金銭債権・債務関係が形成される。貨幣は，一定期間後に債務を履行するための支払手段として機能する。決済とは債権・債務関係を清算することである。一般の売買も，商品の受渡しと貨幣の授受という2つから成り立っている。ただそれが同時に行われるにすぎない。つまり，債権・債務関係の成立とその決済とが同時に行われる即時決済である。掛売買は，決済が時間的に後にずれこむだけであるが，しかしそのためには新たに支払いに対する信用が不可欠となる。

支払手段としての貨幣は，同時に決済手段でもあった。支払約束は口約束ではなく文書化され，手形と呼ばれる。手形はあくまで債務証書であって決済手段ではない。手形は，裏書によって貨幣のように転々と支払手段として使われうるので，信用貨幣と呼ばれる。手形のような信用貨幣が決済手段化していく過程こそが，「信用論」の系譜の中軸である。

決済手段は，債権・債務関係を清算し，取引を完了させるものである。このような決済手段は，金本位制度のもとでは，最終的に商品貨幣としての金であった。現在の日本における最も厳密な意味での決済手段は，法的に強制通用力を与えられた法貨（legal tender）たる日本銀行券と制限された範囲での強制通用力をもつ硬貨である「貨幣」である（池尾［2010］：47）。銀行預金を決済に使う預金通貨は，法貨と交換されるという約束が信用されている限りでのみ通用している事実上の決済手段である。預金通貨も信用貨幣として銀行に対する一定の信認のもとにおいて決済手段化している。

ところで例えば二者の債権・債務関係で，それぞれが相手側に債権をもつような場合，対応する額の債権・債務が差し引きにより清算できる。これを相殺という。貨幣が決済手段として登場することなく，信用による債権・債務関係の形成は相殺により決済が完了しうる。信用は相殺により貨幣取扱費用を節減できるということである。しかし多種多様な債権・債務関係の相殺には，効率的な決済機構の確立が必要である。

(2) 商業信用

商業信用とは，単純流通における掛売買が資本主義的生産・流通において

とる形態であり，再生産に携わる資本家たちが相互に与え合う信用である（マルクス［Ⅲ］679頁，S. 496）。それでは商業流通は，単純流通における掛売買とどのような点で異なるのか。

資本の運動における流通は，最終消費者に向けの「一般的流通」と資本同士の売買である「商業流通」とに区分される（川合［1982］：83-88）。一般的流通と商業流通とは，最終流通と中間流通との区別であり，売買を媒介する商業資本の中では小売と卸売の区別として捉えられる。1つの最終生産物をつくるために，再生産に携わる産業資本は，生産の系列を形成して分業を編成する。例えば，綿花栽培業者―紡績業者―織物業者のような系列である。

商業信用とは，そのような産業資本同士が連鎖をなす商業流通の中で与え合う信用であり，必然的に形成の動力が働く。資本の利潤率の向上を目的とした追加貨幣の節約から商業信用が形成される。産業資本家は，それぞれ生産期間と流通期間という2つの現実的回転期間をかけて生産している。できる限りの現実的回転期間の短縮を前提にしたうえで，さらに投下資本の効率を図る価値回転期間の短縮が目指される。いわゆる複線的連続生産方式によって，生産期間の価値回転期間については投下資本の効率的運用で，（現実的回転期間＋1）／2へ短縮できたが，流通期間の価値回転期間は短縮できない（石橋［1992］：41）。

商業信用は，この流通期間に必要となる追加貨幣を節約することをとおして，価値回転期間において流通期間がゼロになったのと同じ効果を得ようというものである（守山［1994］：43-46）。例えば，いま紡績業者が販売のための流通期間が現実的には3週間かかる場合，その間の生産を継続するために追加貨幣を必要とするが，3週間後の現金化を見越して3週間の後払いで原材料を購入することによって追加貨幣を節約しようとする。それは生産規模に比べての前貸資本量の節約に結びつき，利潤率の上昇に結果する。

再生産に携わる資本家は，一方で信用を受け，他方では信用を与えている。原材料を信用で仕入れて，商品を掛売りする。上の例にならえば，紡績資本家の織物業者への与信期間が現実的流通期間の3週間を超えることがあれば，その分だけつなぎの追加貨幣を必要とすることもある。しかし，全体

としては，商業信用の展開で資本家相互にメリットを共有する可能性をもつ。そして通常の取引に商業信用は利用されるだけではなく，景気拡大期には積極的に商業信用が思惑的に活用され生産の拡張が図られる。

そもそも産業資本家同士は，全体として1つの最終消費に入っていく生産物をつくるために，諸工程を各資本がそれぞれ1つの経済主体として分担している。つまり，1つの生産系列を1つの経済主体の工場と考えれば，工程間の中間生産物の移動を商品売買でつないでいることになる。売買の場合には流通期間が存在するが，それを商業信用によって，必要とされる追加資本を節約できる基礎には，そのような生産過程における内部的関連がみられる。

また商業流通と一般的流通との相違は，価値の実現という点において異なる意味をもつ。最終消費の一般的流通においては，売買によって再生産的な観点からしても価値の実現が完了する。しかし，商業流通においては，たとえ個々の売買が実現しても，社会的再生産的には，最終製品が最終段階で売れるまでは価値の実現は完了しない。中間流通には，最終的な価値実現に対する非完結的・依存的性格があるといえる（川合［1982］84-85）。

商業信用は，商品の販売に対して貨幣の支払いを一定期間だけ待つという形をとる。価値実現の非完結性という限定は付くが，個別資本としては現金で売れば直ちに手に入れることができる貨幣の保有を一定期間抑制し，買い手はそれを利用しているので，そこに代価が支払われる。それが利子である。ただしこの利子は，貨幣の直接的融通関係から生じているのではなく，信用による貨幣機能の創造から生じている（馬渡［1980］248-250）。

商業手形という債務証書は，債権を移転するために裏書譲渡され流通するが，次の限界をもつ。1つは，売り手が買い手に信用を与えることができるかどうかである。売り手が買い手の手元における貨幣還流を信用できるかどうかである。また，それには信用調査費もかかる。

もう1つは，商業手形では賃金が支払えないことである。つまり，手形は流動資本としての生産手段の掛買い・掛売りとして流通するものであって，一般的流通には入れない。また，それとの関わりで，手形の期限・金額という側面における信用貨幣としての流通上の限界である。商業信用の限界を商

品経済的に打開するものとして銀行信用，つまり商業手形の限界を打開するものとして銀行手形そして銀行券が展開される。

(3) 銀行信用

　商業信用から銀行信用への展開，つまり信用論の系譜での銀行は，まずは諸資本の手形割引や支払保証で信用を代位する資本である。個別資本の信用力の限界によってその手形が受け取られない場合，より信用力の高い貨幣取扱資本にその信用を保証するような要請がなされることになろう。

　いま，A産業資本がB産業資本から100万円の原料を3週間の掛けで買おうとしているとする。まず，この二者に限った商業信用が成立するためには，Bに3週間の資金の余裕がなければならない。現金で売ったとしても，それが過剰な資金として保有してしまうことになる点である。そして，なによりもAが原料を製品にし，販売し，3週間後に100万円の資金が形成できるという点が信用されなければならない。

　とりあえず，このような中でAがBから受信できない場合，これを打開する方法はA産業資本の支払いを商品経済的ななんらかの形で保証する第三者Xを必要とするということになる[4]。Xの要件は，Aに信用を与えることができ，同時にBから信用を受けることができるということであり，Xは商業資本として売買の媒介を信用で行うことができればよい。つまりここでは，AとBは直接，受信と与信の関係を結べず売買ができないので，Xが間に入り，まずX手形（3週間以上，100万円）を振り出してBから商品を買い，AからA手形（3週間，100万円+α）を受け取る形でAにその商品を売ればよいということになる。このような信用による売買を仲立ちをする商業資本Xによって，受信と与信が媒介されていることになる。結局，AはA手形を発行して信用で商品を入手し，BはX手形を入手することで商品をXをとおして信用でAに販売したことになる。

　ここでXは，AとBとの間の商品売買を，信用で商品を買い取り信用で売るという形で媒介した。売買は終わったが，後に債権・債務関係だけが残

4　ここでは，小幡（[2009]：220-244）から多くのことを学んでいる。

る。残った債権・債務関係だけを取り出すと，結局，XがA手形を債権として取得し，X手形として自己宛の債務証書をBに振り出したことになる。AはXに債務を負い，BはXに債権をもった。XはAに債権をもち，Bに債務を負っている。AとBは，直接的には債権・債務関係を結べずに，Xを媒介にして間接的に，しかしそれはXの責任のもとで債権・債務関係を結んでいる。XのAへの債権とBへの債務は独立の契約で，切れている。しかしながら，Xのもとでそれらは統合され，Bによる健全な返済によってAの債務は支えられる関係になっている（小幡（[2009]：231，図Ⅲ.2.7)。

つまり，BはXに債権をもつのであって，Xにその清算を迫り，AはXに債務を負うのであって，XはAにその清算を迫るしかない。すなわち，XはBにX手形という債務を発行することによりA手形のリスクを取り，BはX手形のリスクを取っている。Xは，結局，自己責任のもとでA手形とX手形を交換することにより，受信と与信とを媒介したことになっている。

Xがこれまで商業活動の中に組み込まれていたこのような受信と与信を媒介する業務を商品売買を媒介する業務から切り離し，それをこれまで同時に行っていた貨幣取扱業務と一体化させる形で受信と与信の媒介を独立の業務として行うようになると，商業資本は銀行業務を行うY銀行業資本になる[5]。

そのような独立の資本Yは，さまざまな形で信用の媒介を専門に行うと考えられる。つまり，商業資本Xが媒介するAとBの商品交換において，まず，商業資本Xが振り出す商業手形Xに与信が与えられないときは，より信用力があり流通力が高い銀行手形Yに交換したり，AがXから掛買いを行うときに振り出すA手形に与信を与えられないときは，より信用力・流通力が高い銀行手形Yに交換したりする。結局，銀行資本が出てきたとしても，Xを中心としてAやXの商業手形だけで完結する場合もあると考えてよい。ただそのような商業手形では，理論的に考えても，信用力や流通

---

5 負債とは「受ける信用」であり，債権とは「与える信用である」。山口は，このことを「銀行資本は，一方の手で信用を与え，他方の手で信用を受ける資本」（山口[1988]：277）であるという。また川合一郎は，「「受ける信用」を「貸付ける」という銀行の形態的本質」（川合[1981]：80）といった。この点については，守山（[2013]：42）に多くを学んでいる。

力に限りがあるので，信用だけを媒介する銀行資本 Y が商業資本の中から，信用媒介の専門業として独立したわけである。さまざまな期限をもつ商業手形をより信用力が高くさまざまな期限をもつ銀行手形に置き換えているにすぎない。商業資本の活動の中にもともと，売り手と買い手の結合のほかに，信用を媒介する機能が含まれていたのである。この信用媒介機能からも商業資本は利鞘により利潤を取得できるが，この機能が，リスクの移転とともに銀行業資本に移っている。

しかし Y が独立の資本として自立するためには，商業資本の本質が多数資本の売買の集中による売買の社会化[6]であったように，銀行業資本 Y は自己宛債務証書を発行することによってさまざまな産業資本や商業資本の手形を購入し，リスクを分散するとともに，債務と債権の利鞘により利益を上げる資本でなければならない。そのために，銀行業に必要な資本投下としては，信用調査費，貸倒れに対する準備，貨幣取扱費等がある。銀行の債権は，多数資本に対する債権の集合として，銀行の債務と対応することになる。それとともに銀行は，自己宛債務を個々の債権に対応するものとしてではなく，債務証書一般として，より流動性が高い一覧払い・整数額面の銀行券として発行する[7]。

銀行手形と銀行券とには大きな切れ目があると考える[8]。期限のない銀行券は，一面では，転々と流通界にとどまる可能性もあるが，いつ返済を求められるか分からず，この一覧払い債務には，支払い準備が必要である。商業資本がもともと産業資本の貨幣取扱業務を代位するために預かり金として集中していた購買準備金や支払準備金などの遊休貨幣資金を，銀行資本は個々の商業資本から利子を払うことにより預金として積極的に集中し，支払い準備として流用することができる[9]。貨幣取扱いのために出入りする貨幣は銀行に

6　石橋（[1992]：235）を参照されたい。
7　銀行手形からの銀行券への展開は，より現金性・貨幣性・流動性をもった債務証書に対する受信側からの需要にあるといってよい（新田［1997］：19）。
8　宮澤（[1996]：102-103）から多くのことを学んでいる。
9　この点について，守山（[1994]：48-49）は，「商業信用による債権債務関係が手形引受人を中心とした債権債務関係に組み替えられると，必然的に各生産者購買準備金や支払準備金が手形引受人に集中し，預託されるようになる」という。この購買準備金や支

底溜まりするからである。一覧払い債務としての銀行券は，銀行に対する債権であり，いつでも兌換できるものとして一般流通にも利用され現金化しうる。銀行券を発行することによる与信は，たんなる手形割引にとどまらない。銀行券による直接的な貸付けもできることになる。それにより，取得する債権の範囲は商業手形割引によるだけではなく，拡大しうると考えられる。

さらに銀行業資本Yの受信の形態としては，銀行券の発行だけでなく，同じく一覧払い債務である当座預金の設定でも行いうる。預金通帳に一定額を書き込むことで，手形割引や貸出により債権を取得することができる。また，当座預金の帳簿上の振替によって，債権・債務関係を相殺する決済も可能となる。預金振替の指図に，小切手が使われる。預金はいつでも銀行券として引き出すことができて，決済が可能である。しかし，決済の効率化のためには，預金が預金のままで信用貨幣として利用できる必要があり，そのためには，他の銀行との決済を可能とする銀行間組織つまり決済機構が必要となる[10]。

(4) 決済機構と信用創造

そこで次に，決済機構についてみておこう。Y_1銀行の預金設定に対して，資本は小切手や手形を振り出して支払いに充るが，この小切手や手形が他銀行Y_2に持ち込まれた場合に，Y_1銀行からY_2銀行への現金の移動が必要となる。しかし，同時にY_2銀行引き受けの小切手をY_1銀行が入手するという逆の関係も生じうる。そこである一定地域の銀行が一堂に会して，互いがもつ他銀行の小切手を交換しあい，その差額である交換尻だけを現金で清算することにより決済できれば，現金の流出と移動は最小限に抑えられる。また，現金移動のコストが削減される。

払準備金を支払い準備として，一覧払い自己宛手形，すなわち銀行券が振り出せるという。単純化すると，商業資本⇒信用代位業（銀行手形）⇒信用代位業＋貨幣取扱業⇒銀行（銀行券）ということになる。

10 現在では，もちろん銀行券と預金通貨は同じ位置にあるのではない。銀行券は中央銀行券として一般的流通に入り，さらに法貨規定を受けて現金化の過程を完了し，決済手段となった。他方では，商業流通には，銀行券のあとを襲って当座預金が預金通貨として信用貨幣となっている（川合［1982］：356）。

そのような場が手形交換所である。多数の銀行の交換尻の計算は，相対(あいたい)でなされるよりは，自行の債権を「持ち出し手形」として一括し，自行の債務を「持ち帰り手形」と一括してその差額がプラスの時は勝ち，マイナスの時は負けとして計算する「多角的一括交換」の方が効率的である。多角的一括交換による交換尻は，①個別の銀行に対してではなく他の銀行全体に対して計算されており，②勝ちの金額と負けの金額はプラス・マイナスゼロになる。そこでこの交換尻の決済のためには，幹事銀行を1つ選び，その他の銀行はそこに当座預金口座を開いて，それを使って振替決済すれば済む[11]（守山［1994］：65-81）。この幹事銀行が，決済効率の観点から銀行の銀行である中央銀行へと進化する。

　銀行の銀行である中央銀行も銀行であり，さまざまな銀行が発行する銀行券をより信用力の高い自己宛一覧払いの銀行券に置き換える信用媒介を基本的な機能とする。しかし，このような銀行の銀行としての中央銀行は，以上みたように決済のために銀行の準備を集中することによって，その発行する銀行券は，市中銀行の発行する銀行券に比べて信用力がより高くなり，発券を集中することになる。発券は，1つの通貨につき1つの銀行の銀行である中央銀行において行われると考えてよいであろう。中央銀行は商業手形の再割引のほか，貸出の信用供与を，市中銀行の中央銀行預金設定という形で行うことができる。このように中央銀行は市中銀行への預金によって信用を供与し，市中銀行は中央銀行預金を引き出す形で，銀行券を入手し，産業資本・商業資本に対しては預金によってのみ信用を供与する預金銀行となる。

　以上のような中央銀行を核としたネットワーク化された信用・決済機構が存在しているので，市中銀行の預金は決済手段として利用でき，預金通貨となりうる。銀行は預金の設定により，信用創造が可能となる。しかし，それは債権・債務関係の相殺を前提とするとともに，市中銀行の中央銀行における当座預金口座の残高が交換尻決済のために維持される限りである。確かに

11　「手形交換に参加する中央銀行（幹事銀行）自身は，個々の加盟銀行との交換尻の直接の決済当事者ではないので，第三者勘定としての手形交換所勘定が仮設され，その勘定を介して決済される」（守山［1994］：80）。銀行間組織と中央銀行については，田中［2003］も参照されたい。

銀行全体としてみれば交換尻はゼロサムであるが，市中銀行の返済還流の滞りにより，市中銀行間では一方的な勝ちあるいは負けが生じ，銀行によっては口座に準備金が必要最低限確保できない可能性がある。さしあたりの過不足は，いわゆるインターバンク市場での銀行間の融通でしのぐことはできる。市中銀行の信用創造は，中央銀行による信用創造によって，チェックを受ける関係になっている。市中銀行の信用創造による貸出・手形割引がデフォルトを起こすと，市中銀行の不良債権となる。それが市中銀行の経営不安にまで広がる可能性がある。そして一銀行のデフォルトが連鎖的にほかの銀行に対する不安として波及し，決済機構全体が機能麻痺するいわゆるシステミック・リスクが発生する可能性は常に残っている。信用創造は，商業信用―銀行信用―中央銀行信用の3層のもとで行われているのである[12]。

3.「利子生み資本論」の系譜

「利子生み資本論」の系譜とは，利子生み資本論→貨幣融通資本の形式→金融機関論へと至る系譜である。論点は資金仲介金融機関としての銀行である。この系譜は，上でみた信用創造を中心に銀行を捉える系譜と一見すると矛盾するように思われる。はたしてそうであろうか。

(1) 利子生み資本をめぐる論点

ここでは，銀行が貸出を預金の設定で行いうるという信用創造機能の側面ではなく，銀行の資金仲介機能の側面について考えることになる。確かに，銀行は現金で貸し出すのではなく，要求払い預金の口座に金額を書き込むこ

---

[12] 内生的貨幣供給論は，金本位制ではない現代において貨幣が供給される仕組みを銀行システム全体による信用創造として明らかにしようとしている。市場経済で利用されている現代の貨幣とは，銀行券などの現金通貨と民間金融機関の預金通貨である。吉田暁は次のようにいう。「銀行券と預金通貨はいずれも信用貨幣であり，銀行の銀行としての中央銀行を頂点とする銀行システムを通じて，貸出によって供給され返済によって消滅する，という形で国民経済に供給される」とし，「預金通貨は手交できないから，預金を預金通貨たらしめるためには預金の振り替えを処理する手形交換所や為替のシステムを必要とする。これらが決済システムである」という（吉田［2002］：はしがき）。

とによって貸出が可能となる。現金などで預金を集めてから，それを貸し出す必要はない。これが預金通貨を供給するシステムである。銀行の預金が決済システムによって，通貨として利用できるからにほかならない。

　金本位制下においても銀行の本質は，既にみたように一方に遊休貨幣資本が資金の余剰としてあって預金され，他方でそれが貸し出されるというように考えられるべきではなかった。また，現代の貨幣は，預金通貨としてあくまで市中銀行の貸出によって創り出されるのである。銀行は自己の金融商品である「預金」を負債として設定すれば，貸出ができ貸出債権を保有することができる。

　しかし，個別の市中銀行にとって，設定された預金のその後を考えてみよう[13]。すぐに預金は現金として引き出されるか，手形・小切手で支払われ，中央銀行にある当座預金の振替により他行の預金に振り替わる可能性がある。市中銀行に対する預金の引き出しや当座預金の引き落としは，共にその銀行の中央銀行にある預金である自らの準備を減らすことになる。その結果，貸出を減らすことにもつながりうる。銀行が貸出をしても，すぐに貸出金は回収しなければならなくなってしまう。つまり，銀行は貸出を，まずは自行の預金設定によって実行したとしても，それを預金として維持しなければならない。

　預金というものは，あくまで銀行の受信なのであり，債務である。銀行が与信に見合うだけの受信を受けるためには，どのようにすべきであるか。一時的な資金過不足は，銀行間の相互貸借によって調整可能と考えられるが，それも限度がある。

　やはり，預金を集めなければならない。貸出が預金によって可能であるということと預金を維持できるということとは違う。預金は銀行の債務であり，預金は保有者にとっては債権である[14]。預金が決済手段として機能する

13　われわれは，信用創造機関と金融仲介機関との関連について論じようとしている。これは，さまざまな論者によって論じられてきた。例えば木村二郎は，「信用創造（貸出・証券投資）の結果として創造された預金を吸収することにより，銀行は遊休資金・休息貨幣を受け入れる」とし，「信用創造が結果的に金融仲介を果たしている」としている（木村［2006］：59-60）。

ときは，保有者が代わるときである。持ち手は瞬時に代わり，預金には常に保有者がいる。保有者にとっては，預金は現金に対する支払い請求権（銀行に対する債権）であり，価値保蔵機能を果たしていると考えられる。

例えば産業資本に貸し出された預金は，生産のためのさまざまな支払いに充てられる[15]。流動資本である原材料や賃金の支払いである。原材料の支払いは，預金のままで支払われた他の産業資本の預金に振り替わる。賃金は現金で支払われたとしても，消費財に使われた場合は消費財を販売した産業資本の売り上げとなり預金になる。

また，資本にとっての遊休資金は，償却資金，蓄積資金，価格変動等に対する準備金として，購買のための準備または支払いのための準備として，いずれもその時点では預金として貯蓄されている。預金は，保有主体を変えながら，さまざまな保有主体にとっての意味を異にしている。つまり，貸出と返済は常に繰り返される。創出された預金は常に形成される預金による返済で消滅しながら，ある一定時点では，つまりストックとしては，銀行は銀行の預金と貸出によって，それぞれの経済主体の資金運用である資産（債権）としての預金と資金調達である負債としての借入とを媒介することになっている[16]。金融機関の1つとして，銀行は，金融仲介機能を果たしている。

利子生み資本とは，商品の信用売買による債権・債務関係の形成ではなく，資金としての貨幣自体を直接に融通することにより債権・債務関係を形成し，この貸付により発生する利子を融通した貨幣の増殖分とする資本である。しかし，この直接的な貨幣の融通も，商業信用と以下のような類似する

---

14 ここでの預金については，いわゆる当座預金などの要求払い預金に限る。
15 預金は，返済により消滅する。現金の引出しによる保有以外は，必ず銀行預金に還流する。例えば，預金で債券を購入したとした場合，資金循環的には資金運用主体にとって預金が減って，債券が増えたことになるが，債券の発行主体が預金で支払いを受けるのであって，預金の保有者が代わるだけである。この点との関係でいえば，遊休貨幣資本についても，新たに銀行システム以外で現金が形成されるわけでなく，銀行預金として形成されるだけである。
16 この点は，具体的には，例えば日本銀行の「資金循環統計」の「部門別の金融資産・負債残高」（ストック表）に示されている。具体的には，銀行は負債として預金・証券，資産として貸出・証券をもつ。証券については，ここでは論じていない（日本銀行調査統計局［2005］）。

面をもつが，明確に区別されるべきである。①貨幣融通は，利子を付けて貨幣を返済するという支払約束を信用することなくしては成り立たない。②融通した貸し手に貨幣保有の抑制，そして借り手にその利用を行う関係が成立し，利子などを代価として要求できる根拠が商業信用に比べてより明白である。③ここで形成される債権・債務関係の清算にも決済手段としての貨幣が使われる（馬渡［1980］：248-250）。

　宇野の信用論は，既にふれたようにマルクスの利子生み資本に対する批判から展開された。マルクスが貨幣資本家と機能資本家との間の貸借という想定から利子を説いたのに対して，商業信用における貨幣の事実上の融通関係から利子を説くべきであるとした。しかし再生産に携わる資本相互に信用の基礎を求めた結果，銀行信用の展開は，諸資本の遊休貨幣資本を集めそれを直接的に貸し付けるような，媒介的なものとして説かれてしまった。貸し手も借り手も同じ貨幣をめぐる資本家同士なのだということを強調しすぎることになった。この点について川合や山口を初め多数の論者が，宇野は銀行信用の本質的機能を資金を媒介するものとして説明したと批判し，信用貨幣の創造という信用創造的な説明を中心にすべきであるとした[17]。

　しかし，利子生み資本の論理が消えたわけではなかった。利子生み資本は，宇野にあっても山口にあっても，もっぱら資本の運動形式の1つをなすものとして捉えられ展開された。宇野にあっては利子生み資本および貸付資本の形態規定を与える金貸資本形式が「流通論」で説かれた（宇野［1985］：41, 196-204）。山口にあっては宇野を引き継ぎ，以下にみるようにさらに射程を拡張して，「貨幣融通資本の形式」[18]として論じられた。

（2）貨幣融通資本の形式

　山口の「貨幣融通資本の形式」（山口［1988］：70-76）は，マルクス利子生み資本論，宇野「金貸資本的形式」の「貸付資本」による貨幣そのものの貸借関係を理論的に純化するものであるが，さらに株式資本につながる出資をも含むものとなっている。つまり，大きくいえば資金としての貨幣の運用

17　この点について，詳しくは小島［1979］，竹内［1997］，渡辺ほか［1980］を参照のこと。
18　この点については，次章の「2.「貨幣融通資本の形式」について」も参照されたい。

者から貨幣の調達者への資金の流れを「貨幣を融通する資本」の運動そのものとして捉えようとするものといえる。ところが，次章でもみるようにこのような資本はそもそも理論的に説きうるものではない。そこでは，貨幣の運用者から貨幣の調達者への貨幣の融通が金融として行われており，その金融に携わる資本は，資金の運用者から資金の調達者への融通をなんらかの形で仲介するものとして規定されるべきである。

　貨幣を融通する主体は貨幣を増殖するために投下するわけであるが，貨幣を融通する主体にとって，貨幣は資本として運動しているわけではない。それは利子・配当を生むであろう資金であり，資産と呼ばれるべきものである。

　貨幣融通資本の貨幣の融通の仕方には，出資方式と貸付方式の2つがあるという。詳しくは，次章で論じることとし，ここでは主に貸付方式を取り上げる。貨幣の貸付とは，あらかじめ期間と利子を契約によって決めて資金としての貨幣を引き渡し，その期間が終わると利子とともに返済を受けることである。ここでは貨幣所有者は資金運用者として，自己の貨幣を直接的に資金調達者に貸し付け，利子とともに回収すると想定されている。また貸付は，貨幣の一定期間の使用価値が貸し手から借り手に売られる関係，つまり商品化した資金の売買関係とみることもでき，利子はその代価と捉えることができる。

　この貸付が，貨幣増殖の1つのやり方として貨幣融通資本の形式の中で説かれている。つまり貨幣融通資本とは，商品売買資本の形式や商品生産資本の形式をとる資本に対して貨幣を貸し付けて利子を取り，そのことによって自己の貨幣の増殖を図る寄生的な資本として説かれる。他方，貨幣融通を受ける側もやはり資本運動をしており，融通された貨幣を追加的な資本力として利用する。そして追加的な増殖分から利子を差し引いても，なお利潤率の上昇の見込みがあるので，このような融通を受けていることが前提とされる。貨幣融通資本は貨幣の貸付を業としているので，貸付相手に対する事前の審査と事後の監視などの貸付費用に資本を投じ，それを利子から回収した残りを自己の資本に対する利潤とする資本と説かれている。

　ここで「貸付資本」は，利子総額から費用を控除し利潤計算を行い，資本

としての性格を備えているようにみえる．しかし，このような資本は高利貸資本のような歴史的な資本としてはともかく，資本に対する資本として，理論的に平均利潤をどのようにして得るのかという点において疑問となる．

　山口は，貸付期間中の貸付貨幣の回収要請に対して貸付債権の証券化（貸付証券・債券）が行われ，貸付はその証券の購入つまり証券投資という形をとるという．貸付債権の証券化は出資の証券化（資本証券・株券）とともに説かれ，貸付や出資は貸付証券や資本証券に投資する証券投資という形をとる．証券投資は，たんに利子や配当を得るものであるだけでなく，新たに証券価格の変動により損益を生み出すようになる．貨幣融通資本は，出資方式，貸付方式による貸付資本を経て，証券投資資本となっている．証券投資資本も，自ら証券買入資本だけでなく，証券売買活動資本をもち，利子・配当だけでなく証券の売買益から，証券売買を有利にするための費用などを控除して，投下資本に対して利潤率を計算している点で，形式的には資本として成立するようにみえる．利潤源泉として証券の価格差といった新たな要因が加わることとなっているが，やはり資本に対する資本として，平均利潤取得について疑念を生じる．

　そしてなによりも，山口はたんなる資本の形式を論じることから，金融論の本質的な議論に踏み込んでいる．しかし，この資本形式論で説かれる「貸付資本」と「証券投資資本」とが，第3篇「競争論」第2章「競争の補足的機構」第2節「貨幣市場と銀行資本」における「銀行資本」と第3節「資本市場と証券業資本」における「証券業資本」とに共にそのまま対応するわけではない．それは，貨幣融通資本の形式が内容的には資金運用者と資金調達者をつなぐ金融機関が論じられるような構成になっているにもかかわらず，それが資本の形式を論じるという意図に縛られているからにほかならない．貨幣融通資本の形式の内容は，資本形式論としてではなく[19]，資金運用者と資金調達者を媒介する金融機関論として積極的に展開されるべきであろう．

　銀行資本は既に信用論の系譜でみたように，貸出を自己宛債務である預金の創出によって行う．もとより自己資本を貸し付けるわけではなく，また預

19　当然，資本形式論は内容を再検討する必要があるが，課題として残されている．

金を集めてそれを貸し出すわけでもない。資金の商人ではない。しかし，購買手段，準備手段という貨幣機能をもつ預金は，保有主体にとっては貯蓄である[20]。「銀行部門の信用創造は非銀行部門の貯蓄形成意図を適格に反映したものにならなければならない」，ということになる（池尾［2010］：63）。

また，証券業資本は，「証券投資資本」のように自らの資金を投資する資本としてではなく，本質的には証券投資を行っている産業資本の「資本証券の売買」を委託売買として行う資本として規定される。そのうえで証券業資本は，自らの計算と責任で証券を買い取り，転売する自己売買による利潤取得も目指すとされている。そして，この証券業資本を通じる場合の資金の融通は，資金提供者の遊休貨幣資本（流通資本・償却資金・蓄積資金・準備金）としての貨幣そのものが資金の調達者に媒介される。資金提供者は，資金調達者が発行する債券・株式という本源的証券を取得するという形で，資金が供給される。証券業資本は，証券市場において証券売買を仲立ちするにすぎない。ここでは，資本は資金調達するためには債券（貸付証券）発行により貸付を受けるか，株式（資本証券）発行により出資を仰ぐかのいずれかによる。それ以外に資金を調達するには貸付を受けるしかない。

ここでの資金の運用者は，短期的な準備金のほか蓄積資金・償却資金という固定資本投資に振り向けられるべき長期の遊休貨幣資金の資金運用資本を

---

20 山口は，「できあがった結果としての貨幣市場をみると，その中心に位置する銀行は，右の手で産業資本や商業資本からの貨幣の期限付き使用価値を安く購入し，左の手で産業資本や商業資本にそれを高く販売するという資金の商人のような活動をすることによって利鞘を稼いでいる資本のようにみえることにもなるが，そのように理解すべきではない」，という（山口［1988］：230）。しかし，それは，「結果」的にはやはり，預金保有者の立場になってストックとしてみると，運用者の貯蓄としての預金を借入れしたり証券発行したりする調達者に銀行貸出として資金融通する資金仲介をしているにすぎない。銀行は，「将来の貨幣還流を先取りして現在の……貨幣機能を創出している」のであって，貸付―返済の関係ではあるが，将来の貨幣還流は，保有者にとっては「貯蓄」として預金される。池尾は，端的に「信用創造は，無から有を生じるものではなく，貯蓄の先取りに過ぎない」という（池尾［2010］：63）。吉田暁は，「金融仲介と貨幣供給の二つの機能がどういう関係にあるかは必ずしも明確ではない」とし「近代的銀行の本質は自己宛一覧払い債務（現在は預金）を貸し付けるところにある。これにより銀行は信用創造をしながら同時に金融仲介を行う」といい，山口と池尾和人の説を紹介している（吉田［2002］：25-27）。

含むだけではなく，より抽象的には支出よりは所得が多い，投資よりも貯蓄が多いいわゆる黒字の経済主体として規定される。また資金の調達者は，資本そのものの出資を要請するほか，長期の借入れで固定資本投資をする資金調達資本を含むだけではなく，より抽象的は所得よりも支出が多い，貯蓄よりも投資が多いいわゆる赤字の経済主体として規定されるべきである。金融とは現在のお金と将来のお金を交換することであり，金融業務とは最終的な資金運用者と最終的な資金供給者とをつなぐ業務であり，そこに資本投下をする資本が金融業資本である。貨幣融通を，貯蓄額が投資額を上回る黒字主体から投資額が貯蓄額を上回る赤字主体へ貨幣を融通する関係として抽象化していく必要がある（池尾［2010］：12-19）。

貨幣融通は，黒字主体と赤字主体が「将来時点でお金（貨幣）を提供するという約束」という金融商品を売買することによってなされるから，お互いに取引相手を見いだし，取引条件の合意に至るまでには，手間・ひまという取引費用を要するだけではなく，なによりもそこに将来の約束に対する信用がなければ成立しない[21]。資金融通という取引を成立させるためには，そこをつなぐ工夫が必要となる。商業資本が一般的な商品の需給を効率的につなぐために存在したように，金融商品の取引費用を節約しつつ，よりスムーズに資金の需給をつなぐための仲介を果たす第三者が金融機関である。このような金融機関は，金融の取引費用に資本を投じてそれを節約しつつ，さまざまな金融サービスを提供して利潤を上げる資本である。ただ商業資本との違いは，銀行という金融機関は貨幣の融通を「金融商品」の売買という形で売買するだけなく，その融通する貨幣そのものを同時に創り出している点にある。

(3) 金融機関としての銀行

ここでは，銀行を資金運用者から資金調達者への資金融通を媒介する金融

---

21 一口に信用といっても，将来には不確実性があり，信用には必ず信用の度合いがある。ここでの信用リスクの大小は，この信用の度合いを測っている。「あらゆる（起こった結果について立証できるような）リスクは金融取引を通じて移転可能である」という（池尾［2010］：21）。

機関の1つとして位置づける。銀行とは，既にみてきたように預金通貨を創出することによって貸出を行う機関としてだけではなく，貯蓄と投資の仲立ちをする金融機関として位置づけられる。貸出によって預金が創出され，返済により預金は消滅することを繰り返しながら，創出された預金はさまざまな経済的な取引に使われることによって保有者にとって預金は貯蓄となっている。蓄積資金・償却資金・準備金という遊休資金，そして家計の貯蓄も預金の形をとっている。現金は，銀行から預金を引き出すことによって得ることができる。銀行は，信用創造機関として貨幣そのものを生み出しながら，貯蓄と投資を貨幣融通としてつなぐ媒介的な金融機関の1つであるという側面をも併せもつと考えねばならない。

金融機関による貯蓄と投資のつなぎ方は，大きく2つの仕方に分けることができる。1つめは，金融仲介機関としての銀行が預金証書などの間接証券の発行をよって貸出を行い本源的証券を取得する間接金融である。2つめは，資金運用者が赤字主体の発行する債券・株券（本源的証券）を直接的に取得するいわゆる直接金融であり，証券業資本が取引の仲立ちをする。3つめは，資金運用会社が受益証券という間接証券を発行して資金運用者の資金を集め，1つの大きな基金として証券市場で証券投資に運用するもので，運用会社は運用手数料収入等を得ながら，最終的な資金運用者が運用のリスクを引き受ける市場型間接金融である[22]。

間接金融の場合では，本源的証券の抱えるリスクは直接的には金融機関に及び，資金運用者に対しては金融機関との預金という契約によってリスクの波及が間接的になっている。直接金融の場合には，本源的証券が抱えるリスクは直接的に資金運用者に及ぶ。市場型間接金融は，資金運用会社の金融商品は「預金証書」ではなく，受益証券であり，証券は間接証券になっているが，リスクは直接的に資金運用者に及ぶ。

ところで，資金が融通されるすべての資金調達者に対する審査・監視などの必要性は同じではない。例えば，一般に広く知られていて信頼性の高い，

22　第3のルートとしての「市場型間接金融」について，詳しくは第9章「グローバル金融危機と国際通貨体制」を参照されたい。

「市場でのネームがある」主体の場合には，債券・株式を発行しても多くの資金運用者が信用して容易に購入できる（池尾［2010］：31）。この場合には，証券会社や格付け機関などの証券業資本が証券発行に際して審査や監視の機能を果たしており，直接金融によって貯蓄と投資がつながれる。

　それに対して，審査・監視などの必要性が高い主体の場合は，銀行と相対(あいたい)取引をする。銀行が，資金調達を望む主体を個別に審査して貸出[23]をし，そして事後も監視を続けることになる（池尾［2010］：23-31）。貸出には，商業信用における手形割引にみられるように信用売買に対して与信するものと資金の貸付とがある。また，債券・株式のような購入の形で与信を与えることもある。いずれの場合にも，銀行が資金調達主体からは本源的証券（貸出債権）を直接的に取得し，預金設定する形で間接金融によって，貯蓄と投資がつながれる。

　銀行は，間接金融の過程において，一方では借り手に対して事前の審査と事後の監視という形で「情報生産機能」を果たしており，他方では，貸借の期間と量についての赤字主体と黒字主体のニーズのギャップをつなぐ「資産変換機能」をサービスとして果たしている。銀行は，信用創造しながら金融仲介機能を果たしているということができる。

おわりに

　銀行は，3つの要素の複合的な機能を提供している組織であると捉えることができる。第1は，貨幣取扱資本として考察された決済機能であり，第2は信用論の系譜として考察された信用創造機能であり，第3は利子生み資本論の系譜として考察された金融仲介機能である。

　これら3つの機能は，銀行の金融商品「預金」を中心にして不可分のものとして結びついている。銀行預金による決済機能は，預金口座の振替と階層をなす銀行間ネットワークとしての決済機構とによって可能になっている。預金が決済手段として利用できることにより，銀行は預金口座に金額を書き込むことによって資金を貸し出すことができる。預金とは，資金を預かるこ

23　貸出は，手形割引，手形貸付，証書貸付，当座貸越の形をとる。

とであり，銀行の負債となる。預金口座への記帳は，いったん一覧払い債務を貸し付けて，貸した資金を預かったともいえる。銀行は「預金」という金融商品を創出することによって貸出債権を取得している。これは，金融仲介機関としては銀行にしかできない。他の金融機関は，資金の流れをたんに仲介をするか，あるいは調達した資金を転貸しするしかない。銀行はこの意味でたんに転貸しする金融機関ではない。

　この場合，銀行にお金を借りた主体は，借りたお金を預金として銀行に貸しているのであって，銀行に貸したお金を借りているのではない。ただ銀行の貸出債権は，借りた主体にとっては返済するまで消えないが，預金として銀行に貸した債権は，すぐに支払いに使われて，保有主体が代わる。預金は，貨幣流通のように決済手段として預金の保有者を転々と変え，ある時点では預金は貯蓄が投資を上回る主体の貯蓄となっている。預金は決済手段であり，同時に価値保蔵手段でもある。この点では，それが銀行の本質でないといわれても，やはり金融機関としては右手で自ら創造した預金を集めて，左手で貸しているのである。銀行は，貯蓄以上の資金を貸し出せない。無から有は創り出せない。信用創造は，貯蓄ひいては所得そのものを創り出すものではない。銀行は，このような制約の中で信用創造が可能であり，伸縮自在に決済手段を供給することができるのである。銀行システムが現代の貨幣を創り出す仕組みとなっている。

貨幣と金融業資本
―「貨幣融通資本の形式」について―

はじめに

　「貨幣融通資本の形式」は，山口重克氏が『経済原論講義』（山口［1988］）において「資本」の3形式の1つを表すものとして独自に使われている名称である。山口の資本形式論は独創的である。その中にあって「貨幣融通資本の形式」は，とくに含蓄のある内容になっている。私は一方で「貨幣融通資本の形式」の内容からこれまで多くのことを学んできたが，他方では第1篇「流通論」における「貨幣融通資本の形式」と第3篇「競争論」におけるとくに「資本市場と証券業資本」との関係について少し疑問とするところをもち続けてきた[1]。

　あらかじめ問題意識を端的にいえば次のようになる。「貨幣融通資本」とは資本形式では資本として規定されているが，はたしてそれはどのような意味で資本なのかという点である。山口が第3篇「競争論」の資本市場で具体的な資本として規定するのは，資本市場を組織する証券業資本であって，「貨幣融通資本」の1つである「証券投資資本」ではない。それでは「証券投資資本」と証券業資本とはどのような理論的関係になっているのか。そもそも「証券投資資本」を含む「貨幣融通資本」とは何なのか。この問題は，同じ「貨幣融通資本」の1つとされる「貸付資本」が資本形式としては資本と規定されながら，第3篇「競争論」においては具体的には「銀行資本」と

---

[1] 「貨幣融通資本の形式」については，菅原（［2012］：79-89）も参照されたい。

してしか展開されていないことと同じ論理構造の問題になっているように考えられる。

山口の「貨幣融通資本の形式」は，第3篇「競争論」の第2章「競争の補足的機構」のとくに第2節「貨幣市場と銀行資本」，第3節「資本市場と証券業資本」の内容を予定して，そこで発展的に説く内容を「流通論」の中の資本形式として与えるものとなっている。それは体系をなす原理論としては当然なことであり，その点で本書も第3篇から始めて第1篇へと検討していくべきなのかもしれない。しかしここでは，抽象的な概念からより具体的なものへと「分化・発生論的」に導かれる『経済原論講義』の構成に従って，その理論的展開を追うことにしたい。

1．資本形式論について

まず，議論の大枠を確定するために「資本形式論」についてみておきたい。「資本形式論」についての議論は，もともと宇野弘蔵がマルクス『資本論』（Marx [1971, 1969, 1971]）を『経済原論』（宇野 [1950, 1952]）として再構成した際に，『資本論』第1部「資本の生産過程」の第1篇「商品と貨幣」ならびに第2篇「貨幣の資本への転化」に相当する内容を第3篇「絶対的剰余価値の生産」から分離し，全3篇構成の『経済原論』第1篇「流通論」の中に第1章「商品」，第2章「貨幣」の次に第3章「資本」として取り込んだことに始まる。『資本論』がその第1部の後に，第2部「資本の流通過程」，第3部「資本制的生産の総過程」となっているのに対して，『経済原論』では第1篇の後，第2篇「生産論」，第3篇「分配論」と対応させたわけである。

以上にみられるように宇野の理論構成の特徴は，マルクスにあっては，「資本の生産過程」の中で展開されていた「商品」「貨幣」「資本」の諸規定を「生産論」から解き放ち，新たに立てられた「流通論」としてまとめて独立させたところにある。その趣旨は，「商品」「貨幣」「資本」の諸規定を価値の実体をなす労働，つまり生産を説くことなく形態論的に純化して説くべきであるという一点にあった。それは価値法則論の論証を「生産論」で行う

べきであるという積極的な考え方を背景としていた。ただ，「生産論」に対して「流通論」と対比させているが，内容的には「流通」そのものを扱うというよりも「流通」を担う諸形態を規定しているという意味からは流通形態論とでもいう内容になっている。

「流通論」を形態論に純化すべきであるという宇野の主張は，原理的展開ならびにそれを導き出した方法論をめぐって，「流通論」の内容の多方面において論争を呼び起こしてきた。それは，大きくいえば第1に価値形態論の展開をめぐる問題，第2に貨幣の価値尺度規定をめぐる問題，第3に「流通論」から「生産論」に移された価値の実体規定に基づく価値法則の論証問題であった，といってよいであろう。そしてさらに残された大きな課題として，貨幣の資本への転化をどのように説き，資本の形態規定をどのように資本形式論として与えるべきであるのかという問題が浮かび上がってきた。

資本の形態規定を「流通論」で与えるべきであるという点では共通理解をもちながらも，資本形式論の展開方法をめぐっては活発な論争が行われた。それは，資本主義経済の原理的展開をめぐる純粋資本主義論と世界資本主義論との方法的な論争という形をとった。しかし，ここではこの方法的な問題は扱わない。ただ，論争は歴史的存在としての資本主義経済を理論的にどのように捉えるのかという方法に帰着したと考えられるのであって，それに対して私の考えを明らかにしなければ，充分な議論はできないかもしれない。

『経済原論講義』第1篇・第3章「資本」の構成は，まず，導入部分で資本の一般的な規定が示された後，第1節「商品売買資本の形式」，第2節「商品生産資本の形式」，第3節「貨幣融通資本の形式」となっている。

すぐに分かる特徴は，3つの形式に付けられた名称とその順序にある。この点については，『経済原論講義』の「あとがき」が参考になる。従来の諸研究との異同が篇別構成の方法の問題として説明されている。そこでは「資本の三形式論」をめぐって，『資本論』そしてとくに宇野『経済原論』との間で，山口にとって何が問題となっていたのかが，端的に示されている。山口が「三形式の名称と内容と構成法についてはかなりの変更を加えた」主な理由は以下の2つである（山口 [1988]：262）。

1つは，「宇野『原論』の第一形式（商人資本形式）と第二形式（金貸資

本形式）は資本主義以前の資本の形式という性格が強く，第三形式（産業資本形式）は資本主義社会を前提した資本の形式という性格が強いのにたいして，資本形式から特殊な歴史性を払拭し，流通形態として純化しようとしたことによる」という（山口［1988］：262）。名称の変更によって資本を流通形態としてより純粋に規定することが目指されたが，3つの形式の「構成法」については何も述べられていない。第2形式「金貸資本形式」が「貨幣融通資本の形式」とされ第3形式となり，第3形式「産業資本」が第2形式「商品生産資本の形式」となっている。この「篇別構成」は大きな変更といえる。

つまり，「貨幣の資本への転化」においても「資本形式論」においても篇別構成上の位置づけとしては，この部分は内容的にはいずれも，商品・貨幣・資本の規定から資本の生産過程論の実質的な分析へと移る中間項をなしていた[2]。したがって，「資本形式論」における最後の規定は，一般に「生産」を包摂する資本の形式で終わるのが，理論的な流れとして当然とされてきたといってよい。なぜそのような構成になっていないのか。この点は，後でみるように「貨幣融通資本の形式」の内容とも関わっている。

もう1つの変更とその理由については，「後に述べる「資本の流通過程」論の処理の問題と関連するが，『資本論』の第二巻なり宇野『原論』の生産論なりで論じられている資本の循環・回転の問題の少なくとも一部はこの資本形式論で論じられるべきものであると考え，そうしたことによる」という（山口［1988］：262-263）。さらに，「篇別構成上の最大の変更の1つは「資本の流通過程」を独立に考察することをやめた点であろう。『資本論』では第二巻を「資本の流通過程」と題して，3つの篇で資本の循環，資本の回

2　マルクスは，第1部「資本の生産過程」に含まれている「貨幣の資本への転化」の最後で次のようにいっている。「だからわれわれは，貨幣所有者および労働力所有者といっしょに，この騒々しい，表面上で行われていて誰の眼にもつく流通部面を見捨てて，右の両者の後について，その入り口には無用の者入るべからずと掲示されてある隠された生産の場所にはいって行こう」（マルクス［Ⅰ］327頁，S.189）。

　なお本章は，論題「資本形式論―山口原論によせて―」で「政治経済学ワークショップ」（東京大学・日本経済国際共同センターCIRJE，2005.5.27）で報告した。コメントをいただいた小幡道昭氏，青才高志氏に感謝します。

転，いわゆる再生産表式を考察しており，宇野『原論』では生産論の第二章を「資本の流通過程」と題して，『資本論』第二巻の最初の二篇の問題を考察しているが，本書では資本の循環と回転の問題は流通論と競争論に両極分解させた。それらを生産論の中で扱わなければならない積極的な理由がどうしても見出せなかったからである」という（山口［1988］：263）。

「資本の流通過程」における資本の循環・回転の問題が「流通論」と「競争論」へと両極分解され，「少なくとも一部」は資本形式論で論じられることになった。その結果，資本形式論の内容が大きく変わることになった。しかしそれは，資本形式論が理論的に資本の循環・回転の問題を積極的に取り込まなければならないというよりは，「それらを生産論の中で扱わなければならない積極的な理由がどうしても見出せなかった」から，資本形式論の中で論じたにすぎないというように，理論的にはむしろ受け身であったかのようにみられる。

この変更は，資本形式論で資本の循環・回転の問題がどこまで論じられるべきであるのか，また資本の循環・回転について「資本の流通過程」で論じられるべき特有の問題がないのかどうかということと関わってくる。われわれは，資本循環論における流通費用と資本回転論における流通期間との2つの問題からこれまでの「資本の流通過程」論は解体され尽くすことができないと考えている[3]。しかし，ここではこの問題に立ち入れない。

それでは第3章「資本」に立ち入って検討したい。まず，3形式すべてに通じる資本の一般的な規定が示されている導入部分をみておこう。山口は，貨幣の「致富機能」から資本への転化を問題としている[4]。「致富機能」として貨幣は商品経済における富の一般的形態であるが，この一般的富としての貨幣の保蔵・蓄積という致富欲は無限の衝動となるとされ，「一般的富の無限の保蔵・蓄積行動が展開するさらに発展した関係の形態が資本である」という（山口［1988］：54）。すなわち貨幣所有者が貨幣を増殖させるために，

---

3 「資本の流通過程」で論じるべき流通費用と流通期間の問題については，石橋［1992］の「第1章　マルクスの流通費用論」「第2章　マルクスの資本回転論」を参照されたい。
4 この点については第2章でも論じた。山口重克は，貨幣を「購買機能」「交換機能」「致富機能」の3つに分けていた。

貨幣をいったん手放して引き上げるという新たな行動を展開することによって，貨幣がその姿態をいったん捨て，再び貨幣の姿態に復帰する運動体となった一般的富が資本である，というわけである。

　資本とは貨幣の増殖運動体である[5]。貨幣の増殖が目的なので，その目的が充分に達成されているかどうかが確かめられなければならない。そのためには増殖の効率を計る必要がある。資本の増殖率は，貨幣の増加分の投下資本に対する比率として計算される。そして貨幣の増加分は投下資本に対しては利潤と呼ばれ，増殖率は利潤率と呼ばれることになる。しかし，資本の「運動」には時間を要するので，増殖の効率は一定期間をとった利潤の投下資本に対する比率である期間利潤率として計算されざるをえない。この運動体は，価値が例えば貨幣という出発点と同じ位置ないし姿態に復帰する運動の形態としては循環運動体である。そしてこの循環運動体の速度が問題となる場合には回転という概念が使われることになるという。

　つまり一循環の増殖率が同じとしても，一定期間内に回転率が異なる場合，利潤率が相違することになるわけである。したがって利潤率の増進は，一循環の増殖率の増進と資本の回転の促進をとおして追求される。そして，資本家は，期間利潤率の極大化を行動原則にして，資本のさまざまな投下様式ないし投下対象を選択することが確認され，その投下様式ないし投下対象によって，商品売買資本，商品生産資本，貨幣融通資本という3つの資本形式に大別することができる，という（山口［1988］：55-56）。それでは「貨幣融通資本の形式」に入っていこう。

2.「貨幣融通資本の形式」について

　「貨幣融通資本の形式」の項の「小見出し」は次の6つである。便宜上，番号をつける。①「価値増殖形式の層次化」，②「出資方式と資本家の分

5　貨幣は増加するもので増殖ではなく，増殖するのは価値であるとし，「貨幣増加と価値増殖」を区別して，貨幣の資本への転化を考え直そうとする論考に小幡［2005］がある。ここに限れば，増殖するものは価値であり，貨幣の増加分を通じて価値の増殖の大きさが計られている。

化」，③「貸付方式」，④「貸付資本の諸構成と利潤」，⑤「証券投資方式」，⑥「証券投資資本の利潤と諸構成」という構成である。大きく3つに分ける。

（1）価値増殖形式の層次化

　まず，①「価値増殖形式の層次化」からみていこう。この表題から推察されるように，第3形式「貨幣融通資本の形式」は，第1形式「商品売買資本の形式」や第2形式「商品生産資本の資本」に並立するものではなく，この2つの形式を前提にしてその上に層をなして重なる「いわば寄生的な増殖の形式」として捉えられているということが分かる。

　「資本の第一形式，第二形式においては，資本家は自分の判断と責任において自分の商品の売買活動に従事したり，自分の生産要素の消費活動，つまり自分の商品の生産活動に従事したりして自分の貨幣の増殖を追求し，その結果としての増殖分は全額自分が取得した。ところがこのような増殖関係が前提されると，流通世界に居住して貨幣の増殖機会を求めている個別的流通主体はさらに，これらの増殖関係を利用した第三の貨幣増殖の形式を展開しうることになる。それはこれらの二形式の資本にたいして貨幣を追加的資本として融通し，この追加によって増加した増殖分からなんらかの分け前の配分を受けることによって自らの貨幣の増殖を図るという，いわば寄生的な増殖の形式である」（山口［1988］：70-71）。

　ここから「貨幣融通資本の形式」がどうして第3形式となったのかの理由が読み取れる。寄生的な増殖の形式として2つの形式の資本を前提にせざるをえなかったのであろう。「貨幣融通資本の形式」はいわば「資本に対する資本」として説かれようとしている[6]。しかしながらまず，宇野においては「資本に対する資本」が成立しうる前提として，金貸資本の抽象の根拠にいわゆる高利貸資本というような歴史的に具体的な資本の存在があった点を確認しておく必要がある。平均利潤を得る資本を相手にして利子を得る資本ではなく，相手を収奪する法外な利子を得る資本である。すなわち，「それは

6　「こういう資本形式（商人資本・G―W―G'）の出現はまたそれを基礎にして，いわば資本に対する資本として，G…G' という資本の他の形式をも展開する」（宇野［1985］：41）。

もはや本来の流通過程において剰余価値を得るものではない。相手の窮状に乗じてその財産を収奪する，いわゆる高利貸資本はその点を端的に示すものである」。そしてまた，「かかる形式をとる限りは，その価値増殖の相手を，いいかえれば自己の前提を自ら破壊することになるのである」という関係を抽象して，「資本に対する資本」は理論的に規定されたものであったことを確認しておく必要がある（宇野［1985］：41-42）。

　しかし，そのような歴史性を否定する山口にあって，宇野と同じように「資本に対する資本」を第3の形式として説くことがはたしてできるのであろうか。

　山口は「出資方式と資本家の分化」の項目の中で次のようにいっている。「他の資本への出資という形式は，価値増殖欲求はもっているが，商品売買活動そのものや商品生産活動そのものには能力もないし，必ずしも積極的な関心もないような流通主体の行動様式として展開される一面があるということである」，と。「流通論」のレベルとはいえ，このような資本家を想定することができるのかどうかということが問題となる。資本家とは，既にみたように期間利潤率の極大化を行動原則にしているのではなかったのか。宇野においては，歴史的な資本に寄りかかって金貸資本を規定したので，「資本に対する資本」はある意味では許容される面がある。その宇野にしても，第3篇レベルになるとこのような資本家の想定を拒絶しようとした。

　この問題は，「貨幣資本家」と「機能資本家」の想定によるマルクスの「利子生み資本論」を批判した宇野の論点と重なってくる。「理論的には利潤のえられる資本の投資をさけて，その一部分たる利子をうるにすぎないような資本の貸付を選ぶ「貨幣資本家」なるものを想定することはできない。利潤論にしても，地代論にしても，あらゆる資本家はすべてその資本としての貨幣を生産過程に投じて一定の利潤をあげるものとして展開されている。そこにはここでいう「貨幣資本家」のような資本家の発生の余地はない」（宇野［1952］：267）。ここでは，宇野は「資本に対する資本」を明確に否定していた。しかし，宇野のこの否定は完全ではなかった。否定しきれていない。詳しくみておきたい。

　宇野は，利子生み資本の成立を「産業資本が流通過程にある遊休貨幣資本

を資金として融通して生産資本化する」(宇野 [1952]：316-317) ものとして，資本家相互間の信用関係の社会的関係，つまり，商業信用を基礎にした銀行信用の展開によって媒介される貨幣の商品化として，明らかにされねばならないとした (木村 [1976]：230)。しかしながら，その宇野にあってもなお問題を残していた[7]。それは，銀行信用によって媒介される資金を「貸付資本」と捉えた点である。問題は，資金の源泉を産業資本家の再生産過程における遊休貨幣資本に基づくものと正しく捉えながら，その遊休貨幣資本の貸借関係をなお「貸付資本」という資本の運動として捉えようとしていた点にある。

この点については日高普の批判がある。日高は，「貸付資本」には「貸付資本家」がいるわけではないとして，「貸付資本」概念を否定している。宇野が「貸付資本」という場合，資本形式論での金貸資本的形式 G…G' が，産業資本の確立した資本主義経済における信用関係において形式面で利用される関係を意味している。つまり宇野は，銀行が形式的には同じ G…G' を利用していると捉えて，「(銀行は) 社会的なる資金の利用を媒介する機能を，貸付資本 G…G' の形式をもってなす」というのである (宇野 [1985]：201)。ところが，ここでの貸付資本 G…G' には実体がない。端的にいえば，日高のいうように貸付資本家は存在しないのであって，資金の貸借により利子を授受する関係なら存在するが，そこには「姿態変換による価値増殖の運動体」としての資本が存在するとはいえない。宇野自身が「貸付資本の源泉としての遊休貨幣資本」(宇野 [1985] 索引：1) と押さえているように，「貸付資本」は資本の運動をするものではなく，正確にいえば「遊休資金」であった。「産業資本」に対して「貸付資本」なる「資本に対する資本」が成立するような観念が生じている。それはまだ完全には「資本に対する資本」の考え方を払拭しきれていないことを示している。あえて G…G' という運動をする「貸付資本」を考えるとすれば，預金して利子を取り増殖する預金者としての産業資本でもありうるし，資金を産業資本に貸し付けて利子

---

[7] 商業信用から銀行信用への展開については，既に第3章でみたように，信用創造を軸に展開されなければならないが，ここでは宇野の「貸付資本」に即して考えたい。

を取り増殖する銀行資本でもありうるということになる（日高［1966］：185，宇野編［1968］：342-347）。

　日高の批判は，「資金」を融通するというべきところを，宇野が「貸付資本」を融通すると表現してしまっている点を問題として鋭く抉り出すものであった[8]。それをわれわれの問題意識に置き直してみると次のようになる。宇野が「貨幣資本家」と「機能資本家」との関係を「資本に対する資本」の関係であるとして否定したように，宇野が「貨幣資本家」と「機能資本家」との関係を否定する概念として拠り所とした「貸付資本」と「産業資本」との関係も実は，「貸付資本家」と「産業資本家」との関係が想定できないという同じ意味で「資本に対する資本」の関係になってしまっていたのではないかということである。

　すなわち貨幣を貸し付けて利子を取る関係は成立する。しかし，貨幣を資本に貸し付けて利子を取り増殖する資本，いわば資本に寄生する資本，すなわち「資本に対する資本」はそもそも存立しえなかったのである[9]。

---

[8]　青才は，宇野の「貸付資本」は「貸付資金」と表現されるべきだと明解に捉えている（青才［2002］：73）。青才は，さらに「我々は，単に貨幣の増大（収益）をもたらすならば資本だというような没概念的な規定——銀行預金をしている労働者も資本家ということとな（るような）……没概念的規定——に留まることなく，資金貸付—利子関係と，資本投下—利潤関係との間に，明確な範疇的区別を立てておくべきだろう」，という。この点に限り，われわれも同じ見方をしている。

[9]　宇野弘蔵は，貸付の関係があれば直ちに「貸付が G…G' の形式をとる」とか「ただ銀行に資金が集まるとそれが貸付資本を形成する」（宇野編［1968］：344-345）と考えていたようであるが，この「貸付資本」が資本であるかどうかが問われている。ちなみに宇野は，「貸付資本」に対する日高の疑問に対して次のように答えている。「金貸資本のように金貸資本家が貨幣を貸すわけではない。『資本論』の貨幣資本家ならそういってもよいかもしれないが，銀行に集まった資金の形成する貸付資本はそうではない。遊休資金が銀行を通して互いに融通されるということになるのを資本主義に特有な資本形式で処理しているわけだ。つまり産業資本に基礎をおいた利子付き資本がそこに形成されるのだ。だからこれはけっして金貸資本じゃない。それと同じにされたんじゃ困る。形式はたしかに金貸資本的形式をとるわけだが，内容は資本主義的なものになっている。これでこそ流通形態論の資本の形式という言葉が生きてくる。資本主義生産関係のなかでは金貸資本的形式は貸付資本としてあらわれるというのがどうしていけないのだろう」（宇野編［1968］：345）。さらに，宇野は，「貸付資本」について次のようにいっている。「原理論では，資本は利潤を目標として投ぜられるものであって，単に利

宇野は,「貸付資本は……資本を貸付けるものとして資本なのではない。……貨幣を貸付けることが, そしてそれによって利子を得ることが, かかる貨幣の所有者にその貨幣を資本たらしめるのである」(宇野［1952］：8) として,「貸付資本」を規定するわけである。しかし, それでは銀行に預金をする貨幣所有者や遊休資金を預金する産業資本家が貸付資本家であるのか, また, 産業資本家に資金を貸し付ける銀行は, そのことによって貸付資本家として規定されるのかという疑問が生じる。

　以上, みてきたように「資本に対する資本」は, 資本としては成立しえないのであった。宇野の場合,「金貸資本」は歴史的な資本に寄りかかっていたので, それを説くことはある意味では可能であった。しかし, その場合においてもマルクスの「利子生み資本」を批判する際に,「金貸資本」の規定から「貸付資本」という成立不可能な概念を導出させたきっかけをつくった点で,「金貸資本」を資本形式論において「資本に対する資本」として論じるべきではなかったといってよい。そもそも宇野にあって「金貸資本的形式」(宇野［1977］：76) は,「商人資本的形式」を前提にしなければならないのかも疑問である。貨幣を一定期間貸し付けることによってその代価として利子を取り, 増殖する関係だけをいえばよいのであって, その相手とその利子の源泉について商人資本とその利潤という限定を加える必要があったのかどうかが問題となる。例えばたんなる商品所有者に商品を担保にして貸し付ける関係を想定してもよかったのではなかろうか。

　しかし, 山口も歴史性を否定しながら宇野と同じように「資本に対する資本」としての「貨幣融通資本」によって第3の形式を説こうとしている。貨

子をうるために投ぜられるものではない。貸付資本は, ……産業資本の遊休貨幣資本の資金としての商品化を通して成立するものにほかならない」(宇野［1985］：220)。精確にいえば,「遊休貨幣資本」ではなくて,「遊休資金」と呼ばれるべきである。遊休資金といえども, 文字どおり遊ばせておくわけにもいかず, 預金・証券売買などへの運用を図り, 利子でも売買益でも得るように活用しなければならない。しかし, その資金が預金等で増えたという点だけを切り出し, 以前どこかで見かけた資本と同じ形式のようにみえるからといって, そのような増殖を資本の運動であるというところに問題がある。資本の運動は, その運動の中で生じる遊休資金ももちろん働かせることにより, 全体としての価値増殖により利潤率の増進を目指している。

幣融通において「貸付方式」はともかく，「出資方式」は相手が資本であることを必要とする。第3形式として「出資方式」ならびに「証券投資方式」を説こうとすれば，「貸付方式」も当然に「資本に対する資本」とならざるをえなくなる。そこで，問題は「貨幣融通資本」として「出資方式」を論じるべきかどうかになる。

　この点については，後でみるように，資本形式論の資本規定と『資本論』第3巻レベルでの資本規定との関係の問題ともなってくる。山口が資本形式論で説く「貸付資本」は「競争論」では現れず，貨幣機能を創出して一定の価格で販売する「銀行資本」の成立が説かれる。また，「証券投資資本」は「競争論」ではそのものとしては現れず，個別産業資本の証券投資を媒介する「証券業資本」の成立が説かれる。つまり山口の「貨幣融通資本の形式」における貸付方式をとる「貸付資本」や証券投資方式をとる「証券投資資本」は資本形式論としては資本として成立しても，「競争論」レベルでは資本としては規定されないことになっている。それは宇野の「貸付資本」が資本として成立しえないのと理論的な論拠は同じである。

　また，山口の「出資方式」は資本としての利潤率規定ができないので，それは資本形式としても成立できない融通方式であった。以下，この点について山口の展開に戻ってさらに考えていきたい。

(2) 出資方式と貸付方式

　それでは，②「出資方式と資本家の分化」をみていこう（山口［1988］：71-72）。山口は，「価値増殖を追求する個別主体が，このような第3の増殖形式としてまず展開すると考えられるのは，資本そのものを拠出して他の資本と結合させる出資方式である」という。

　この「出資方式」が資本形式として成り立つかどうかが，まず問われる。それはまた，この「出資方式」と次の「貸付方式」との証券化を前提とする「証券投資方式」としての貨幣の投下が，資本として成り立つのかどうかにもつながっていく。

　資本が相互に結合した場合，資本は1つのまとまりをもつ資本として活動している。この資本の運動と分離した形で，それに出資した「資本家」のも

とにおいて，出資された貨幣が価値増殖する運動体として存立しうると考えられるのかどうかが，まず問題となる。山口は「資本結合が完全に平等に行われうるとすれば，……第1，第2形式ととくに異なる増殖形式とはいえないであろう」としている。しかし，完全な等位的結合は経営方針をめぐってはありえないとする。それはそのとおりで，出資比率に応じて経営方針についての決定権のウエイト付けがなされるとすると，資本家の分化が生じ経営方針から疎外される資本家が出てくるということになろう。しかし，そのことは例えば，少額出資した多くの資本家の資本が，「寄生的なもの」ということで資本がいわば二重化し，出資した資本家のもとで，価値増殖する運動体になるわけではない。融通された資本は，結合資本として価値増殖しているにすぎない。結合資本から離れて独立の資本の規定を与えうるものではない。そのことは，山口にあっては出資方式の「資本の諸構成と利潤」が示すことができないところに現れている。たんなる出資方式だけでは，資本としての利潤率の計算ができない。「資本に対する資本」にもなりきれていないわけである。

　いったん貨幣を出資という形で融通してしまえば，一方では，山口のいうように単独回収の自由は確保されないであろう。しかしそれはたんに少額出資者だけの問題ではない。結合資本を形成している出資者全員にとっての困難である。他方では，結合資本の増殖分の分け前（配当）は確定的でなくなるであろう。しかし，この配当額の不確定性も，利潤に占める配当の比率であるいわゆる配当性向の決定権が必ずしも少額出資者にないことによるものではないであろう。配当額は，不確定な利潤額の大きさならびに配当性向に左右されるものである。そしてたとえ配当性向が低く設定されたとしても，それは出資者の利潤に対する権利をなんら侵すものではない。それは，分け前の略奪でない限りいわゆる内部留保率が大きいことを意味し，拡張的な再投資を考慮すれば，出資持ち分額の増加，つまり将来の利益や配当が成長的に増加していく可能性を意味するからである。すなわち，単独回収の自由がないことと確定的増殖分が確保できないという問題は，出資者の決定権の不平等から出てくることではなく，出資方式そのものから発生する事態といってよい。

次の③「貸付方式」という貨幣の融通方式は，確かに出資方式の上の問題点を解除する。つまり，融通貨幣の単独回収の自由確保ならびに確定的増殖分の確保を保証する形式である。「資本家はあらかじめ期間と増殖分とを契約によって確定し，それによって貨幣を貸付け，約定された一定期間後に利子とともに貸付貨幣を回収するという仕方で価値増殖を行なう。ここで引き渡されるのは貨幣であり，資本そのものは，資本家の手もとで貨幣の融通を受けた資本とは別個の資本として価値増殖を行う」（山口［1988］：72）。ここでは資本は，貨幣から貨幣支払い請求権といういわば抽象的な債権に姿を変え，その債権の発動によって再びより多くの貨幣の姿に復帰する価値の増殖運動体と捉えられている（山口［1988］：73）。

しかし，この山口の「貸付資本」は既に検討してきたいわば「資本に対する資本」になっているとともに，「第一，第二形式の資本の運動を補足する」資本として規定されている。マルクスのいう「利子生み資本」としてではなく，「貸付資本」としてではあるが，実質的に「貨幣資本家」と「機能資本家」に相当するとみられる設定によって，利子を得る資本を規定することになっている。山口は，貨幣の貸借関係は貨幣の一定期間の使用価値が貸し手から借り手に販売される商品売買関係の一種であるとみることができるとし，借り手はこの借入れ貨幣を機能させて自分の資本力を追加し，価値増殖させる見込みがある限りにおいてこの商品を購入し，その追加的増殖分から一定期間の貨幣機能の代価としての利子を支払う，という（山口［1988］：73）。とはいえ利子を受け取る資本は，明らかに融通した貨幣によって取得される利潤よりは少ない利子を得ることになるのであって，どのようにしてそのような資本が資本として自立しうるのか疑問となる。

しかしながら，④「貸付資本」は形式的には資本としての運動をなすとし，「貸付資本の諸構成と利潤」については考えることができるという。資本構成は，①貸付用資本，②貸付活動資本の2つから成り立っているという。①は貸付と返済を繰り返す資本部分である。②は貸付活動そのもののほか，貸付活動に付随する活動ならびに貸付活動を有利に遂行するための活動に対する資本投下を含んでいる。利潤率は，年間の利子総額から貸付活動費用を引いた額である利潤が，投下総資本に対する比率として計算されている。

(3) 証券投資方式

　次に，⑤「証券投資方式」についてみていこう。貸付方式において約定した貸付期間中に貸付貨幣の回収を可能にする仕組みは，貸し手が別の貸し手を見つけて債権の肩代わり（代位）をしてもらうことによる。この肩代わりは，貸付債権が証券化していれば，それを売買することによって行うことができるという（山口［1988］:74-75）。

　山口は，貸付証券の利子率が確定されていれば，市場利子率の変動によって証券の売買価格が変動し，貸付元本に変動が生じることを述べた後，「貸付証券の売買によってこのような関係が生じることになると，結合資本に対する出資分を証券化し，それを販売することによって資本の回収に代えるということも可能になり，結合資本の問題点も一部ではあるが解決されることになる」という（山口［1988］:75）。このように貸付債権の証券化に続いて，それを契機として出資持ち分の証券化についても説かれている。貸付債権の証券化は貸付証券とされ，出資持ち分の証券化は資本証券として区別される。

　貸付債権の証券化ならびに出資持ち分の証券化とそれぞれの証券価格の変動とによって，大きな変化が出てくる。それは，第3の形式の貨幣融通資本は，たんに利子や配当だけではなく，証券の価格差という追加的な増殖源泉を獲得しうるものとして貸付証券や資本証券に対する投資行動をとることができるようになるということである。

　さらに，最終の見出し⑥「証券投資資本の利潤と諸構成」をまとめておこう。「貨幣融通資本」は，貸付債権の証券化と出資持ち分の証券化を基礎にして，証券投資をすることによって貨幣の融通を行い，価値増殖活動をする「証券投資資本」になるとされる。すなわち「証券投資資本」は，「証券市場の成立」を前提に貸付証券を買うことにより貸付を行い，資本証券を買うことにより出資を行い，利子や配当をいわゆるインカム・ゲインとして取得し，さらに買い入れた証券の転売によって価格差をいわゆるキャピタル・ゲインあるいはキャピタル・ロスとする価値増殖活動を行うという。

　証券投資資本は，このインカム・ゲインとキャピタル・ゲイン（ロス）の

年間の合計から証券投資のための活動に要した諸費用を差し引いたものを利潤とする。資本構成は①証券買入資本と②証券売買活動資本からなり，その合計が投下総資本をなすことになるという。証券売買活動には，証券売買活動そのもののほか，証券売買活動に付随する活動と証券売買活動を有利にするための活動を要し，それぞれに資本投下を必要とするとともに，それらは流通諸費用をなすことになるという（山口［1988］：75）。

　問題はこれまでみてきたように，このような資本が理論的に存在するのかという点であり，存在するとすればその理論的な根拠は何であるのかという点にある。これまで「資本に対する資本」について疑問としてきた。ここでもその疑問が同じように当てはまる。ただ，証券化により，出資方式については様相が違ってきていることに注意しておきたい。たんなる出資方式では，出資され結合資本を形成した資本が価値増殖をしているのであって，それと分離して出資した資本家の手元で価値増殖していることは考えにくかった。それは出資した資本の回収が自由にならないからであったと考えられる。ところが出資持ち分の証券化によっていわゆる出資の貸付化が生じ，いつでも出資資金が回収可能ということになると，少し事態が異なってくるようにみえる。「証券投資資本」という形式においては，出資方式も貸付方式もそれぞれ投資する証券に違いはあるにしろ，いずれも証券投資という形の中で一括りにされてしまう。つまり貨幣は証券の購入によって証券に姿を変え，そして再び証券を販売することによって，貨幣に姿を変えインカム・ゲインとキャピタル・ゲイン（ロス）という損益とを得ることによって，価値増殖する運動体となりうるようにみえる。証券化で包み込まれることによって，資本の投下・回収が自由に行われる。「貸付資本」が成立したのと同じように，「証券投資資本」も成立しうるようにみえるのである。

　ただこの場合，証券投資資本が資本として成立できるようにみえるのは，利子ないし配当のインカム・ゲインを得ることだけによるのではないであろう。それでは「資本に対する資本」と同じ問題を抱えてしまう。資本のようにみえるのは，証券価格の時間的・場所的変動を利用して売買差益たるキャピタル・ゲインを得る可能性が出てきたことによっていることはいうまでもない。そうでなければ，貸付や出資の対象である第1，第2形式の資本と同

じ利潤率を得ることは不可能である。しかし，そこに売買差益を加えることによって，あたかも他の資本と同様な資本として利潤率を獲得できるようにみえる。それは商品売買資本の形式と同じではないのか。しかし異なる点がある。商品売買資本の形式における資本は時間的価格差・場所的価格差を利用する。しかしそこでの売買の対象は，一定の使用価値をもった本来の商品である。それは，大きくは生産と消費をつなぐ流通に関係するものということができる。経済実体としてのあらゆる社会に共通する配分過程に携わる資本であった。そこでの価格は最終的には消費する商品の価格に反映せざるをえないのである。

しかし，「証券投資資本」による証券の売買は，債権の肩代わりや出資持ち分の肩代わりにすぎない証券の転売における価格変動を利用するものである。価格変動は，たんに証券売買当事者の一方のプラスは他方のマイナスであるにすぎない。

それでは結論に入る前に，山口の「貨幣融通資本の形式」の「証券投資資本」が具体的に展開されると予想される第3篇「競争論」第2章「競争の補足的機構」の第3節「資本市場と証券業資本」を検討しておくことにしよう。

3．証券投資資本と証券業資本について

山口が「流通論」で説いた「証券投資資本」が，「競争論」の「資本市場と証券業資本」の中で同じように活動する資本として再現するのかというと，そうではない。確かに「競争論」においては証券投資の方式をとる資金投下・回収が具体的に行われる場としての「資本市場（厳密には証券市場）」が展開される（山口［1988］：235）。しかし，その「資本市場」を組織するのは具体的には証券会社のような「証券業資本」であって，「証券投資資本」が「資本市場」で証券投資をする独立した資本として具体的に規定されているわけではない。証券投資資本の具体的な姿は，端的にいえば証券投資をする個々の産業資本の遊休貨幣資本（筆者としていえば，「遊休資金」）にほかならなかった。

この点では既にみた「貸付資本」と同じ理論的な構造になっている。「流通論」で説かれた山口の「貸付資本」は「競争論」では再現しない[10]。そこで実際に規定されている資本は銀行資本であって、「貸付資本」そのものではない。銀行は個々の産業資本に創出した貨幣機能を貸し付ける点に限り貸付方式をとる資本として現れるだけである。

　証券業資本について少し詳しくみておこう。山口は、銀行が組織する信用機構には限界があるという。「信用関係の利用は本来的には流動資本部分についての短期間の追加的購買力の調達・融通に限らざるをえないのであり、固定資本部分についての調達・融通にはなじまない」（山口［1988］: 235）。しかしこのような長期の資金需要に対しては、他方に供給源として長期のあるいは期間的には束縛のない遊休貨幣資本があるという。その中身は、固定資本の償却資金であるし、貨幣形態で一定程度の規模に達するまで積み立てられ準備される蓄積資金であると指摘する。つまり遊休貨幣資本には、流動資本の回転運動の過程で短期的に発生する遊休貨幣資本のほかに短期的な制約をもたない遊休貨幣資本があるということになる（山口［1988］: 236）。

　そこでまず、長期の貸付債権の証券化いわゆる債券について検討されている。「長期の直接的な貸付という方式で一部の遊休貨幣資本の転用・増殖を図るということも不可能なことではない」としつつ、しかし貨幣市場の利子率の変動とともに貸付証券は価格変動するので、貸し手にとっては出資方式によって直接資本として投下するよりも利点が少ないこともありうるとする。他方、借り手にとっては、証券化しても債務が確定利子で確定期限の長期債務であることに変わりなく、「様々の不確定的変動のことを考えると」、

10　既にみてきたように、宇野の場合は、第1篇レベルの「金貸資本」に対して第3篇レベルにおいては「貸付資本」を規定していた。山口の場合は、第1篇レベルで「貸付資本」を規定するが、第3篇レベルでは「貸付資本」は出てこない。それは、山口にあっては銀行資本の本質が、宇野のように他の資本の遊休貨幣資本を媒介する点にあるのではなく、「産業資本や商業資本における将来の貨幣還流を先取りして現在の購買手段や準備手段や支払い手段などの貨幣機能を創出し、それを一定の価格で販売しているのであり、預金業務はこのような信用業務を補強する役割を果たしているにすぎない」として捉えられていることによるといえる（山口［1988］: 230）。そして、銀行は一方では貨幣機能の貸付から利子を得て、他方では銀行への預金に対しては利子を支払っているのである。いわば銀行は、貸付方式をとる資金の流れのいわば中心にある。

一般的には成立し難いとしている。そこから，信用以外の資金の調達・融通機構である，資本そのものの出資方式による調達・融通によるほかないとして資本結合成立の条件の確定へと進む[11]（山口［1988］：236-237）。

　資本結合においては，完全に平等な資本結合は不可能であるとし，資本の直接的な機能から疎外された資本所有，つまり結合資本内部の資本の分化が生じざるをえないという。そこで資本結合の成立の1つの条件としては，資本所有に基づく利潤の取得に主要な関心があり，資本の現実的な機能の経営ないし支配には必ずしも関心がないような，いわば寄生的な性格の資本の存在が必要であり，もう1つの条件はそのような資本にとってはいつでも結合を解消できなければならないということであるとし，そのためには出資分の証券化による流動化機構の存在が必要であるという（山口［1988］：239）。

　山口は，純粋資本主義の内部に上の2つの条件が存在しているかどうか確認しようとする。資本結合に応じる資本としては，産業資本の運動中に生じる長短さまざまな期間をもつ遊休貨幣資本がある。そうであれば，出資分の流動化機構も形成可能であるという。一方では資本機能に無関心でありうる遊休貨幣資本の一時的転用需要が結合資本に対する出資証券の需要要因となり，他方では固定資本の追加ないし分散のための資本調達需要のほかに，遊休貨幣資本の出資によって既に成立している結合資本の一部の流動化需要が出資証券の供給要因となる。このような資本証券に対する需要要因と供給要因によって流動化機構である資本証券の売買市場が形成可能である，とする[12]。すなわち，遊休貨幣資本は資本としてのいわば追加的な出動・還流の

11　山口とは逆に，中村泰治は「原理論で説き得る擬制資本とは，実は貸付証券のみであり，原理論で説き得る擬制資本の市場も貸付証券の市場のみである」としている（中村［2003］：226）。貸付証券の市場も資本証券の市場もともに原理論で説くべきであると考える。

12　山口は，次のようにもいう。「新規発行証券にせよ既発発行証券にせよ，資本証券を購入するということは結合資本にたいする共同出資に参加することを意味するが，この投資は遊休貨幣資本の転用として行われるのであるから，信用機構を利用する転用と絶えず比較され，選択が行われ，不利になれば資本市場から貨幣市場へと離脱することになる」（山口［1988］：241）。しかし，証券投資は「遊休貨幣資本の転用」というだけでは不充分ではなかろうか。それまでは遊休貨幣資本であった蓄積資金が，株式会社のようにまさに資本蓄積の具体的な形態として証券投資に応じることもあるわけで，それは

運動を行うことになるのである（山口［1988］：240）。

以上みてきたところをまとめると，「流通論」で山口が規定した「融通貨幣資本の形式」をとる「証券投資資本」の実体は，償却資金や蓄積資金といった遊休貨幣資本を運用する個々の産業資本にほかならないということが分かる[13]。「証券投資資本」とは，いま資本証券に即していえば，資本証券を買い入れることによって他の資本に対して出資を行い，インカム・ゲインとキャピタル・ゲイン（ロス）の合計をいわば粗利益とし，その粗利益から証券投資活動資本を費用として控除したものを投下資本に対する利潤として，利潤率の極大化を目指す資本ということになる。

ところが，このような資本が独立して存在するわけではなかった[14]。遊休貨幣資本には，遊休貨幣資本家なる主体が存在しないのであって，それが「証券投資資本」であるとはいえないであろう。産業資本が自らの遊休貨幣資本部分についてあたかも自身が「証券投資資本」家であるかのように，運用するものにほかならない。とはいえ，資金運用効率をみるためにいわゆる「利回り」計算もするであろうし，しなければならないが，それは資金について資本として独自に利潤率を計算するものではないであろう。それは独立した資本ではないからである。山口は，この遊休貨幣資本には「資本のいわば三重化が生じている」[15]というのであるが，三重化していても独立した「証券投資資本」になるわけではない。「証券投資資本」は，次のように消えてなくなり，証券業資本が登場する。

　　たんなる「転用」では済まされない。投下資本全体が証券化していることを前提とすべきではなかろうか。
13　宇野は，索引の中とはいえ「貸付資本の源泉としての遊休貨幣資本」という表現を使っていた（宇野［1985］索引：1）。同じようにいえば，「証券投資資本の源泉としての遊休貨幣資本」ということになろう。
14　この点は，注8でみた「貸付資本」と同じである。「遊休貨幣資本」が証券市場への転用によって増殖できたとしても，その部分だけを切り出しても資本の運動とはいえないのである。
15　「産業資本の遊休資本は，こうしてその当の産業資本のもとで資本の準備資本として一定の機能を果たすことによってその利潤に参加する一方で，結合資本としての機能に参加することによって利潤を取得し，さらに出資持分の売買によっても利潤を取得しうるのであって，いわば資本の三重化が生じるのである」（山口［1988］：241）。

個々の産業資本が遊休貨幣資本の転用・増殖活動の1つとして資本証券の売買を行うことになると,「購入する銘柄と時機を選別したり,できるだけ高く販売したりするために,預金利子率と配当の動向について,つまり一般的な景気や種々の産業部門の景気の動向や個々の企業の現況や将来性などについて,情報を収集したり分析したりする活動を行わなければならなくなる。資本証券の売買にはそのための特殊な労力,資材が流通費用として必要となるわけである。そこで,このような活動を集中して,個々の産業資本に代わって専門的に担当してくれる資本があれば,その資本にこの活動とそれにもとづく証券の売買を委託し,証券の売買に伴う流通上の諸費用を節約しようとする要請が生じることになる。このような要請に応じて資本証券の売買の仲介を行う資本が証券業資本である」(山口［1988］:242)。

　ところで証券業資本は,資本証券の流通市場に限っても,産業資本の証券売買の仲介を行う委託売買業務(ブローカー業務)を行うだけではない。自らの計算と責任で証券を買い取り,インカム・ゲインを得つつ,それを転売してキャピタル・ゲインとして売買差益を得ようとする自己売買業務(ディーラー業務)をも行い,価値増殖活動を行う独立した資本となる。なぜ,証券業資本は独立した資本になりうるのか。ここでいう自己売買業務に限っていえば,証券業資本は「証券投資資本」であるといってもよいと考えられる。しかし,その業務だけでは独立の資本として成立することができないと考えられる。あくまで基本には,委託売買業務によって「売買手数料」を自らのサービス提供に対する利益として確保しているのであって,それと自己売買業務の売買差益等の合計で全体として資本としての利潤を得ているものと考えられるからである。またディーラー業務についても,証券の買取りと転売をとおして,証券売買をつないでいるので「売買手数料」を半面では得ている。

　さらに証券業資本の委託売買業務についていえば,それは,証券の買い手と売り手をいわばリスクを取らずにつないでいるだけである。それによって生じる損益はすべて売買の委託者に帰属する。山口の上の説明では,売買を有利にするための「情報を収集したり分析したりする活動」と「それにもとづく証券の売買」をすべて証券業資本に委託しているように読める。しかし,

そのような業務はいわゆる「証券投資信託業務」ということになろう。証券業資本は実際には証券会社，証券投資信託委託会社，ならびに格付け会社などの情報業も含むといってもよいが，業務は区別されなければならない。

そして「証券投資信託業務」ということであれば，それは「情報を収集したり分析したりする活動」のみならず，それに基づく売買の決定つまり資金の運用を一定の方針のもとに代行することになる。そして「資金」の所有者には受益権による損益が帰属する。いわゆるファンドの運用がこれに相当する。このような証券投資信託を運営する「投資会社」のような資本こそ，「証券投資資本」の具体的な姿かもしれない。しかし，この場合においてもそのような資本は，自己の資金をそこに含ませるか否かにかかわらず，拠出された資金を証券投資に運用することに対する手数料を根源的な利潤源泉とするものとみられるのであって，証券投資そのものの損益によって資本として成立しているわけではない，と考えられるのである。

それでは，そのような投資信託に資金を拠出する投資家のもとでの資金が「証券投資資本」なのかというと，それも違う。一般的にいって，それはいわゆる資金という「金融資産」であって，価値増殖する運動体である資本そのものではない。純粋資本主義では拠出資金の実体は遊休貨幣資本ということになるのだが，それが独立した資本でないことは既にみてきた。

おわりに

現実には，「……資本市場に投じられる資金は，もはや一般的には産業資本の遊休貨幣資本の資金化したものとはいえなくなる。それは土地の購入と同様に，投機的利得と共に利子所得を得るための投資として，原理論では解明しえないヨリ具体的な諸関係を前提とし，展開するものとなるのである」（宇野編［1968］：220）と，宇野がいうように，さまざまな資金があたかも「証券投資」資本として価値増殖する運動体を形成しているようにみえる。

しかし，原理的に資本とは貨幣の増殖運動体であるという場合，そこに「証券投資資本」をも含むものとして規定してよいのかどうかが問われていた。山口にあっても，「流通論」での「証券投資資本」がそのまま資本として「競争論」で具体化されるわけではなかった。純粋資本主義の経済におけ

る資本は，原理的には「資本に対する資本」としては成立しえないのであって，価値増殖の合理的根拠を得るためには，資本はなんらかの形で社会的実体たる労働＝生産・配分過程に根を張らざるをえない。資本存立の具体的条件は，いかなる資本であれ，その運動過程においてなんらかの財ないしはサービスを商品として生み出すことにあると考えられるのである。

　以上から，山口の「貨幣融通資本の形式」を振り返れば，山口は資金の融通関係を「貨幣融通資本の形式」という資本の運動の中で捉えようとしていたことが分かる。山口が明快に示したように，資金の融通には貸付と出資の2つの方式がある。そして共に証券化することにより資金の融通は，一括りに証券投資という形式で行われる。しかし，それは資本の運動と規定しなくとも済むことではなかろうか。山口はそれを承知したうえで，後での資金融通の2つの在り方の布石として「貨幣融通資本の形式」を展開しようとしたのかもしれない。

　しかしそのような展開をとるべきではないとすれば，はたして資本形式論において第3の形式に相当する形式はどのように説かれるべきなのであろうか。また，それに合わせて信用論ならびに金融論はどのように展開されるべきなのであろうか。この点に関して残された課題は多いが，第3章で少し言及した。

第2編

貨幣と情報

貨幣と情報

はじめに

　マルクスの貨幣論は，商品貨幣から鋳貨を経て紙幣に至る構成をもっていた。すなわち，まず，先行する価値形態論において商品貨幣が導出される。貨幣とはなによりも商品の1つにほかならないとする点が，マルクスの貨幣論の第1の大きな論点である。ところが，それでは貨幣発生の謎を解いたことになったとしても，さまざまな貨幣を説明したことには直ちにつながらない。

　実際には，商品価値の実体からずれた鋳貨が存在するし，またさまざまなそれ自体は無価値な紙幣が存在した。そこで，マルクス貨幣論では一方で流通手段としての貨幣から鋳貨，国家紙幣を説明する構造になっている。さらに支払手段としての貨幣からは，手形を経て信用貨幣を展開する素地を与えている。そこでマルクス貨幣論の第2の論点は，紙幣論が2つの根拠から説明される構造をもつことである。それが，流通手段としての貨幣と支払手段としての貨幣のそれぞれの規定の内容になっている。

　貨幣がそれ自体で価値をもつ商品貨幣からたんなる価値を象徴する紙幣へと展開していくわけであるが，その展開そのものが大きな疑問を他方では引き起こしてきた[1]。貨幣とは商品の1つではなかったのか。それが一定の条件のもとでとはいえ商品でないものに代位され，置き換えられるというのが

1　例えば，山口重克は次のようにいう。「マルクスによって紙幣流通が金属流通そのも

マルクスの説明である。これは，結論的にいえば貨幣をそもそも本質としての機能によってではなく，物質的な存在をとおして説いたところから出てくる説明のありようである。貨幣とは本来は金などの商品なのだが，紙幣はそれを代位しているだけだという考え方である[2]。しかし，それでは，一定の歴史的制度を前提にするとはいえ，現代のように不換紙幣しかない社会の貨幣を説明できなくなるのではなかろうか。さらに，物的な姿をとらない電子マネーはどのように説明できるのであろうか。

　貨幣とは，歴史的にはこれまで現象的になんらかの貨幣体をとって現れてきたのであって，そのような姿をとおして貨幣を考察せざるをえなかった[3]。しかし，貨幣とは，本質としては物的なものとして捉えられるべきではないのではないか。例えば，電子マネーという現代の貨幣は，物的な姿をとらない。貨幣とは，金・鋳貨・紙幣・銀行券・電子マネーなどの姿を貫いている何かではないか。それがその時々にさまざまな貨幣体という姿をとるのではないか。さらには，デジタル化し物的な姿もとらなくなり，媒体を移動する情報そのものとなるのではないか。本来的な貨幣たる金貨幣が鋳貨になり，紙幣になり，銀行券になり，電子マネーとなったと考えるのではなく，貨幣があるときは金，あるときは紙幣，あるときは鋳貨，あるときは銀行券，あるときは電子マネーという姿をとっているのではないか。貨幣機能を果たすものが貨幣であって，貨幣機能がさまざまな姿をとって果たされるにすぎないのではないか。

───────────

のから必然的に発生するということは，なんら理論的に論証されていないように思われた。また，個々の紙券の購買力に注目し，紙券と金の使用価値とのリンクを考えようとするならば，金の紙券化は，「流通手段」のディメンションで説ける問題ではなく，信用論を媒介せざるを得ないのではないかと思われたわけである」（山口［1984］：251）。そして「国家紙幣などという範疇は，信用論の展開を待ったうえで，さらにもっとより具体的な規定を必要とする」（山口［1984］：225）。

2　第1篇でみた銀行券に至る信用貨幣についての考察が，紙券化についての1つの手がかりであるが，ここではさらに基底にある貨幣の本質を考えようとする。
3　「貨幣商品説」と「貨幣法制説」との，あるいは「貨幣商品説」と「貨幣国定説」との果てしなき対立は，このような姿をとおしてしか貨幣を論じることができなかったことを示している。岩井（［1993］：81-104），岡田（［1993-1995］），参照。岡田裕之から学ぶところが多かった。

歴史的に貨幣がとるさまざまな姿の変化をみれば，逆に貨幣の本質がますます分からなくなりつつあるかのようにみえるが，実は，そうではないのではなかろうか。むしろ，貨幣の本質が顕現化してきたと考えられないであろうか。研究史上，貨幣はそのさまざまな姿をとおしてその本質が探られてきた。そして，貨幣の本質にある意味でさまざまな側面から迫ろうとしたといえよう。貨幣がその機能において間違って捉えられていたというのではない。一面では，そのような接近方法しかありえないともいえる。しかし，他面では，貨幣について考える場合，その現実的な姿にとらわれすぎてきたともいえる。ここでは，これまで探り出されようとしていた貨幣の本質から逆に，さまざまな貨幣の姿を捉え直そうとする。そのような方法で貨幣の本質を考え直してみようとする。本章は，ある意味でマルクスの貨幣論を前提にしつつ，そこに新たな光を当ててみようとする。

　そこで，繰り返すことになるが，次のような観点から考えていきたい。貨幣とは，物的な素材ではなく，なによりも機能として捉え直すべきではないか。結論を先取り的にいえば，いわゆる貨幣には3機能があり，その中心は商品の交換媒介機能であると考えられる。その機能を果たすために，価値尺度の機能と価値保蔵の機能とを併せもたなければならないという位置づけになるだろう。しかし，そのような3つの機能を基底で貫く貨幣の本質的な機能としてあるものは個別的な情報発信機能[4]ではないか，というのが本章の観点である。

　そしてその機能を果たすものとしての貨幣は，商品貨幣であってもよいし，商品貨幣を離れるがさしあたりはその商品貨幣を代位する鋳貨・紙幣であってもよいし，また信用を基にする兌換信用貨幣さらには不換信用貨幣へと変化していってもよいし，さらに情報としての特質が剥き出しになる電子マネーになってもよいと考えるべきではなかろうか。

4　今井［1984］が重要視している情報についての2つの区別である「形式的情報」と「意味的情報」について一言すれば，貨幣はすべての個別経済主体が発する意味的情報を，貨幣量（価格）という形式的情報に置き直す。そして，今度は逆にその形式的情報から各経済主体はそれぞれにとっての意味的情報を読み取ろうとする，と考えられる。

本章では，貨幣の本質的な機能はなによりも個別的な情報発信機能にあるのではないかという考えのもとに，マルクス貨幣論にさまざまな検討を加えることを課題とする。まず，マルクスの貨幣論の構成を概観した後，貨幣の価値尺度機能と流通手段機能を中心に検討する中で，貨幣と情報との関連について考察していきたい。

1．マルクス貨幣論の構成

　マルクスの貨幣論の課題は，商品と商品との交換が必要であるにもかかわらず，その交換が相互的にはなされず，必ず1つの商品を媒介にせざるをえないことを明らかにする点にある。その媒介的な機能をもつ商品こそが，貨幣であるというのであった。しかし，マルクスにとってのそもそもの問題は，労働生産物の持手交換であった。しかし，その交換が，いわゆる物々交換である直接的な生産物交換としてはなされず，1つの生産物を貨幣とし，その貨幣を媒介として他の労働生産物との交換が行われる。その意味で，1つの生産物が貨幣になるとともに，貨幣以外のすべての生産物がその貨幣に対して商品として規定されるわけである。商品と貨幣は，ある生産物が貨幣になるとともに，その他の生産物は商品となるという同時的・相互的な規定関係にある。

　そしてこの問題は，貨幣発生の必然性論としての価値形態論につながる。ここでは，価値形態論それ自体は扱わない。ただ，労働生産物の持手交換をその所有者の相互関係の中でのみ解き明かす論理次元においては，生産物の所有者がその解決策を模索するという想定にならざるをえない。とはいえ，発生論だけでは貨幣の本質が説かれたことにもならない。労働生産物の商品としての交換の中から生み出されるものとして貨幣が明らかにされたにすぎない。その意味では，貨幣は，まずは商品貨幣として説かれるが，本章ではそれを踏まえたうえでさらに貨幣の本質に迫ろうとする。

　労働生産物の持手交換が課題であるという点では，貨幣の中心的な機能は，なによりも「流通手段」でなければならない。労働生産物の持手交換を商品の流通として実現する貨幣の機能こそ，貨幣の流通手段機能である。マ

ルクスの貨幣論は,「価値の尺度」と「貨幣」とが,「流通手段」としての貨幣を前後から包み込む構成になっている。流通手段機能としての貨幣を中心に据えてマルクスの貨幣論は構成されている。

2. 貨幣の価値尺度機能をめぐって

(1) 価値尺度と計算貨幣

　マルクスによる価値尺度の規定は,価値表現の材料を提供することに尽きる。「金の第一の機能は,商品世界にたいしその価値表現の材料を提供する点,あるいは,諸商品価値を質的に同等で量的に比較されうる同名の大きさとして表示する点,にある。かくして金は価値の一般的な尺度として機能するのであって,独自な等価商品たる金がさしあたり貨幣となるのは,この機能によってに他ならない」(マルクス [I]：205 頁,S. 109)。

　この規定は,価値形態論の展開を直接的に受ける形となっている。マルクスにあっては,価値形態論の課題が「価値表現の発展を,それの最もみすぼらしい姿態から,燦爛たる貨幣形態までたどること」(マルクス [I]：133 頁,S. 62) にあったからである。そして,価値表現の最終形態こそが,貨幣形態であるとされている。それを受けて,貨幣の第一の機能が価値表現の材料を提供する点に与えられていた。さらに,価値の表現は観念的なものであるから,貨幣は,価値尺度機能では,表象的または観念的な貨幣として役立つとされる。つまり,価値尺度機能では現物としての金は必要ないというわけである。とはいっても,他方では尺度を果たす貨幣はその使用価値の大きさで価値の大きさを計るのだから,それ自体は価値をもつものでなければならないことになる[5]。

　それゆえ,金が価値尺度として十全に機能しうるためには,一定の使用価

---

[5] 「価値尺度という機能においては,貨幣は,ただ表象的または観念的な貨幣として役立つのである。……ただ表象的な貨幣でも価値尺度という機能に役立つとはいえ,価格はまったく実在的な貨幣材料に依存している」(マルクス [I]：207 頁,S. 111)。

値量としての金量が度量単位として固定されなければならない。これは技術的な要請であるだけでなく，売買に伴う貨幣の受け渡しをよりスムーズにするための経済的な要請でもある。この度量単位名の決定は実際的には，政府のような一定の公的な機関を前提せざるをえないが，ここでは理論的に商品経済は単位名の確定を要請せざるをえないとしておく。

例えば純金2分をもって価格の単位となし円と称したように，商品所有者はある固定的な分量の金を度量単位として商品の価値を表現することになる。それによって，すべて商品の価値は，例えば円という計算単位をもつ数字で表現される。マルクスの価値尺度機能とは同時に計算貨幣としての役立ちを意味していた[6]。そして，円はもともと貨幣としての金の一定重量につけられた呼び名としても，計算名としては，観念的には既に金と乖離する要素を含むことになっている。このことは，金とのつながりを失っても計算貨幣として価値尺度機能を果たしうることにつながる。このたんなる計算貨幣としての価値尺度は，後でみるように，金貨幣のように絶対的な量的基準をもって価値を表現するのではなく，諸商品の価値に共通の量的大きさを与え相対的に表現するにすぎない。

この計算貨幣の機能によって，経済的諸量は，すべて例えば円という貨幣の量に一元的に還元されて価値の大きさを比較できることになる。要するに諸商品は共通の単位に通約されるわけである[7]。例えば，綿とコーヒーは，異なる使用価値をもつものであり，それらは物理的には重さなどの共通の尺

---

6 「諸価格，または，諸商品の諸価値が観念的に転形されている金の諸分量は，かくして今や，金の度量基準の諸々の貨幣称呼または法律上有効な諸々の計算名で，表現される。……貨幣は，ある物象を価値として・したがってまた貨幣形態で・確定することが必要である場合には，いつでも計算貨幣として役立つ」（マルクス[I]：214-215頁，S. 115）。また，日本における金本位制としての度量標準の確定については，三上（[1989]）が詳しい。

7 奥山忠信は，「価値尺度機能のより実践的な側面は，それぞれ異なる種類の商品を共通の単位に通約することである」とし，さらに物々交換の際にも，一般的等価物としては機能しないが，観念的な計算貨幣が存在する例を挙げ，「いわゆる「計算貨幣」としての貨幣は，一般的等価物としての貨幣とは社会的な存在理由を異にしており，商品経済のもとでのみ一致しているとも考えられる」とする（奥山[1993]：204-206）。価値尺度としての貨幣がもつ経済原則的な意味を考えるうえで，注目すべきである。

度をもつが，経済的には貨幣による価値表現つまり価格を共通の尺度とし，その価値の大小が計られる。それにより，貨幣を媒介にした交換が現実に可能となる。すべての商品の交換力は共通の単位をもつ数量でその大小が比較可能になる。また，例えば産業資本はさまざまな使用価値を使って，1つの製品をつくるが，資本の経済効率は貨幣量の投下と回収という形で計られる。

ところで，このようなマルクスの価値尺度規定に対して，宇野弘蔵が疑問を呈した[8]。貨幣たる金の積極的な機能は，たんに価値表現の材料を提供することではない，という。すなわち，価値表現の材料を提供することは，既にその前の価値形態論で説かれている。貨幣の第一機能は，この価値形態論の展開を受けて直接的交換可能性を与えられた貨幣が，積極的に出動する点にある，と。つまり，貨幣の価値尺度機能は，価値の表現ではなく，価値の実現にあるのだとした。「貨幣は，まず商品の価値を一定量の金価格として実現することによって価値尺度として機能する」（宇野［1950］：42）。

しかし，価値尺度は価値実現をとおさざるをえないということは，貨幣による価値実現そのものが価値尺度であるということを意味するわけではない。なるほど価値の尺度は，たんなる商品所有者の私的な，したがって主観的な評価である価格付けだけによってなされるものではなく，貨幣所有者による私的であるとはいえ，社会的他者たるものによって客観化されねばならない。つまり，尺度は社会的といえる承認つまり購買をとおしてなされなけ

---

8 宇野の考え方は，次の引用に特徴的に現れている。「マルクスの展開した価値形態論は，……価値形態論に先きだって，いわゆる労働価値説が展開されたままであったため，商品はその価値を他の商品の使用価値で表示されるという規定が，相対的価値形態に立つ商品と等価形態に立つ商品とが共に等しい価値を有するという関係の内に埋没される傾向を免れなかった」（宇野［1959］：51）。また，「商品が価格を与えられたからといって，それを直ちに価値を計量するものとすることはできない。物指をあてて見るということが，商品では交換されて見ることなのである。その点で商品が貨幣形態をとることをもって直ちに貨幣が価値の尺度として機能するとはなし得ないのである」「この観念的に表示せられた価格は商品の所有者自身によって実現することはできない。貨幣の所有者によって購買される以外に方法はない。貨幣はかくして商品の価値の尺度となるのである」（宇野［1950］：43-44）。

ればならない。しかし，購買をとおしてこそ初めて価値が尺度される点が重要なのである。購買をとおさない価値尺度はない。つまり，尺度するということは，商品としては販売をとおして初めて価値が尺度されるということではあるが，価値を同じ貨幣単位を使って表示する点にある。つまり，尺度するということの意味は，購買をとおすことによって商品価値に対して通約の単位を提供することであり，「諸商品を質的同等で量的に比較されうる同名の大いさとして表示する点」にあったとすべきではないであろうか[9]。またその結果として，上で述べたような計算貨幣としても役立つことであると考えられる。

　宇野の強調したかったことは，価値尺度は購買をとおすことなしにはなされないということにあったのではなかろうか。マルクスの場合，労働価値説が原因というよりもむしろ等労働量交換の想定により，購買をとおさないでも，価値尺度されたと考えていたようである。しかし，宇野の場合は，購買をとおして価値尺度されるとしていたのである。しかし，購買をとおすことにはなるが，価値を表示していることで価値が尺度されているのに変わりはないと考えるべきである[10]。宇野は価値尺度のされ方を問題にしていたと考

---

[9] 例えば身長を測る場合，物差しがあっても，また自ら身長がいくらあると宣言したとしても，それによって身長が測られたとはいわない。物差しを当ててみて初めて，身長は測られる。物差しを当ててみるということが，商品価値の場合には購買するのと同じことである。ただその場合に，同じ単位の物差しを使わなければ身長を測っても，比較できない。同じ単位で表現するところに意味がある。

[10] ところで，価値尺度と購買手段としての貨幣との完全な同一視とみられる理解は，宇野自身にある。質疑応答で詰められていく中でとはいえ，次のように断言している。「つまり買うということが価値尺度ですね。／貨幣による購買が尺度することなんだ」（宇野編［1970］：281）。「かくのごとく価値尺度としての貨幣は，観念的にその価値を金によって表示する商品を現実的に金に実現することによって貨幣として機能するのであるが，……」（宇野［1950］：49）。他方では，宇野は次のようにもいっている。「貨幣で買うことを通して尺度している」（宇野編［1970］：278）。だから，マルクスの理解では，価値尺度という機能は貨幣がただ表象的または観念的な貨幣として役立つとされるにとどまるが（マルクス［I］：207頁，S. 111），宇野にあっては，あくまで実質的な貨幣の出動を前提せざるをえなかった。この点につき奥山は，「宇野は貨幣の価値尺度機能のなかに，価値尺度の主体と価値尺度のあり方の問題を入れたことになる」と解釈を深め，「貨幣という経済的な客体の価値尺度としては，通説で説くように，貨幣が商品

えられる。

 さらにいえば、これまで多くの研究によって明らかにされてきたように、宇野の批判は、もっぱら貨幣による購買を経ることなく価値尺度機能を展開することができるような、マルクスの思考の歩みそのものに向けられていたといえる。マルクスでは、価値の実体規定が商品論で説かれており、それを前提として貨幣論が展開されていた。そのため、「価値尺度としての貨幣は、諸商品の内在的な価値尺度たる労働時間の必然的な現象形態である」(マルクス [I]：205頁，S. 109) とされ、貨幣はこの内在的な尺度のたんなる外皮として、しかも背後に等労働量交換としての社会的均衡労働配分を暗黙の前提にしてしまっているから、貨幣金で価値を表現すればそのままで短絡的に価値を尺度するものとされてしまった。

 それに対して、宇野によれば、価値の実体規定を説く労働価値説は商品論ではなく、労働力の商品化を前提にした「商品による商品の生産」としての資本の生産過程においてなされなければならない[11]。したがって、労働価値説論証のあるべき姿に向けての主張の一環として、価値尺度に対する疑問が提起されたことになる。そして宇野にあっては、社会的編成機構の展開の前提をなす市場メカニズムの形態規定を明確にすることが重視され、均衡的な社会的編成を前提せず、それをもたらす商品経済の形態の1つとして価値尺度機能を位置づけようというのである。したがって、価値尺度機能は必ず貨幣による購買をとおした需給調整の形態として位置づけられねばならないことになった。

 マルクスとの違いは、宇野にあっては価値尺度機能としての貨幣がマルクスのいうようなたんなる観念的なものであってはならないという指摘へと発展する。金は他の商品の価値を実現する価値物でなければならないことが強調される。マルクスの場合には、価値尺度としての貨幣は観念的なものでもよいが、他方でその背後の内在的な価値尺度と考えられる労働時間が強調される。宇野の場合は、これとは逆に価値尺度としての貨幣について、その内

　に統一的な価値表現の素材を提供することであろう」という (奥山 [1994a]：30-32)。
11　労働価値説の論証については、拙稿をみられたい (Ishibashi [1995]：44-64)。

在的な価値尺度と考えられる労働時間については考慮されないが，購買手段としては実質的価値をもつ金でなければならないことになり，その使用価値を強調することになっている[12]。

　宇野のいうように，マルクスでは等価交換として労働価値説を説いてしまったことが流通形態規定の充分な展開を制約する関係になっているわけであり，その点は疑問とされねばならないであろう。しかし他方で，マルクスが内在的な価値尺度として労働時間にふれる真意はどこにあるのであろうか。そこには，マルクスが貨幣の本質としてどのようなことを考えていたかの含意が込められていると考えられる。

(2) 貨幣と労働

　貨幣について経済原則的な意味を考察しようというここでの課題にとっては，マルクスのいわゆる「内在的な価値尺度たる労働時間」について注目し直すことが必要である。貨幣の本質について考えるときは，マルクスが貨幣を把握していく思考の原点とした労働時間については完全に捨象すべきだというわけにはいかない。貨幣の機能を展開する場合は，形態規定としての貨幣が明らかにされなければならないが，貨幣の本質について考えなければならないときには，社会的実体たる労働との関係を振り返ってみる必要があるということである。

　ここではその点から，マルクスの価値尺度論を再びみてみよう。マルクスは，「価値尺度としての貨幣は，諸商品の内在的な価値尺度たる労働時間の必然的な現象形態である」，という。マルクスの明らかにしようとしたことは，2つある。

　第1の論点は，諸商品の内在的な価値尺度は貨幣ではなく，労働時間であるという点である。つまり，諸商品は，貨幣によって較量されるのではなく，すべての商品は諸価値としては対象化された人間労働であるために商品

---

[12] 宇野は次のようにいう。「……金による商品の価値の評価も，金自身の側からする場合には，現実の金なしには，たとい一円の商品といえども，なしうるものではない」（宇野［1959］：53）。この点は，山口重克にあってはさらに強調される（山口［1984］：209-213）。

貨幣で価値を共同的に度量できるという点である．もちろん，以上のようにいえるためには，ここでの商品が労働生産物に限定されなければならない[13]。

このような前提に立つと，貨幣をとおした商品と商品との交換とは，ある商品に対象化された抽象的人間労働とある商品に対象化された抽象的人間労働との交換にほかならないという含意が，前面に出てくる．そして貨幣とは，それらを媒介する機能を果たすが，それ自身もまた交換される商品と同じように労働の生産物としての金であるということになる．つまり，自己が所有するが欲望の対象ではない労働生産物をまず交換の媒介物としての労働生産物に換えて，それを使って，自分の欲する使用価値である労働の生産物を得るわけである。

ところで以上のような捉え方は，いわば超歴史的で経済原則的な経済実体から商品経済における貨幣を捉え直したものである．社会的な労働編成を前提にして労働生産物と労働生産物との交換を念頭に置いたうえで，商品経済における貨幣の役割を捉え直した場合，貨幣はそのような労働生産物同士の交換を商品流通として媒介するものにすぎなくなる．そのような見地に立てば，「対象化された人間労働」が実体的に共通に尺度できることがあって初めて，形態的にも貨幣商品である金が共同的な価値尺度になることができるというわけである。

現実からみれば，事態はむしろこの逆である．資本主義経済は労働生産物であろうがなかろうが，すべての取引の対象を商品化し，その交換力の大きさを貨幣を尺度にして共通の単位をもつ量に置き直す．そして，その貨幣を媒介にして交換されていく．まさに，マルクスのいうのとは逆に，諸商品は労働によって較量される（通約可能な）ものとなるのではなく，その逆である．まず，諸商品は金という特有な使用価値の量をとおしてその交換力が較量され，それを媒介に諸商品が交換されていく．そのような形態をとおして行われる経済実体的な内容が，マルクスのいう労働と労働の交換ということ

---

13 「われわれは今までのところでは，商品所有者たちの経済的関係——彼らが自分の労働生産物を手離すことによってのみ他人の労働生産物を手に入れる関係——以外には，人と人との何らの経済的関係も知らない」（マルクス［I］：227頁，S. 123)。

なのである。マルクスは形態的関連をその経済実体的関連から捉え直したということになろう。

ところで，ここで問題なのはあくまで労働生産物と労働生産物との交換であって，その媒介さえ果たせれば，貨幣は金という労働生産物である必要があるのかという論点が出てくる。それでは，どのようにして媒介がなされていくのであろうか。もう1つの論点をみてみよう。

第2の論点というのは，労働時間そのものはマルクスのいうように内在的な価値尺度であっても，それはあくまで上で確認したように内在的という意味に限定されるのであって，直接的には労働時間そのものは価値尺度になりえないという点である。この2つめの点については，マルクスは労働貨幣説批判をとおして展開している[14]。労働貨幣説では，私的労働が直接に社会的労働として取り扱われてしまう点に難点がある。

いま仮に，交換が等労働量交換としての等価交換でなされると想定すれば，ある労働時間を対象化したA商品は，同じ労働時間を対象化したB商品との交換を請求できる，つまり需要できるはずである[15]。しかし，それは無媒介的にできるわけではない。なぜか。A商品は，その供給が社会的なものであることを認められて初めて，つまり社会的に需要されて初めて，さらにいえばA商品に対象化された労働時間が社会的労働時間として認められて初めて，B商品が需要できるのである。問題は，私的労働と私的労働との交換は，他者との関係であり社会性（「私的社会性」）をもつ交換であるという点である。仮に物々交換が可能であるとすれば，A商品とB商品とが同時に相互に供給しあい需要しあい交換されるわけで，この社会性の問題は一挙に解決する。しかし，このいわゆる「欲望の二重の一致」[16]は，市場における高度な分業を前提にすれば一般的に成立しえない。なぜなら，そこで

---

14 労働貨幣説の批判については，Marx（[1972]：103-107頁，S. 83-86），参照。
15 以下では，マルクス流通手段論の理解を前提にしている。
16 スティグリッツ（[1995]：389），参照。また，佐伯啓思は，3人の間の循環的交換の例での物々交換の不可能性について次のようにいう。「なにが障害になっているのだろうか。……「情報」が不足しているのである」。「貨幣の最も重要な機能は……「情報」の代わりをする，という点である」（佐伯［1991］：64，66）。貨幣をめぐる「情報」の重要性は本書から学んだ。

は，誰が何をどれだけ欲しているのかという情報を完全には知ることができないからである。

そこで，A 商品に対する需要と B 商品に対する需要とを分けて，そこをつなぐ必要が生じる。A 商品に対する社会的需要をまず確認して，つまり A 商品が社会的に必要な供給である点を承認して，その後で，その供給に見合っただけ B 商品に対する需要の発動を許す。その前後をつなぐ媒介となるものが貨幣であり，A 商品は第三者の貨幣により購買されることによって，貨幣に姿を変え他の社会的生産物に対する社会的請求権として確認される。そして，その貨幣が今度は社会的需要として，B 商品を購買することにより，A 商品所有者にとっての A 商品と B 商品との商品交換が実現する。

ここでの貨幣の役割は，A 商品を生産する私的労働を社会的労働として確認することであり，貨幣は一般的な社会的労働を表すものとして B 商品に対する社会的な需要を形成できるのである。価値形態論が示すように，貨幣はあらゆる商品から交換を求められ，直接的交換可能性を与えられていた。直接的交換可能性とは，社会性を意味する。つまり，直接的交換可能性を与えられた商品に対象化された私的労働は，そのままで社会的労働として認められている。とはいえ，量的問題が残っている。A 商品に含まれている私的労働がどれだけの社会的労働として認知されるかである。さらに，貨幣として確定された社会的労働が次にどれだけの私的労働を獲得できるのかといった問題が残っている。生産価格論を想起すれば分かるように，等労働量交換としての等価交換はそもそも成り立たない。それどころかここでは，交換される商品が社会的にどれだけ供給され，どれだけ必要とされているのかという需要・供給の問題が入ってくるのであり，貨幣が需給によって決定される価格をとおして量的問題に商品経済的に解を与える[17]。

以上，2 つに分けてみてきたように，商品売買で行われたことは，貨幣を媒介とした労働と労働との社会的な交換である。そして，交換には質的問題

---

[17] そこで，次のような表現は単純流通の範囲内とはいえ，誤解を生む。「1 トンの鉄に含まれている価値，すなわち人間的労働の分量は，同等量の労働を含む貨幣商品のある表象的な分量によって表現される」（マルクス [I]：207 頁，S. 111）。

だけではく，必ず量的問題が絡まる。つまり，貨幣を媒介とした一定の労働量と一定の労働量との交換が生産物の交換ということの内実である。一定量の生産物同士の貨幣を媒介とした交換をとおして，一定量の労働が社会的なつながりの中で交換されている。

そして価値を尺度するとは，価値の量的計量だけではなく，私的労働を一定量の社会的労働として認知することを意味した。ところが労働貨幣説には，一定量の私的労働を一定量の社会的労働として確認する媒介，つまり社会的尺度が欠けている。対象化された一定量の私的労働が，そのまま社会的労働量としてみなされてしまう短絡が生じている。労働時間そのものでは，それを単位として交換できない。つまり，労働は内在的な尺度であるとしても，労働時間を共通の単位としてお互いに較量（通約）できないわけである[18]。

マルクスの労働貨幣説に対する批判は，それに対する評価と裏腹な関係にある。労働貨幣説は，商品交換の背後に労働の交換をみている点では評価されている。しかし他方で，なぜ商品交換が労働時間に基づいて行うことができないのかを明らかにできていない点で批判されている。なぜ，商品貨幣金を媒介にせざるをえないのか。これが，マルクスの価値形態論の課題であったわけである。

さて以上みてきたように，貨幣の経済原則的な意味は，生産物の交換をとおす労働と労働との交換を媒介するということである。貨幣とは，その媒介の機能に特化した商品である。ところで，そもそも労働と労働との交換には，必ず貨幣を媒介にする必要があるのであろうか。労働と労働との交換を

---

18 宇野は，「貨幣は基準を入れる形態だ」（宇野編［1970］：280）といい，貨幣を説くときにはさしあたり実体的な規制による基準を説いてはならないとするが，基準を説いた後でその貨幣をもう一度見直そうとしている。質疑応答の中では次のようにいう。「貨幣も商品もどちらも労働生産物だ。その労働生産物で労働生産物を買うということが価値尺度になる。それが基本だ」（宇野編［1970］：282）。なお，宇野のこの言及を捉えて，片岡浩二は宇野の矛盾として次のようにいう。「……貨幣は商品である，ということが論証抜きに前提されていることである。貨幣が商品である，という想定は，交換される両者がともに人間労働という共通の属性をもつことに力点が置かれる「労働価値説から要請された」理論上の手続きではあるけれども，価値形態論で労働価値説を前提としない宇野にあっては必然性をもたないはずである」（片岡［1994］：142-143）。

前提にした社会の編成において，貨幣を媒介にしない場合は考えられないであろうか。例えば，市場経済に対する計画経済ではどうなるのかということである。その場合，何が貨幣の代わりをするのであろうか。逆にいえば，貨幣は貨幣がない状態の何を実現しているのであろうか。それは，ひとえに情報に関わる問題であろうと思われる[19]。

(3) 市場経済と情報

いかなる社会においても，誰が何をどれだけ，どのようにして生産し，誰が何をどれだけ消費するのかといった基本問題を決定しなければならない[20]。いま，そのような決定が貨幣を媒介とした商品交換をとおして行われないと想定すれば[21]，人間が主体的・直接的にそういった問題を決定しなければならないことになるが，社会存続を可能にするような経済原則を逸脱しない決定のために必要となるのは，経済に関する膨大な情報である。詳細で正確な情報がなければ，社会的労働の均衡配分とかが，経済的な効率の面で，最適な決定ができないであろう。最適でなければならないことはないが，場合によっては社会の存続が脅かされることも懸念される。そのような決定が，権力的になされようと，なんらかの民主的な合意によってなされようと，決定のされ方にかかわらず，問題は正確な経済情報が手に入れられるかどうかにかかってくると考えられる。

---

19 「情報概念」については，今井［1984］，福田［1996］を参照されたい。。
20 観点を異にするとはいえ，例えばスティグリッツは，経済には次の4つの基本問題があるとしている。①何がどれだけ生産されるのか。②これらの財はどのように生産されるのか。③これらの財は，だれのために生産されるのか。④だれが経済的決定を行うのか，またどのような過程を経て行うのか（スティグリッツ［1994］：18-22，41）。また，この点について福田豊は次のようにまとめる。「資本制生産様式，つまり市場経済の無政府性は，いつ，どこで，だれが，どのくらいの量のどんな使用価値を生産・供給し，かつ需要・消費するのかを，事前には全く，事後的にもそれほど容易には知ることができないという点に，基本的に由来している考えられるであろう。質，量の両面にわたって，情報は欠落ないし不足しがちなのである」（福田［1996］：232）。
21 そのような想定自体が成り立たないという見方もありうる（吉沢［1981］：151-155，片岡［1994］：141）。なお，片岡は，「媒介のない透明な共同体」と表現するが，媒介がなくなれば透明になるのではない。透明になるのは，経済情報を手に入れるかどうかにかかるのであって，無条件ではない。

この場合における情報は，財・サービスの消費（需要）に関する情報と同じく生産・流通（供給）に関する情報の2つに大きく分けられるであろう。問題は，この需要と供給とは，相互依存の関係にあるということである[22]。

　消費については，個人（あるいは家族のような消費単位）の欲望に基づいて誰が何をどれだけ消費するのかという内容が積み上がって消費の社会的内容が確定されるとしても，生産物に対する消費需要は無制限に許容されるわけではない。社会的な需要は，社会的に生産物を供給する能力，つまり社会が生産・流通させることのできる供給の大きさに制約されざるをえない。個人的な需要にしても，無制限に許容されるわけではなく，その個人がどれだけ社会的な供給をなしうるか，つまりどれだけ他者の需要を社会的に満たす貢献をなしうるかによって，その需要の大きさが制約されることとならざるをえないであろう。この制約された個人の需要量の大きさの枠内で，個人は生産・流通の技術水準によって規定された個々の生産物の供給の難易に従って，その需要つまり社会的な生産物に対する自己の限られた請求権を個々の生産物に割り振らなければならない。また，生産については，何が，どれだけ欲せられているのかという消費需要についての情報に基づかなければならない。その消費の在り方の情報自身が，逆にまた相互依存的に生産の在り方によっても大きく条件づけられているわけである。

　したがって，個人は，その需要の具体的内容を決定するためには，個々の生産物の供給条件を知る必要とともに，その条件に制約されることにならざるをえない個々の生産物に対する自己の需要の大きさをも同時に知らなければならない。このような相互依存の関係にある生産・流通に関する情報とそれに基づいた消費に関する情報を知ることによって初めて，経済原則的な社会的労働配分を編成できる。さらに，その中で供給上での効率追求がなされるとすれば，どのような生産条件の選択のもとで生産したらよいのか，つま

22　ここでいう消費は最終消費を指す。実際的には，結果的に最終需要に対して，その需要を満たす供給をなす生産・流通に関しても，その内部は個別的な生産・流通主体に分かれているのであるから，供給の中でも個別経済主体間においては中間的な需要と供給の相互依存がみられるであろう。

りどのような生産技術・流通技術の採用が最適かということを判断するための技術に関する情報も得なければならない。

いうまでもないが資本主義的市場経済は，事前にそのような情報を収集し，直接それに基づいて社会を編成しているわけではない。しかし，重要なことは，資本主義的な市場経済ではそのような情報が存在しない，または必要としないというわけではないということである。

資本主義的には，個別経済主体が発するそのような経済に関する意味的情報は，貨幣によって価格という形式的情報として翻訳され媒介されていると考えられる。需給に関わる経済情報は，貨幣を媒介にせざるをえず，貨幣量という一元的な形式的情報に翻訳されざるをえない。それが市場経済である[23]。個別的情報は，貨幣をとおして運ばれる。貨幣は個別的な情報発信機能をもつのではないか。そして貨幣による量的表現自体が，価格として個別経済主体の行動を規制する資本主義的な１つの情報となる。商品と貨幣との交換比率としての，需要と供給とが出合う市場で決定される価格は，貨幣を媒介にして個々の経済主体が発した経済情報の社会的集約である[24]。市場で決まる価格は，社会的情報を発信している。個々の経済主体が発した情報は，価格という商品経済的な情報にまとめ上げられ，それによってまた個々の経済主体は，自身の発する情報を訂正する。自らの発する私的な情報により，自らが発する情報そのものが社会的に締め直されるということである。

---

[23] 貨幣を媒介としない経済的な情報のやりとりの場の１つが組織である。また，市場と組織の中間形態としてのネットワークである，と考えられる。

[24] 今井賢一は，市場と情報との関係について次のようにいっている。「経済活動において意味ある情報は，基本的には「市場」において求められる。市場は人々が財・サービスの交換を行う場であるが，それらの交換を行うためには人々の間で情報Ｂ（意味的情報）が交換され，売り手と買い手の意思が伝達されなければならない。市場は人々が何を欲しがっているかという「需要」にかんする情報と，それらを供給するにはどのような方法でどれだけの資源を使ってなしうるかという「供給」にかんする情報とが出会う場であり，それらの情報を「価格」という一つの指標に集約する仕組みである」（今井［1984］：46）。ここで今井は，需要に関してはたんに何を欲しているかということにしか言及していないが，供給については何を供給しているかということの背後にある供給条件についても言及している。需要の条件についてもふれるべきではなかろうか。また，半田正樹は，流通情報について論じ，「需給の情報の凝縮点としての〈価格〉」という（半田［1996］：110）。

制約された予算制約のもとで，需給によって決定される諸商品の価格に従って，自らの欲望の在り方を訂正しつつ情報を発するといった具合である。

　生産物をめぐる需要・供給の在り方の情報から，その生産技術・流通技術の情報に至るまでの情報すべては，市場経済では，貨幣により媒介される。貨幣は，個別的な主体の情報を運ぶ媒体であり，商品の交換力たる価値の貨幣による量的表現たる価格がさらに社会的な情報そのものとなる。

　そして，価格に集約された情報はさらに個別諸資本の利潤率という情報にまとめ上げられる。そもそも，すべて情報とは行動の判断基準になるものである。経済主体は，行動するためには情報がなければならない。逆にいえば，行動の指針になるものが情報と考えられる。資本の行動基準は利潤率である[25]。資本は，利潤率という情報を基準にして社会的労働の均衡的配分，ならびに経済的効率の追求をする主体となりうる。

(4) 貨幣と情報

　市場経済における貨幣は，社会的経済編成ならびに経済効率追求に必要となる各経済主体の発する情報を運ぶ機能をもちなんらかの媒体を必要とする。そのことを確認し，マルクスの価値尺度論についての2つの論点に戻ろう。もう一度，論点をまとめれば，次の2つになろう。第1は，諸商品の内在的な価値尺度は貨幣ではなく，労働時間であるということ。第2は，しかし，労働時間では尺度できないということ。したがって，金という独自の使用価値ではあるが労働時間を対象化した生産物としての貨幣で価値が尺度される。

　以上の2点を捉え直すと次のようになろう。貨幣は私的労働と私的労働との交換を媒介する機能を果たす。そのとき貨幣は，私的労働を社会的労働に一度，変換する役割を果たしている。私的労働と私的労働とは，情報不足のため社会的に関係をもちえないのであった。情報不足の空隙を貨幣が埋める。私的労働→社会的労働→私的労働。社会的労働は，いわば社会的に承認された需要であり，いったんそれに変えられると，いかなる私的労働とも交

25　資本と利潤の関連については，石橋（[1992]）を参照されたい。

換できるものとなる。ここでは，商品を生産した私的労働を，一般的等価物を生産した社会的労働に変換することが，貨幣が購買をとおしてその商品の価値を尺度するということの意味である。マルクスの理解では，貨幣とは例えば金のような独自の使用価値をもちながらも社会的労働が対象化されたものとして，労働の生産物でなければならないということであった。

　しかし，ここで貨幣と情報の関連という観点から振り返れば，貨幣は，私的労働が社会的労働として確認されたことを情報として伝えるものと捉えられる。貨幣とは，その所有者が商品に対する社会的請求権をもっているという情報を表現している。問題はその表現が信用のおける正しい情報であるかどうかである。実は，これが大問題であった。

　商品経済は，さしあたり貨幣の信用力を価値物つまり交換される商品と同様な労働の生産物という一商品の実物性に求めざるをえない。商品経済的には社会的請求権という情報の信用力を担保する手段は直接的にはほかにない。それが，商品経済の私的社会性の現象形態である。1つの私的なものを社会的なものとして選び出し，それを媒介に，その他の私的なもの同士が社会的関係を結ぶ。

　そして私的労働と私的労働との交換ということがそもそもの問題であり，その媒介は一定の量的関係のもとで私的労働を社会的労働として承認するということであった。その場合，信用できる情報を発することさえできれば，貨幣金は他のもので代位できることにはならないであろうか。ただ金は，そのあるがままの姿で個別的情報を発信する媒体となりうるが，貨幣の代替者は無条件ではない。しかし，なんらかの手段で信用できる情報を発することが可能になるという点にこそ，金が，鋳貨であれ，銀行券であれ，いずれの形態であれ，また兌換されようがされまいが，紙券化さらにはデジタル化しうる究極の根拠がある，と考えられる。

　兌換制の場合には，信用できる正しい情報であるかどうかが常に貨幣としての金でチェックされることにならざるをえない。そして兌換がなされない場合には，価値尺度の意味を根本から考えなければならない。価値の尺度が私的労働を社会的労働として承認することであるといっても，質的規定だけではなく，量的規定が問題とされよう。価値を尺度することの意味が問われ

る。つまり，労働生産物としての現物を貨幣とする限り，商品価値は貨幣形態に置かれた商品の一定の使用価値量として尺度されるわけであるが，貨幣はいまやたんなる計算貨幣として数的な表現となり，その実体を失っているからである。

とはいえ，一定の歴史的な留保条件を必要とするが，不換の場合における紙幣がまったく価値尺度できないとしてしまうこともできない。それは，資本主義の現実が不安定性を抱えつつも事実として示している事態である。確かに，金本位制あるいは国際的関係において金に基づく貨幣との為替相場の関係によって，貨幣商品を基準にした価格体系を一定期間の歴史的経験として前提とすることなしには，不換紙幣による貨幣制度が何の媒介もなく直ちに存立するとは考えられない。その場合には，価値の尺度はやはりなされえないのではないか。そもそも価格体系の成立そのものが困難になると考えられるからである。つまり不換制での貨幣による価値尺度は，金本位制なり，兌換制なりを歴史的な経験とした，一定の諸商品の歴史的な価格体系の成立を前提にしなければならないと考えられる。

いま，いったん金本位制が確立して一定の価格体系ができ，その後，兌換制が停止されたと想定すれば，紙幣は，そのような一定の価格体系から，それを基準にしながら諸商品を生産する生産力の変化に応じて，相対的な変更をとおして価格付けを訂正していくことになろう。その場合，きっかけとしていったん価格体系が与えられると，紙幣がそれを前提として価値尺度機能を果たしうることになると考えられる[26]。

---

[26] 奥山が論じる紙券の価値尺度機能について注目すべきである。しかし，本文で論じたように商品貨幣による価値尺度機能という歴史的な前提なしに，現実的にはいきなり紙券による価値世界を想定しても紙券の価値尺度は説くことができないであろう。「すべての商品が紙幣で価値表現し，紙幣に交換を求めている限り，紙幣は商品に対して一般的な直接的交換可能性と量的な基準をもった購買力をもつ。そして，この紙幣の購買力が貨幣としての紙幣の価値であるから，他の商品に対する紙幣の購買力を基準にして，商品所有者は紙幣で価値表現することになる。紙幣は金貨幣のようにそれ自身の価値基準はもたないが，商品世界によって付与された相対的な価値基準によって，価値尺度機能を果たしているといえる」（奥山［1994a］：35）。ここで前提としている，「すべての商品が紙幣で価値表現し，紙幣に交換を求めている限り，……」ということ自体が，既

この場合，販売された商品の代わりに得られた紙幣によって購買される商品の価値が，間接的に販売される商品の価値を尺度する基準になっている。したがって，ここでは，紙幣の購買力が問題となる。紙幣の購買力はそれぞれの商品が紙幣で価値表現することによって与えられる。紙幣を媒介に欲する商品を得るために，どれだけの紙幣を得ればよいか，お互いの紙幣での価値表現を基準に紙幣で価値表現することになる。自己の商品の価格とそれを販売して購買する商品の価格との関係のもとで紙幣は価値を尺度していると考えられる。

　国際通貨制度を含めて，経済過程が大混乱に陥れば，また貨幣金が価値尺度として復活するであろうという見解は，それなりに根拠をもつ。もちろんそこまで，経済が大混乱に陥るかどうかは推測の域を出ない。事態は，金が廃貨されている貨幣制度が崩壊して，金が貨幣として復活することになるということであろう[27]。現在は，金が価値尺度の機能を果たしているわけではない。すべての商品所有者が貨幣金の裏付けをもっていない紙幣に対する交換を求めている限りにおいて，現在の紙幣は価値尺度できている。しかし，そのようなことが可能であるためには，歴史的に一定の価格体系が与えられ，そこからの絶え間ない乖離を相対的に計りながら，価値尺度がなされているものと考えられる。

3. 貨幣の流通手段機能をめぐって

(1) 流通手段論と紙幣化

　マルクスの流通手段論は，①「商品の姿態変換」，②「貨幣の通流」，③

に価値尺度している状態であり，価値尺度している状態から紙券の価値尺度を説明するという循環論法になっている。

[27] 野下保利は，高須賀義博の議論を次のように整理している。「高須賀は，……貨幣商品金は廃貨しえた，しかし金廃貨により資本制経済は価値尺度基準を喪失し，経済的混乱に陥ると捉えるのである。そしてこの帰結は，世界戦争への道か，それとも金の貨幣商品としての復位かのいずれかであると結論する」（野下［1993］: 35）。高須賀（［1991］: 104-106）も参照。

「鋳貨，価値標章」という3つの項目から構成されている。①と②のまとめを踏まえて，③を検討しよう。

　①「商品の姿態変換」では，流通手段としての貨幣を「社会的な質料変換を媒介する商品の形態変換または姿態変換」という運動形態（W_1―G―W_2）の中において規定しようとしている。ここでのポイントは，次の2点である。1つは商品所有者Aは，結果的にはW_1をW_2と交換するわけであるが，それは物々交換ではないということ。もう1つは，その交換は他の商品交換と絡み合って連鎖をなすということである。W_1―GはG―W_1という購買によって実現するが，その購買者BとG―W_2によって実現されるW_2―Gの販売者Cとは，異なる主体である。貨幣は，B→A→C→……と持ち手を転々と変えながら，絡み合った連鎖をなす商品流通を実現する。そして，商品流通の媒介者として，貨幣は流通手段という機能を受け取る（マルクス［Ⅰ］：220-235頁，S. 118-128）。

　②「貨幣の通流」では，流通手段機能を果たす貨幣が持ち手を転々と変え流通部面にとどまる点から捉えられる。そこでは，流通部面がどれだけの貨幣を絶えず吸収するのかという問題，つまり「流通手段として機能しつつある貨幣の分量」が問題とされる。そして，流通手段の分量は，実現されるべき諸商品の価格総額と貨幣通流の平均速度とに規定されている，と結論づけられる（マルクス［Ⅰ］：235-250頁，S. 128-138）。ここでは，流通部面という一定の枠が設定され，その中で動き回っている貨幣がイメージされている。そして必要以上の貨幣量は，流通部面から流出し，不足する貨幣は流通部面外から流入するといった，流通部面といういわばプールに満ちている水量のごとくに流通手段としての貨幣が理解されている。以上を受けて，次の鋳貨論が展開される。

　③「鋳貨，価値標章」について，紙幣と情報の関連を検討するために整理しておこう。マルクスは，まず流通手段としての貨幣の機能から，貨幣の鋳貨姿態が発生するとし，造幣は国家の事務に属すると述べる。この鋳貨は流通するうちに磨損するから，鋳貨の現実的内実を名目的内実から分離させ，それの金属定在をそれの機能的定在から分離させる。それゆえ，貨幣通流は鋳貨機能においては金属貨幣を他の材料からできた諸々の標章または象徴に

よって置き換える可能性を潜在的に含む，という。そこに，小額貨幣の造幣の技術的困難を付け加えて，金属貨幣の紙幣化が説かれている。そしてここで取り扱う紙幣は，強制通用力をもつ国家紙幣であるとし，信用貨幣を除外する。ここで説かれている紙幣化の説明は，マルクスにあっては，どちらかといえば理論的であるというよりも事実的あるいは技術的な説明であると解される。

次に，マルクスは紙幣の金に対する代表関係を論じる。無価値の紙幣の購買力の問題である。そして，紙幣流通の独自の一法則とは，「紙幣の発行はそれによって象徴的に表示される金が現実に流通せざるを得ない量に限定されるべきだということ」であるという（マルクス［I］：254頁，S. 141）。ここに先の必要流通手段量の議論が生きてくる。ところでこの必要量は絶えず増減するが，経験的に確定されるある特定の最小限があるとし，その最低分量が紙幣の象徴によって置き換えられうるとする。もし，紙幣がその限度つまり流通しえたはずの同じ称呼の金鋳貨を超えるならば，紙幣は減価し，インフレになるという。

最後に，マルクスは，なぜ金はそれ自身のたんなる無価値の標章によって置き換えることができるのか，と問題を立て直す。その意図は，なんとかして理論的に紙幣化を明らかにしようとする点にあると考えられる。

金が置き換えられうるのは，金が鋳貨または流通手段としての機能において孤立化または自立化させられる限りにおいてにすぎないとし，そのような機能の自立化は「最低分量の金」にみられるとする。つまり，流通手段として機能する金は，紙幣化されうるというのである。そして挙げる理由は，次の一点である。W_1—G—W_2という姿態変換おける貨幣による商品価値の自立的な表示は，「暫時的な契機」たるにすぎないということである。要するに，問題は商品と商品との交換なのであり，貨幣はそれ自体が目的ではなく瞬間的なものであるので，象徴的なものでもよいというわけである。「貨幣の機能的定在が，いわば，それの物質的定在を吸収するのである」ともいう。ただ，象徴たる貨幣の標章は偽物（贋札）であってはならず，通流のために必要となる「客観的・社会的妥当性」が国家による強制通用によって与えられるとする（マルクス［I］：256-257頁，S. 143）。

(2) 紙幣化と情報

　以上が，マルクスの紙幣化の説明である。大きく2つあった。①鋳貨論からの展開で，磨損鋳貨の流通や小額貨幣の鋳造の技術的困難（補助鋳貨）といった事実的かつ歴史的な説明と②流通手段の暫時性から説く理論的とみられる説明とであった。

　まず，①の磨損鋳貨や補助鋳貨の流通がみられたという事実によって，紙幣化は，商品経済的なメカニズムの内・外に紙幣を生み出す根拠が隠されていることが示唆されている。商品経済外というのは，ここでの紙幣化が国家による造幣によるという事実である。しかし，ここでいわれている強制通用によって受け取られるのは，あくまで標章の客観的・社会的な妥当性である。必要なのは，国家などによるいわばお墨付き（額面と実質との一致の保証とか引き換え保証など）である。そのような保証に対する信用がある限り[28]，金の名目量，例えば紙幣が貨幣の役割を果たす。いくら強制しても信用がなければ流通しえないと考えられる。

　他方では，あるものが金の代わりをしているという信用が一般的に共通に成立しさえすれば，金を紙幣化できるということは，そもそも必要なのは金ではないということを商品経済が事実として示唆している。つまり，商品交換の媒介物としての適性を備えていさえすれば，金でなくとも貨幣になりうるということである。既にふれたように，貨幣とは，交換の媒介物としては，それを所有することが商品世界に対して社会的請求権[29]を所有しているという情報を表現している。一定の貨幣額は，一方でそれだけの貨幣量で表現された量的大きさをもつなんらかの供給がなされたという情報であり，他方では，それだけの貨幣量で表現された量的大きさをもつなんらかの商品に対する需要として発動する可能性があるという情報にほかならない。問題

28　歴史的な具体例としては，江戸時代の「包金銀（つつみきんぎん）」が興味深い。日本銀行金融研究所（[1991]：48, 53）によれば，「一定量の施封された金銀貨は通常そのまま授受された。包み紙に上書きされた金座・銀座・両替商名が信用され，開封されて内容が吟味されることはほとんどなかったといわれている」。また，赤穂藩改易の際の，藩札を額面金額の6割相当の幕府貨幣で引き換えた例も興味深い。

29　ポラニー（[1975]：226-227），参照。

は，その情報を担うに最もふさわしい情報媒体が，何かということである。

　次に②では，マルクスは紙幣化を流通手段の暫時性という点から説明しているが，流通手段の機能を暫時性という物理的な時間として理解すると間違いであろう。貨幣は流通手段として機能する際にも，商品の購買をとおして商品価値を尺度しながら，そして販売した後すぐに購買に向かわない場合には価値を保蔵しつつ，結果的に流通手段として機能しているのであった。流通手段としてのみ機能する貨幣などありえないのである。紙幣といえども，同時に価値尺度機能・支払手段機能・価値保蔵機能をも果たさなければ，流通手段としても機能しえないという関連になっている。

　暫時性の意味は，上でもみたように，流通手段としての貨幣の特徴はなによりも商品交換の媒介にある，という点に見いだすべきであろう。媒介である点では，マルクスのいうとおり貨幣は象徴的な実存でも充分である。しかし，こうした理解では，貨幣はもともと「物質的定在」であるがそれが貨幣の「機能的定在」によって吸収され，象徴化するということになってしまう。そうではないのではなかろうか。貨幣を情報という観点からみれば，違ってくる。マルクスの表現を借りれば，貨幣はもともと個別的な情報を発信する機能をもつものとして「機能的定在」であって，その意味では本来的に象徴化しうるものであるが，それがここでは金のような「物質的定在」をとらなくなっている。それが紙幣である。

おわりに

　個別的な情報発信機能という観点から貨幣を捉えれば，単純流通のレベルでは，商品交換を媒介するものとして貨幣は，一定の貨幣額は，一方でそれだけの貨幣量で表現されたなんらかの供給がなされたという情報であり，他方では，それだけの貨幣量で表現されたなんらかの商品に対する需要として発動する可能性があるという情報にほかならない。

　さらに，貨幣が価値増殖する運動体を形成するレベルでは，貨幣とは，なによりも社会的労働編成の達成と経済効率の追求という経済原則の実現をめぐる情報を媒介するものである。そうであるとすれば，そのような情報を運ぶことができる媒体が貨幣なのであって，それさえできれば，金であろう

が，鋳貨であろうが，銀行券であろうが，デジタル化したものであろうが，それらは貨幣であるということになる。ただ，金以外は価値実体との乖離を伴うことにもなるから，購買力の根拠や価値尺度との関係でその価値をどう保証するのかが問題となる。つまり，貨幣の発する情報が信用力のある情報であるかどうかが問われるのである。

　この点も既にみたように，例えば歴史的な金本位制の成立などによる価格関係の成立を前提として，兌換停止後もすべての商品が紙幣での価値表現を続け，紙幣との交換をとおして関係をもち続ける限り，他の商品の価格表現の中でそれぞれの商品の価格を相対的に評価する計算の基準として，紙幣は価値尺度の機能を果たすことが可能となると考えられる。しかし，紙幣の購買力は相対的なものでしかないという意味で，現在の貨幣は，常に貨幣価値の不安定性という脅威を受けるとともに，国民経済同士の世界的関連においては，常に為替相場の変動に晒されつつ，それぞれの国民通貨の相対的な価値の維持を図っていくしかない。とはいえ，この点については，第3章でみたような支払手段としての貨幣から信用貨幣へというマルクスの紙券化の論理を補足しなければならない。

　貨幣は，今後ますます物的な姿をとらなくなるであろう。そのような貨幣こそが，貨幣の本質であって，歴史的にはそれがさまざまな物的な媒体に担われてきたのではないか，というのが本章の問題意識であった。しかしこれについては現在，模索されている電子マネー（デジタル・マネー）についての具体的分析も必要になる。

第6章

電子マネーと貨幣の本質

はじめに

　電子マネーのもつ歴史的意義は極めて大きいものがあると考えられる。それは一方では，現実の経済に大きな変革をもたらす技術的基礎を提供するものとなりつつあるとともに，他方では貨幣とは何かという問題を提起し，これまでの貨幣論に対して理論的な見直しを迫っているように考える。

　現実の経済に対する変革には，大きく2つある。1つは，流通業や金融業を代表とするいわゆる仲介業などを中心に企業の在り方や業態区分を大きく変えるという側面である。もう1つは，そのような個別産業分野の企業の形態を変えることをとおして経済全体に及ぼす変革という側面である。

　ここでは，流通業と金融業に対する電子マネーの影響を分析するための基礎的な考察として，まず電子マネーの概念についてまとめ，次に電子マネーの貨幣論での位置づけについて論じ，最後に電子マネーと貨幣の本質について論じたい[1]。

---

[1] 本章は，電子マネーが脚光を浴びだした1998年の拙稿を基にしている。その後，電子マネーは，当時の予測とはある面では異なる発展を遂げた。その意味では本章は内容的には1990年代を中心にしている。しかし，当時の「貨幣とは情報ではないのか」という問題意識は現在もそのままである。電子マネーの新しい展開も少し追記した。さらにビットコインを初めとした「仮想通貨」が出現している。情報そのものが，まさに貨幣として使われる時代が始まりつつある。電子マネーで論じていたことが具体的には違った枠組みで現れてきたともいえる。

1. 電子マネーの概念

　まず，電子マネーの概念について明らかにしておきたい（木下・日向野・木寅［1997］: 25-27）。電子マネーとは，そもそもは債権・債務関係を清算する決済手段の1つである。その際，債権・債務関係の発生は，金融取引だけではなく，商業信用としての卸や小売などの商取引から発生するものも含む。そして決済の完結としては最終的には現在のところ現金の引渡しや銀行預金の振替によるわけであるが，それを電子的データ交換において行うものである。ここでは電子決済とは，電子的データ交換をオープン・ネットワークで行うものとする。

　金融情報システムセンター（FISC）の報告書によると，電子決済の類型は次の3つに分かれ，その1つに電子マネーがあるとされる（金融情報システムセンター編［1997］: 7-8，木下・日向野・木寅［1997］: 47-48）。つまり，「システム構成からみた類型」として，①オープンEB（Electronic Banking），②オープン・ネットワークを用いたクレジットカードの利用，③電子マネーがある。

　①は，金融機関が利用者からの支払い指図等をインターネットを代表とするオープン・ネットワークをとおして受け付け，預金口座間の振替等を行うシステムである。すなわち，既存の電子資金取引EFT（Electronic Fund Transfer）やファームバンキングFB等にオープン・ネットワークを利用するもの。②は，既存のクレジットカードの決済サービスをオープン・ネットワーク上で提供するシステム。③は，利用者間の取引に際して，金融機関等のホストコンピュータに格納されている利用者の個別の勘定元帳等の更新を，取引のつど行うことなく処理するシステムである。こうした電子マネーには，個々の支払いでは勘定元帳を更新しないが事後にその合計額で利用者の個別勘定元帳等の更新を行う電子小切手等や，個々の支払いと利用者の個別勘定元帳等との更新がまったく切り離された電子現金がある（モンデックス，Eキャッシュなど），とされる。

　上の整理では，電子マネーには，電子小切手等と電子現金があることになる。この点に関して，何を電子マネーと定義するかについては，考え方の相

違がみられる。

　岩村充は，①②③すべてを電子マネーであると広義に捉える（岩村［1996］：44）。なるほど①と②は，口座番号などの決済情報を暗号という「封筒」で包むことで，途中でデータが偽造されたり変造されたりしないように保護しながら確実に送り届けるという，一種のデータ宅配サービスである。つまり，これらはマネーあるいは貨幣そのものではなく，電子的なマネーへのアクセス手段ということができるとする。それに対して③では，ICカードやパソコンの中のデータに貨幣的な価値をもたせ，そうしたデータをあたかも現金のようにやりとりすることで電子マネーをつくり上げようとしている。しかしながら，そもそも銀行券にしても，本位貨幣というマネーへのアクセス手段にすぎなかったものがマネーになったことを顧みれば，「マネーそのものの電子化」とか「アクセス手段の電子化」とかという分類学に拘泥する必要はないという。

　池尾和人は，①②はいうまでもなく，③の中でも電子小切手等は電子マネーではなく，電子現金のみを電子マネーと狭義に捉える。暗号化技術を使ってクレジット情報をインターネット上で安全に送付するサービスを提供する試みなどは，厳密には電子マネーと呼ばれるべきではないという（池尾［1996］：183-187）。

　上記の報告書は，この2人のちょうど折衷になっている。③をすべて電子マネーとして押さえ，その中で電子小切手等と電子現金を分けている。ここでは，現行の貨幣と電子マネーとの関連を概念的に捉えることを1つの課題としている関係上，池尾のように狭義に電子現金のみを電子マネーとして捉えて議論を進めていきたい。これまでの小切手が貨幣であると捉えられていないという類推で，電子小切手は現時点ではやはり電子マネーと捉えることができないであろうと考えておこう[2]。

2　竹内晴夫は，預金という貨幣価値に対する電子的な支払い指図である「電子的な決済システム」（決済方法の電子化：アクセス型）とデジタルデータがそれ自体「価値」をもつ貨幣価値の電子化である「電子マネー」（決済手段の電子化：ストアード・バリュー型）とを明確に分けている（竹内［2004］：80-81）。ただ竹内は，電子マネーを「一種の銀行券」（竹内［2004］：83）としている点は疑問が残る。現在の電子マネーは，前払い形式であり，信用創造されたものではなく，信用貨幣ではない。つまり，貸出によ

とはいえ，岩村のいうことは決して間違いではない。ただしそれは，マネーへのアクセス手段であり「価値の包み紙」であるにすぎなくても，やがてそのうちにはマネーそのもののようにみなされて流通するときが来ないとはいえない，という点においてのみである。岩村は，将来，何が代表的な決済手段として使われるか，現時点では分からないということを重視していると考えられる。また，技術的には共通に暗号技術を使っていることを重視しているのではないかとも考えられる。

ここでは電子マネーとは電子現金のことであると狭義で捉える。それは，電子決済の類型を「法律構成からみた類型」として試みた場合の2つの類型の1つと一致する（金融情報システムセンター編［1997］：9）。その2つとは，①電子的な方法による決済，②電子現金による決済を指す。①は，デジタルデータによる支払い指図の指示受渡しにより，決済サービスを実現するシステムである。②は，取引当事者間における権利の所在が，対応する資金の所在ではなく，デジタルデータの有無によって決定されるシステムとなる。

この法的観点からの②は，個々の支払いと利用者の個別勘定元帳等との更新がまったく切り離されているという電子現金の特徴と照応する。このような電子現金としての電子マネーの特徴は，次のように規定される（金融情報システムセンター編［1997］：10-11, 39-40）。第1に，データの伝達方法に関しては，アクセス型（サービス提供者のサーバーに対して，利用者の振替・振込指示がそのつど伝達され，発行機関と受入機関の間で資金の移動が行われる）ではなく，ストアード・バリュー型（利用者間でデジタルデータの移動が行われ，データ保有者が発行機関等に対して換金を依頼する）であること。第2に，発行機関の登録情報に関しては，非登録型だけでなく（未使用残高やデータの還流の有無の登録を行わない），登録型もありうること。第3に，決済時点による分類では，前払い型（消費者の預金口座の残高減少や現金の払い込みが，利用者間での支払い時点よりも前に行われる）である

って発行されるものではなく，現金または預金と引き換えにそれと同額だけ，発行されている。とはいえ，「広く流通する電子マネーをつくろうとするならば」，中央銀行が「最終的には中央銀行券を電子化する方向であろう」という積極的な主張については，同意する。

こと。第4に，データの持参により即時換金できる旨を発行体が約束しているため売掛金管理の必要が発生しないことである。

　次に，初期に代表的とみられた電子現金としての電子マネーの具体的タイプを2つみておこう。1つは，電子財布と総称されるICカード型のモンデックスであり，もう1つはネットワーク型のデジキャッシュであった。

　モンデックスのシステムは次のようなものであった（岩村［1996］：15-33，河村・森本［1997］：10-11）。利用者は，加盟銀行の自分の口座残高を引き落とし，それと見合いにICカードに電子マネーのデータ（価値／バリュー）を価値の保管者であるオリジネータから書き込んでもらう。後は，データを現金のようにやりとりして，商品の購入に充てる。オリジネータとは専門の発行機関であり，利用者はATMや専用電話機（モンデックス電話）を通じて加盟銀行にアクセスする。店頭での支払いや個人間の決済には，専用の端末機やカード・リーダー（ワレット）を使う。つまり，ICカードの中のデータのやりとりによって現金の授受と同等の効果を実現しようとするものである。この電子マネーの特徴は，第1に，オープン・ループ型で転々流通性があること。第2に，再充填可能であること。第3に，匿名性があること。第4に，現在の充填価値の上限は500ポンド（約8万円：当時）と決められており小口決済向けであることであった。

　デジキャッシュでは，利用者はインターネットを通じて銀行にアクセスし，預金と引き換えにEキャッシュが発行された。このデータを売り手にネットワークを通じて送信することによって商品やサービスを購入する仕組みである（岩村［1996］：36，池尾［1996］：188，河村・森本［1997］：12）。この場合の銀行はバーチャル空間上の銀行（仮想銀行）であり，利用者はインターネット上のサイバー・ショップと呼ばれるEキャッシュ加盟店で買い物や個人間の決済にEキャッシュを利用する。サイバー・ショップはそのEキャッシュを銀行に返却すると，銀行からサイバー・ショップの預金口座に利用者の預金口座から振替入金される。この電子マネーの特徴は，第1に，転々流通性はもたない。第2に，匿名性をもつこと。第3に，まだ「遊び」の要素をもつ実験段階だが，インターネットの普及ならびにその国際性の点などで明日の電子マネーの主役に躍り出る可能性を秘めていること

であった。

　ところでこれら2つの型は，ICカードの多機能化の一環として融合する見通しがあるとされた。日本銀行金融研究所とNTT情報通信研究所との共同研究を踏まえて，NTTが試作した電子マネーは，ICカードとネットワークを融合したシステムであり，モンデックスと同様に転々流通性と匿名性とを確保し，店頭でもインターネットでも使える利便性の高いシステムになるとされた（福田・須藤・早見［1997］：261，河村・森本［1997］：12-15）。その他の特徴としては，①銀行のほかに電子マネーの発行機関を別に設けることにより，複数の銀行が同一の電子マネーを提供できるより決済性の高い仕組みにしたこと。②セキュリティの向上。つまり，二重使用チェック等の方式の簡素化や独自の高速なデジタル署名方式の採用により処理能力の劣るICカードを使っても実用的な時間で処理できることが可能となることをとおして，さまざまな不正使用に対して何重にも対策を講じることが可能となったこと。③電子マネーを自由な単位に分割することや利用者間で譲渡することが，実用的な時間内で処理可能となったことであった。

　また，さらに電子マネーをその1つの機能としてもつカード自身の多機能化については，ここでの主題ではないが，情報化の進展のむしろ基軸をなすであろう。1枚のカードに統合しうるものとして考えられるのは，現在カード化しているあるいはカード化しうるすべてのもの（キャッシュカード，デビットカード，クレジットカード，テレホンカード，身分証明書，診察券，交通手段定期券，マイレッジカードなど，さらには個人の医療情報や行政上の個人データなどをも含む）であるが，その中に電子マネーが最も重要な情報として含まれることになるのであろう（福田・須藤・早見［1997］：258-263）。むしろ，電子マネーの実用化という観点からは，多機能な機能をもったカードの1つの機能として定着し，普及していくのが現実的道筋かもしれない[3]。

---

3 〈電子マネー59大学生協が導入／NTTデータなどと秋にも最大43万人参加／実用化に弾みつく〉（日本経済新聞：1997. 7. 11. なお〈　〉は，見出しの引用）。このカードはまず生協の会員証の機能をもち，生協での書籍・文具の購入・食堂での支払いに電子マネーとして利用できる。そのほかに，学籍番号が記憶された学生証としての機能をも

ところで貨幣論からいえば，転々流通性については，電子マネーが貨幣に近づくための不可欠の条件となろう[4]。転々流通性をもつオープン・ループ型の電子マネーのスキームではないものは，クローズド・ループ型という。この場合，電子マネーは利用されるとそのたびに直ちに発行機関に戻ることになるが，それでは，多少の汎用性を備えたクレジットカードに近いという程度で真の新たな決済手段となるにはほど遠いという（河村・森本 [1997]：8）。不正を防止する技術開発のより一層の進展がオープン・ループ型への収束の条件とされる。

「電子マネーを誰が，いつ，どこで，誰に対して，何の目的で使用したかという取引情報が，支払い相手や第三者に把握されない」という匿名性については，貨幣論からいえば，電子マネーが貨幣に近づくためのやはり不可欠な条件となろう。ところで現金通貨については匿名性は確保されているが，預金通貨については金融機関が守秘義務があるとはいえ取引情報を把握しており，その点で匿名性は確保されていない。そこでネットワーク型の電子マネーの場合には，匿名性は必ずしも必要としないという考え方もありうる。しかし上記のように，IC型との融合を視野に入れれば，利用者の支持を得る点からもEキャッシュのように匿名性はやはり必要となろう（河村・森本 [1997]：9-10）。

その後の電子マネーについての分類の仕方をみておこう。岡田仁志

ち，図書館利用証や成績証明書の発行に利用できる。さらに，銀行のキャッシュカードとしても使える。この実用化は生協，大学，銀行の提携によって，1枚のICカードに生協の会員証，学生証，銀行のキャッシュカードを統合しようとするものである。その隠されたコンセプトは，電子マネーの普及である。その後の展開について，少しふれておく。大学生協の電子マネーは，大学のIC学生証・職員証に搭載する形で広がっている（NRI, HP [2014]）。ただ，銀行のキャッシュカードとの提携は進んでいない。また，電子マネーだけでも数多くのICカードが発行されている。1つのICチップに複数の電子マネーだけでなく多機能な機能を搭載することは，携帯電話のプラットフォームでの実現が有望視されている（岡田 [2008]：72-76）。

4　岡田は，ビットコインと呼ばれる「分散型仮想通貨」が，電子マネーにとって長年の課題であった利用者から利用者への価値の「転々流通性」を実現しているという（岡田 [2015]：184）。この「転々流通性」は信頼できる第三者機関としての認証局を経ないオープン・ループ型である。

（[2008]：14-21）によれば，電子マネーは，①プリペイド（前払い）電子マネーと②ポストペイ（後払い）決済サービスとに分類されるとする。①は，カードの中に価値が入っていると考えることになっているといい，②はツケ払いの記録をサーバーに書き込んだだけで，その場では価値が動かず，価値を移転させる指図であるという。そして岡田は，①②を電子マネーとして広義に捉えている。利用者にとっては，2つの区別はあまり意識されないかもしれないものになってしまっている[5]。そこにあるのは，決済におけるリアルな現金の使用ではなく，デジタルデータ化された価値による決済である。また，最近の日本においては，プリペイド電子マネーが，交通系の電子マネーや流通系の電子マネーの形で，少額決済の利便性やポイント付加などにより，頻繁に使われている。

2. 電子マネーの位置づけ

それでは，これらの電子マネーは現行の現金通貨つまり貨幣とどのような関連にあるのであろうか。上でみたように，電子マネーの開発は，現在の貨幣とほぼ変わらない働きを目指す。いやそれどころか，それ以上の利便性を追求する試みであるということができる。それでは端的にいって，電子マネーは貨幣なのかどうか。

電子マネーについては，それが貨幣ではないという見解と貨幣であるあるいは貨幣になりうる可能性を秘めているという見解との2つに大きく割れているようにみられる。

建部正義は，電子マネーは貨幣ではないということを強調する[6]。その論

---

[5] プリペイド型の電子マネーであっても，提携したクレジットカードからスマホなどへ自動チャージができるとなると，①と②の区別はかなり難しくなる。
[6] 建部（[1997]：28-29），富田（[1995]：35），参照。この点について少し補足したい。岩村充は，電子マネーには2つのモデルがあるとしている（岩村[2008]：228）。第1のモデルでは，「電子マネーに熱い視線が注がれてきた時期があり……貨幣の電子化によって中央銀行による貨幣の独占発行が崩壊すれば世の中が大きく変わるのではないかという期待と不安はすっかり後退したようです。幻滅と言ってもよい」という。このような電子マネーは，「便利な小銭」にすぎないもので，「印刷とアナログ技術の代わりに

拠は，電子マネーが預金との見合いで発行されている点にある。つまり，「電子マネーの貨幣的性格は，現金，預金などの既存の貨幣に対する返還請求権という点に求められ，現金，預金などの存在を排除するどころか，むしろ，それらの存在を前提とするものであり，その意味では，「既存の通貨を裏付けとする二次的通貨」にすぎない」とされる。建部は，「貨幣＝情報」論を否定することに重点を置いており，「電子マネーにおいては，宙に浮いた情報そのものが貨幣なのではなく，現金，預金などの既存の貨幣に対する返還請求権が情報化されているにすぎない」という。また，富田直樹（[1995]：35）は「決済方法の多様化と銀行の対応」という。このような見解は，どちらかといえば電子マネーの意義を相対的に低くみることにつながる[7]。

　電磁記録というデジタル技術を使って貨幣価値を媒体上に記録する決済技術の総称です。その意味で電子マネーの「電子」というのは貨幣価値を媒体に記録するのに使う技術の話で，記録される価値の話ではありません」とし，「いま普及しつつある電子マネーのほとんどは，貨幣をもっと便利に使うために貨幣価値を紙ではなくICカードや携帯電話などの電子媒体に宿らせようとするものですから，宿らせる貨幣価値を支えるための独自のアンカーや金利体系は持ちません。つまり，貨幣としての外形は変えるが，価値体系としては，その「水準」の面（アンカー）でも「坂」の面（貨幣価値の下落率）でも，既存の貨幣価値の体系にリンクする仕掛けになっているわけです」という。岩村のいう電子マネーの第1のモデルは，建部の指摘していたことを再確認しているようである。結局，電子マネーは「預金」を振り替えるためのデジタル化されたデータであり，「既存の通貨を裏付けとする二次的通貨」にすぎないということになってしまう。
　しかし，電子マネーをもたらした技術を過小評価すべきではないように考える。電子マネーは，技術的には現金貨幣がもつ特性，①決済完了性，②転々流通が可能でオープン・ループであること，②匿名性，③真正性の確保（偽造の困難性）などを実現しており，それは現金化しうる可能性を秘めていることである。実際に，ビットコインは，これまでの暗号技術に新たなアイデアを付け加えて決済マネーを創り出した。
　なお，電子マネーの第2のモデルについてふれておきたい。第2のモデルは「中央銀行を独占的な提供者とする伝統的貨幣とは別の貨幣価値を，自ら作り出し管理しようとするモデル」とされ，例えば利子付きの銀行券として「発行日情報付きの「電子銀行券」」があるとする議論については，岩村（[2008]：229-263）を参照されたい。ただ，われわれはビットコインもこのようなモデルの1つになるのではないか，と考えている。

[7]　建部正義は，磯部朝彦の次のような見解を肯定的に引用する。「現在ある金融システムは形こそ変わるがあくまでも存続し続ける。……銀行預金がかたちを変えるだけであるから，通貨の総量は現在同様，常時把握可能であり，当局の金融政策もそれに基づいて現状通り遂行され得るだろう」（朝日新聞：1995.12.12）。磯部は他方では，次のよう

しかし，現金についてはなるほど紙幣・硬貨という物理的な姿をとっているが，預金通貨に至っては，既に電子決済の中で電子化されている点に注意を払う必要があろう。岩井克人は，民間銀行を中心とするさまざまな金融機関のコンピュータ・オンライン化された口座の中に電磁的な形で記憶されているさまざまな形態の預金残高をエレクトロニック・マネーと呼び，そして，エレクトロニック・マネーとその支払準備として金融機関自身が保有する現金通貨との間にある「代わり」と「本物」という関係は，兌換紙幣とその準備として中央銀行が保有する金貨との間にあった「代わり」と「本物」という関係と形式的には同一であるという（岩井［1993］：130, 135-136）。岩井は，貨幣史とは一目瞭然，「本物」の「代わり」が今度は「本物」になってしまう過程であると指摘している。同じようなことが，今度は，現金や預金通貨と電子マネーとの間で起きる可能性は否定できないのではなかろうか。

伊藤穣一・中村隆夫は，「デジタル・キャッシュ」（電子マネー）が普及し，既存の現金通貨や預金通貨の相当程度の部分に取って代わるような存在になる場合を想定している（伊藤・中村［1996］：169-187）。そしてそれが，疑似通貨（小切手やトラベラーズ・チェック，デパートの商品券や図書券，テレホンカードなど）ではなく，いかにして新しい通貨になりうるかと問い，次のようにその要件をまとめる。そのポイントは，通貨に対する信認である一般的受容性という特性を勝ち取ることができるかどうかであるという。そのためには，本物の通貨といつでも交換できるということを保証することが基本となるとする。その点では上の建部と同じである。しかし，それは，「少なくとも当初は」という限定付きであり，信認や一般的受容性を得られれば，既存通貨との交換の保証等を意識せず，デジタル・キャッシュがデジタル・キャッシュのまま，人々の間を転々と渡り歩き，決済に利用されていくと考えられている。

にもいっている。「将来的に民間銀行が発行してそれを日銀が保証するとか，日銀が電子マネーを発行するとかが望ましいかもしれない。そうなれば電子マネーはお札と何ら変わらなくなる」（日本経済新聞社編［1996］：158）。

伊藤・中村によれば、金融政策上、極端な場合としつつもデジタル・キャッシュの発行を中央銀行等の公的機関に独占させることがありうるだろうし、民間主体発行の場合はそれぞれのデジタル・キャッシュ発行残高と同額の準備預金を中央銀行に常に預けるよう義務づけることも考えられるという。この中央銀行による電子マネーの発行独占ということについては、これから電子マネーを技術的に開発し普及させていく段階にあるとすれば、競争原理が必須という観点から問題視されるべきであろうが、理論的な意味での広がりは大きいと考えられる。つまり、中央銀行の電子マネーの独占発行は、歴史上の中央銀行による銀行券発券の独占と匹敵するとも考えられ、同時にそれは、電子マネーのリーガルテンダー化の可能性もあるいは示唆するからである[8]。それはもはや預金を見合いにした電子マネーでなくなることを射程においているようにもみえる。

　河村小百合・森本美紀子も、同じように電子マネーの意義を積極的に評価している。現行の決済システムを念頭に置き、電子マネーが今後広く普及した場合の意義を次の3点にまとめている（河村・森本（[1997]：16-18）。①電子マネーが、プリペイドカードやクレジットカード等のような支払手段であるにとどまらず、今後は現金通貨、預金通貨、中央銀行預金に次ぐ新たな決済手段、場合によってはファイナリティのある決済手段となる可能性があること（オープン・ループの中を転々流通するケース等）。②電子マネーによる決済は、「ピラミッド型のETFシステム」とも呼ばれる既存の国内決済手段をとおさない、いわば「オフライン」での決済といえるが、そのシェアが今後上昇することにより、従来の国内決済システムを大きく変える可能性があること。つまり、電子マネーは大口の決済も容易で、実用化により従来銀行がほぼ専管事務として担ってきた「決済」がアンバンドリングされる可能性もあること。③ネットワーク上での決済により資金移動が容易に国境を越え、将来的にはこれまでの国際資金移動や国際金融秩序（国際決済システム）を大きく変える可能性があるということである。

　中村宗之は電子マネーの貨幣性については、日本銀行が電子マネーの発行

8　とはいえ電子マネーのリーガルテンダー化は、限定付きであろう。電子マネーを受け取る媒体をもたなければ、受け取れない。

や管理にどのように関わるかによって変わるとみている。日銀が電子マネーを発行するなら，それは事実上，日銀券と同様のものとして流通し，貨幣機能を果たすことになるという。電子マネーが決済手段として自立するか否かは，どのような制度を伴いそれが実用化されるかに依存していて，その点で流動的であるという（中村［1997］）。確かにそのとおりではあるが，問題は日銀の積極的な関わりを将来的に予想し評価するかどうかであると考えられる。

　ところで建部と伊藤・中村では共に，電子マネーが預金を引き当てに発行されるという認識が共有されていながら，貨幣性の認識においてなぜ上のような違いが生じるのであろうか。それは，既に明らかにしてきた電子現金としての電子マネーの性質をどのように捉えるかということから生じているように考えられる。まとめ直すと，電子現金の特徴は「個々の支払いと利用者の個別勘定元帳等との更新が全く切り離され」ている点にあり，「法律構成からみた類型」でも「取引当事者間における権利の所在が，対応する資金の所在ではなく，デジタルデータの有無によって決定されるシステム」であり，したがってまた，「データの持参により即時換金できる旨を発行体が約束しているため売掛金管理の必要が発生しないこと」であった。

　つまり，個々の支払いと利用者の個別勘定元帳等との更新が切り離されていることがポイントとなっていて，IC型とネットワーク型の融合が見込まれている電子マネーは，いったん預金を引き当てに発行されてしまえば，発行体の保証に信頼がある限り換金されずに，匿名性をもちながら転々流通する可能性がある。この点を重視すれば，電子マネーは，現金貨幣と同じ役割を演じる可能性をもつと捉えられる。法律構成からみた場合，そのことはデジタルデータの有無のみによって権利の所在を決定するということで追認する分類につながる。もちろん，売掛金管理の必要がないというのは，一にかかって発行体に対する信認によるわけであるが，これも，現行の預金通貨に対するわれわれの信認とのアナロジーをもってすればあながち成立しないことではなかろう。逆にいえば，発行体にはそのような信認を獲得する質が要求されるということである。

　このことについては，電子マネーの発行機関をめぐる問題として議論がな

されている（河村・森本（[1997]：20, 34）。欧州通貨機構（欧州中央銀行の前身）は，規制のありようをめぐって規制の弱いものから強いものへと，「電子財布に関し中央銀行が採り得る5つの政策的シナリオ」として次のようにまとめている。①「中央銀行は電子財布に関しては一切介入せず」。②「電子財布の発行機関に対しては一切規制をかけないが，中央銀行がこれを監督」。③「電子財布の発行機関を金融機関や一定の要件を満たすその他の機関に限定」。④「中央銀行が，類似の民間機関のスキームと競合する形で，自ら電子財布を発行」。⑤「中央銀行が，電子財布の発行は中央銀行の専管業務であると決定し，それを提供するインフラを自ら構築。このシナリオのもとでは，電子財布は法貨の地位を付与される」というものである。これらのどれになるかは，電子マネーの普及と位置づけにより決定されていくものと考えられる。上で少しふれたように，電子マネー開発推進に必要な民間の競争原理の活用と決済手段としての電子マネーの重要性の増大とのバランスをどのようにとるかがポイントとなり，歴史的な方向性としては紆余曲折はあれ，徐々に①から⑤へと向かうであろうと考える。

　上の⑤を除くいずれのスキームにしろ，電子マネーが一般大衆の信認を得られるための要件については，法貨との高い換金性がポイントである。そのためには，発行機関は安全確実な資産をもつ必要がある。河村・森本は，安全度の高い順に，①中央銀行準備預金（すなわち中央銀行に対する預託），②国債，③地方債・政府保証債を挙げる（河村・森本（[1997]：35-39）。理想的には，①・②を中心としつつも，①の比率を高めることが望ましく，③についてはあくまで低い水準にとどめるべきだという。株式や外貨建資産はいうに及ばず，事業債や民間金融機関預金は，資産として適当ではないとされる。かなりの縛りがかかることが当然とされている点は，電子マネーの貨幣性を裏打ちするものと考えられる。また，①を高める方策として，中央銀行が電子マネー発行残高に対する準備預金に関して付利する制度や中央銀行証券の発行といった提案がなされている点は，通貨発行のインセンティブとしての通貨発行益との関連でさらに検討すべきであると考える。

　結論に入る前に，以上のこれまでの議論を振り返れば，電子マネーに対しては，一方では電子マネーを貨幣とはみず，その意義を低く見過ぎる考え方

があるとともに，他方では，新たな貨幣として過剰に期待する議論もあった。本書は，後者に属し，貨幣の本質を物質的なモノではないことに求めようとしていた。すなわち貨幣の本質は，「価値データ」という情報であって電子化しうるものである。その媒体は，金本位制では金になり，一定分量の金が価値の単位となった。そこでは，その価値データの真正性をその素材の物的価値そのもので保証していたのであった。長らく貨幣は，なんらかの形で金にその最終的な価値の質量の真正性を支えられつつ，預金通貨・銀行券という信用貨幣を発展させてきた。兌換制のもとでも，銀行券は信用貨幣で紙券という形をとったが，預金通貨はそもそも簿記上の負債という価値データにすぎなかった。しかし不換制となると，信用貨幣の価値の真正性を支えるものは，信用貨幣の発行体である中央銀行の負債と見合いとなっている債権でしかない。現金は，日本では中央銀行の負債が銀行券という物的な媒体として引き出されたものと政府発行の鋳貨である。その真正性は，偽造を防ぐさまざまな印刷および鋳造技術によって保証されている。もちろん電子マネーにおいては，そのような保証にはICの耐タンパー性はもちろんデータが改ざんされないように暗号技術が使われている。

　そして，これまでの暗号技術を基礎としつつ，新たなコンセプトの電子的マネーが出てきた。それは，本書がいうようにデータそのものが価値をもち，利用者同士（peer to peer）での決済に使われる「ビットコイン」などの仮想通貨である[9]。電子マネーの場合は，貨幣価値がデータとして決済に使われているとしても，前払いにみられるように既存の金融システムを前提としていた。しかし，ビットコインは，発行所ももたず，金融機関の介在もなしに，利用者から利用者にインターネットを使って決済できるシステムである。そのために最も重要なことはデータの真正性をいかに担保するかということであった。

　岡田（［2015］：184）はビットコインは「分権的仮想通貨」であるとし，

9　野口［2014］から多くのことを学んでいる。ビットコインは，現実の通貨と交換する取引所が破綻したり，資金洗浄に使われたりする懸念などがあり，現状のままで継続可能かどうかを論じるのは難しい。ここでは，ビットコインの意味を検討するだけである。

その特徴を次のようにまとめる。①発行主体をもたないこと。「参加者全員の記憶によって支払情報の正しさを担保し，偽造や変造の困難性を高めるという性質を実装したものである」。そして，②改ざん検知システムを内蔵したこと。「採掘と呼ばれる検証の過程を経ることによって，取引記録の改ざんを検知することが可能になる」。そしてこの2つの巧みな仕組みを設計したことによって，あたかも現金のように転々流通するタイプの分散型仮想通貨がついに実現されたとする。

　ビットコインの定義は次のようになされる。「われわれはエレクトロニック・コインを電子署名の連鎖 (a chain of digital signature) と定義する」という (Nakamoto [2008]：2)[10]。そしてこのビットコインの偽造などの防止，多重使用問題は，「ブロックチェーン」と呼ばれるビットコインの過去の取引のすべてが記載される履歴簿を正しく更新していくことで回避される。「ブロックチェーン」とは，あたかも「手形の裏書」のように受取人が手形に署名をして譲渡していくようなイメージであり，ビットコインの場合は電子署名をすることによるが，その真正性を多数のコンピュータで形成するネットワークが全体として検証し維持している。

　問題はこの維持の仕組みある。維持する行為は，「ボランティア活動ではない。ビットコインの形で報酬を受け取れる可能性がある。それを金鉱採掘に見立てて，「マイニング」と呼ぶ」という (野口 [2014]：24-25)。履歴簿は，約10分間に一度，更新されて真正性が確認される。更新には，そのブロックで計算において見いだすべきある数（ナンス：nonce という）を計算しなければならず，それには膨大な量の計算が必要となる（これをプルーフ・オブ・ワークという）。いち早くその数を見いだしたものにビットコインが報酬として与えられる仕組みである。

　そしてこのシステムのミソは，人の善意に頼らずにシステムを維持しようとしている点である。つまりブロックチェーンの記録を改ざんしようと考えても，改ざんのためには改ざんした内容に合うナンス値をもう一度見つけ，さらに，それに続くブロックのナンス値も再計算しなければならないとい

10　Nakamoto [2008] は，ビットコインの基本文献とされる。

う。改ざんにはすべての正直な採掘者の計算力を上回る能力が必要となり，それよりも正直な採掘者になる方がよりよいと考えることになるという（野口［2014］：85-89）。そしてこのビットコインの特質は，なによりもその単位がビットコイン（BTC）であり，国境を問わずにグローバルな決済にそのまま利用されるということである。いわば生まれながらに世界通貨になりうる可能性を秘めている点にある。

3. 電子マネーと貨幣の本質

以上のようにみてくるとき，貨幣の本質が逆に照射されているように考えられる。貨幣の歴史をみるとき，物品貨幣→金属貨幣→金・銀鋳貨→兌換銀行券→不換銀行券→預金通貨→電子マネー（仮想通貨を含む）という貨幣の変遷は，一見，貨幣の本質が転化し，変質し，見えなくなってくる歴史であるようにも思えるが，そうではないのではなかろうか。電子マネーの出現は，むしろ貨幣の本質を明らかにし，貨幣とは物的なものではないということをより鮮明にしてきたように考えられる[11]。

現在使われている銀行券という紙を素材にした貨幣は，紙という物理的な媒体に貨幣単位をもつ数字（データ）が書かれているものである。電子マネーでは，同じ数字のデータが，紙という媒体ではなくなんらかの電子機器の

---

11 本書の第5章，参照。岩井克人は次のようにいっている。「電子貨幣それ自体には貨幣として新しいことは何もなく，もし何かあるとするならば，資本主義あるいは貨幣のもっているさまざまな本質，またその裏側にあるさまざまな問題がもっとも純粋な形ででてくることかもしれません」「インターネット上で貨幣が流通するかどうかという問題は，……理論上は解けます。そしてこれは，ある意味で究極の貨幣であるともいえると思います。貨幣経済のもっとも純粋な形態であり，価値そのものが流通するという世界が現出するということです」（Networking Design Forum/Electronic Money 第1回講演「「電子通貨」の貨幣論」http://plaza10.mbn.or.jp/riss_nttdata/themel/guest1_1.html）。

奥山忠信は次のようにいう。「電子マネーにも将来的にはリアル・マネーに取って代わる可能性もあるし，電子マネーどうしも，競争関係におかれる。また，電子マネーの登場は，その発行主体の自由度と国際性にボーダレスな性格から，現存の貨幣システムに再編を迫る可能性がある。その結果，貨幣は，純粋に呼称と数値に純化され，その一方で社会的な管理から離れることも考えられる」（奥山［1997］：11）。

中に格納されたデジタル信号となっている。いうまでもなく，電子機器という媒体が貨幣なのではない。電子機器の中のデジタル信号によって表された数字のデータが，貨幣の役割を果たす。このように考えれば，紙幣の場合も紙が貨幣の本質をなすわけではない。紙という媒体に記された単位をもつ数字が貨幣としての意味をもつ[12]。

　例えば，円という単位をもつ数字が，貨幣としての「価値」となっている。貨幣とは，その最も本質的な純化した形では「価値データ」という情報そのものにほかならないのではなかろうか。この価値に関するデータ情報は，しかし，媒体なしには存在しえない。その媒体の歴史が金や紙という物的なものからICメモリ，コンピュータの磁気ディスクという物的なものへと変化してきたわけである。情報の電子化技術の意義は，その媒体にくくりつけられてきた「価値データ」が，媒体の状態であるデータにくくりつけられて，媒体間を瞬時に正確に，そして経済的には低コストで伝達できるようにした点にある。つまり，貨幣は媒体を必要とすることに変わりはないが，貨幣は媒体そのものではなく，媒体の状態であるデータとして現実にも概念的にも媒体から切り離しうるようにしたところに意義がある。その基礎を情報・通信技術の発展が提供した。

　そのような技術が存在しない状態では，貨幣史をみれば分かるように，「価値データ」情報は，他に依存することなくそれ自体で価値をもつ金や銀という物的なものにくくりつけられて担保されねばならなかった。なぜなら，それ以外にその「価値データ」情報が真正であるということを証明できなかったからである。あるいは，政治権力を背景にして保証することもありうるが，貨幣・信用システムの発展は，「価値データ」情報が真正であるかどうかを証明する方法を金・銀という素材的な価値への依存から切り離すことを経済的に可能にした。しかし，これまではそれは依然として紙という物

---

[12] 岩村は，次のように「媒体」「データ」「情報」の3つを明確に区別している。「媒体」とは，一定の概念や意味を伝えたり保存したりするために使われる物理的な存在であるのに対し，「データ」とは，媒体の状態であって物理的存在としての媒体そのものではない。その物理的状態とは直接の関係がない概念や意味内容を記述されているときの，その記述をデータとする。そして「情報」とは，そうしたデータによって記述された概念や意味内容のことであるという（岩村［1996］：34-35）。

的な素材にくくりつけられざるをえなかった。つまり，文書化を必要とした。繰り返すことになるが，情報技術の進展の意義は，価値を貨幣単位という呼称をもつ数字そのものにくくりつけ，物的な媒体をたんなるその格納場所にした点にある。

この電子マネーの出現により，貨幣とは価値の自立的な定在であることがより鮮明に現れている点が興味深い。その自立的な定在が物的な姿をとらなくなってきた。もとより金でもなければ紙でもない。貨幣とは価値の大きさを表す呼称をもつ数字として自立した定在となる。それではそもそも価値とは何か。マルクスを初めとした貨幣理論史を顧みれば，実はこれまでは価値とは何かから貨幣とは何かに迫ろうとしてきたということができる[13]。

簡単に振り返ると，マルクスはまず商品とは何かと問い，それは価値と使用価値との2要因からなるという。マルクスはこの価値と使用価値との2要因の関係から貨幣を導き出そうとする[14]。いまわれわれは，商品の価値を他の商品との交換力であるとし，使用価値を他人のための有用性であると捉える。あるものが商品としてあるということは，価値としてはその商品の所有者が欲するすべての他の商品との交換を求めるものとしてありながら，使用価値としてはその特殊な有用性をもっており，そのものの所有者ではなく他人の欲望を満たすものとして存在しているということである。商品は他の商品との交換を求めながら，交換の相手がその商品との交換を欲しなければ，交換を実現できない。つまり，価値と使用価値の矛盾といわれていることは，商品所有者が価値をもつものとして他の商品との交換を求めても，他の

---

13 岩村は，電子マネーの法律論に関連して次のように述べる。「電子マネーとはデータに価値をくくりつけるのですから，媒体に価値をくくりつけることを前提にした法律を適用するには，その根本のところで無理があったのです。ところで，電子マネーとはデータに価値をくくりつける技術だとわかったとしても，それで電子マネーの法律論に答えが出るわけではありません」（岩村［1996］：178）。また，河村小百合・森本美紀子は，「電子マネーは，「価値」の電子情報を保蔵，移転させるために利用する媒体により，ICカード型とネットワーク型に大別することができる。ICカード型の電子マネーは，マイクロプロセッサーとメモリからなるICチップを内蔵したカードに「価値」を電子情報として保蔵し，……」といっている（河村・森本［1997］：7）。われわれが問題にしようとしているのは，ここで使われている「価値」である。

14 マルクス（［Ⅰ］：113-282, S. 49-160）。

商品所有者から同時に自らの商品に対する交換を求められるとは限らないという「欲望の二重の一致」を商品に即して述べたものにほかならない。

　マルクスの価値形態論は，諸商品の価値関係に含まれている価値表現の発展をたどり，貨幣形態の発生過程を理論的にたどろうとしていた。それは同時に商品の困難な交換を現実的に実現する交換の方式を解き明かすものでもある。つまり価値表現の発展として，いわゆる簡単な価値形態，拡大された価値形態，一般的価値形態を経て，貨幣形態が導かれる。それは，同時に貨幣の謎を解明することにほかならなかった。

　簡単な価値形態とは，「リンネル20ヤール→1着の上着」と表される。この表示は，「リンネル20ヤールは1着の上着に値する」と読む。交換の方式としては，リンネル所有者は，どこにいるとも分からない上着の所有者に対して1着の上着をもって来れば直ちに20ヤールのリンネルと交換すると一方的に表現していることになる。困難は端緒にある。「簡単」とはいえ，ここに価値形態展開の要素が含まれている。相対的価値形態にあるリンネルの価値は，等価形態にある上着と等しいものとして表現されている。リンネル20ヤールの価値が，1着の上着であると宣言されている。この関係の中で，上着は自らが望まなかったとしても直接的交換力を与えられていて，その意味で価値そのものとして貨幣性をもっている。ただ完全な貨幣となるためには，すべての商品に対する汎用的な直接的交換力をもたなければならない。

　価値形態の論理的展開過程についての議論はここでは略して，結論を急げば，自らを除くすべての商品の価値を表現する商品，すなわちすべての商品から交換を求められる商品，逆にいえば，すべての商品に対して直接的交換力を与えられた一般的な等価形態に立つ商品こそが，貨幣となるものである。そして，諸商品の中で一般的等価物に最もふさわしい自然的な性質をもつ商品が安定的にその地位を占めるとき，その特定の1商品こそが貨幣である。歴史的にそれは貴金属の金・銀であった。結局貨幣とは，諸商品の中から交換の媒介物として自然発生的に紡ぎ出された商品にほかならない。これが貨幣の謎解きであり，貨幣商品説といわれる考え方である。

　しかしいま，われわれはここにとどまることなく，以上の貨幣生成論を前提にしてさらに一歩踏み出さなければならない。

はたして，貨幣はそれ自体で価値をもつ金のような商品であり続けなければならないのか。貨幣商品はあらゆる商品に対して直接的交換力をもつという意味では，商品の価値と使用価値の矛盾を止揚している。つまり，貨幣たる商品は，その特殊な使用価値という制約から切り離された交換力たる価値の自立的な定在である。商品を貨幣と交換した人は，その貨幣を商品として使用することが目的なのではない。価値と使用価値をもった商品を貨幣という価値そのものに転化し，そして自らの欲する使用価値をもつ商品への転換の媒介に使用できればそれでよいのである。貨幣は交換力をもつ価値だけであればよいのであって，使用価値はそもそも必要ではないのである。しかしなぜ，この場合，貨幣は商品たる金でなければならないのか。それは，価値の真正性を保証する方法が，たんなる商品流通世界にはそれ以外に存在しないからにすぎない。

マルクスはこの点をめぐって，いわゆる鋳貨論，支払手段論において[15]，紙幣や信用貨幣に言及する。とくに鋳貨論において，積極的に価値実体からずれる無価値なものたる紙券の流通の可能性を説いている。その場合も，あくまで金が貨幣であり，流通手段の範囲で貨幣は価値実体から分離し，国家の強制通用力を必要とする象徴として紙幣を理解しようとしている。それは，われわれの理解，つまりそもそも貨幣とは「価値データ」情報であり，それが金ではなく，ここでは紙幣にくくりつけられているという理解とは異なる。

しかし，マルクスは価値が社会的労働をその実体とすると捉えることをとおして，価値を物的なモノではなく交換力という社会的関係であると明確に捉えている。価値とはモノではないとわれわれに教えているのは，とりもなおさず，貨幣商品説を説くとされるマルクスである。価値が金というものから分離できるという理論的可能性が示されているとみることができる。

貨幣とは価値の自立的な定在であればよい。交換力の大きさを正しく表現しうるものであれば，円という単位をもつ数字でよい。既に電子マネーの考察をとおして確認してきたとおり，貨幣とは，その最も本質的な純化した形

15　マルクス（［Ⅰ］：第3章「貨幣または商品流通」第2節「流通手段」[b]，「鋳貨，価値標章」および第3節「貨幣」[b]「支払手段」）を参照。

第6章　電子マネーと貨幣の本質　137

では「価値データ」という情報そのものにほかならなかった。したがって，われわれは貨幣論において，貨幣が金貨幣にとどまることなく紙という物的なものをも離れ，たんなる価値データとして純化するところまで一歩進んで射程に入れておかねばならない[16]。しかしながら，そのような貨幣論の展開のためには，たんなる商品流通世界にとどまらない第2・3章でみた信用貨幣を解き明かす信用システムについての分析が必要となっている。

おわりに

　ところで電子マネーには，その一般的な普及のためには克服すべき課題も山積している。なによりも，セキュリティの問題が最も大きい。暗号化のためのセキュリティ技術が電子マネーの価値としての真正性を支えるという面があるからである。もう1つは，法制度の整備問題である。これまで，物的な媒体との不分離を基軸に考えられてきた決済に関わる法律が事態の進展に付いていけず，新しい流れを阻害することがあってはならない。そして最後に，電子マネーの導入による経済的なメリットが大きいかどうかである。この点は，現実の経済に大きな変革をもたらす電子マネーの影響として分析されねばならない。

---

[16] 山口重克は，価値形態論の最後のところで「象徴としての貨幣」を説いている。貨幣は，媒介物としての適性を備えているものであれば，金の代用物でもよいとしながら，「もちろん，比較的多数の商品所有者にとっての直接的な有用性が，あくまでも貨幣の一般的な交換可能性の根拠であるから，それから完全に自由になることができないが，必要に応じて直接的有用性の具体的担い手としての金に転換しうることが保証されていさえすればよい」という限定をつけている（山口［1985］: 29-30）。

デジタルエコノミーにおける金融業

はじめに

　デジタルエコノミーが金融業に総体としてどのような影響を与えつつあるのかについて考察することが本章の課題である。

　これまで産業としての金融業は，高収益部門で最も安定していたが，いまや逆に最も激しい変化に直面している。この変化は，まさにグローバルなレベルで生じているところに特徴があり，金融業界全体が再編・統合を繰り返している。また，個人を中心としたリテールのレベルでもインターネット経由でこれまであまり馴染みのなかった金融取引を行ったり，金融業ではない流通業のような店舗でも金融取引が可能となってきた。

　このような変化は，もちろん情報通信分野における技術革新といえるデジタルエコノミーの進展によってのみもたらされてきたわけではなく，経済のグローバリゼーションや規制緩和と同時に進んできたところに複雑さがある。そしてこれら3つの潮流は，お互いに関連しており相互促進的でもある。ここでは，デジタルエコノミーの進展という技術革新に主な座標軸を置いて金融業の変容をみるが，とくに規制緩和については少し詳しく論じざるをえない。そしてそのためには経済のグローバリゼーションについてもふれざるをえないことになろう。

　金融業における変化は，直接的にはすべて競争の激化を動因とする。競争の激化によって，それぞれの金融業はその存立の根拠を改めて問い直されざるをえなくなっている。その意味でわが国の金融業は，いわゆる護送船団方

式によって二重にも三重にも保護されてきたのであった。そしていまや金融業は，海外からのグローバルな競争，国内では金融機関同士あるいは業態を超えた金融グループ同士の競争，そしてさらには異業種からの新たな参入という，3つの競争に一度に晒されていることになる。

そしてこの競争が，新しい情報技術革新を武器にしながら行われるところに現代的な特徴がある。それでは，デジタルエコノミーは金融業を総体としてどのような方向に変容させていくのであろうか。次のような順序で考察していこう。

まず，規制緩和の意味を理解するために，金融業の特質と業態とについて理論的な整理をした後，金融業とデジタルエコノミーとの親和性について考える。次に，デジタルエコノミーの進展・経済のグローバリゼーション・規制緩和という，3つの現象の総合的な結果として生じた規制緩和や金融業の再編ならびに総合金融サービスとしての金融業について分析する。最後に，インターネットの普及とともに，証券業や銀行業にインターネット関連企業など異業種からインターネット専業で新規参入が行われている現状についてみる。最後に，デジタルエコノミーにおける金融業の現状についてまとめ，情報技術のもつ社会的・歴史的意義について考えたい。

1. 金融業とデジタル化

(1) 金融業の特質

第1の特質は仲介業としての金融業の独自性である。金融とは資金を融通することである[1]。金融業とは，資金融通における資金の需要者と供給者との間をつなぐ仲介業である。仲介業としては流通業もその1つであるが，ここでは資金という特殊な商品が取引されているので流通業とは区別される。とはいえ，資金の貸借や出資も金融商品の売買という形をとる。その点では商品を売買する流通業と似ている側面がある。しかし，金融業が仲介する資

---

[1] 「(1) 金融業の特質」と「(2) 金融業の業態」については，池尾（[1996]：12-29）を参照した。

金の取引は，将来においての利子・配当といった見返りや資金元本そのものの将来の返済が約束されるというように将来に関わる点で独自性がある[2]。金融取引は将来にわたって初めて完結する取引である。そのような金融取引を仲介するのが金融業である。ただし，以上は資金融通から捉えられた狭義の金融取引である。広義の金融取引には，収益やリスクの管理を背景にして，金融資産・負債あるいは金融取引に関わる権利・義務が取引されることも含まれる。その点で，金融業はスワップ・先物・オプションなどの金融派生商品を取り扱ったり，金融の裁定取引をも行うのである。そして，金融派生商品を創り出したり，売買したりする側面には情報技術の革新が大きく関わっている[3]。

　第2の特質は，決済それ自体も金融サービスの1つであるという点である。金融商品を含むあらゆる商品取引は，貨幣をとおして売買されることから債権・債務関係を清算する決済を必要とするが，この決済業務そのものもお金を取り扱うことから貨幣取扱業務として金融業が担ってきたのである。ただ，この決済サービスはすべての金融業の共通の業務としてではなく，主として銀行が預金という金融商品として扱ってきた。ここに金融業の中で，銀行業が中心的な位置を占める根源的な理由が見いだせる。そして決済サービスは情報処理サービスそのものである。

　第3の特質は，金融業が仲介の仕方とリスクの取り方との違いによって3つの業態に分かれる点である。どのような業態に分かれるのかについては後で述べる。ここでは業態が分かれる根拠を金融業の特質からみておこう。そもそも金融業の存在理由は金融取引の効率を高めることにある。金融仲介する金融業に資金の需要者と供給者との取引情報を集中することにより，資金

---

2 「金融取引を商品として見る」という考え方は，清田［2002］に詳しい。そこではまた，「金融取引を商品としてみることは，金融業を，金融商品の生産者，流通業者と考えることにつながる」と示唆されている。

3 日本銀行金融研究所（［1995］：3）を参照されたい。「金融派生商品取引が近年，急拡大をみているのは，コンピュータ・通信技術の発達を背景として，そうした取引の実効によって原資産に随伴するさまざまなリスクが抽出・分解されるとともに，それぞれのリスクごとにリスク負担の能力と意思のある者へと移転させることが可能となっているからである」（日本銀行金融研究所［1995］：235）。

について需給情報の結合が容易になる。探索費用が減り，取引総数最小化の原理も働く。さらに，将来にわたる信用取引なので，資金がスムーズに供給されるためには，資金需要者の信用調査や約束の履行を実現させる監視も必要となり，そのために情報を収集・分析する費用や監視の費用がかかる。資金の融通に対する金融業はこのような情報生産・監視活動を専門的に集中して代行することにより，取引費用の削減を可能とする。ただ，融通する前の情報収集や分析はたんに融通するかしないかの判断にとどまらない。融通する場合にも，将来の不確実性であるリスクの大きさを計り，それに対するリターン（見返り）の大きさを決定しなければならない。融通資金についての金額・期間そしてリスクとリターンの大きさといった，このような融通の条件をめぐって資金の需要者と供給者とのニーズをどのように調整するのか，そしてリスクそのものをどのような形で切り分けるのかをめぐって次にみるような3つの業態に分かれる。

(2) 金融業の業態

　第1に，資金の需要者は資金が融通されることに対して，融通の事実を明記したり，返済に際しての見返り・時期などの約束を文書化した証券を発行することになる。証券のうちいわゆる「市場でのネームのある」場合は，発行された本源的証券を資金の供給者が市場で購入するという形で資金が融通される。証券は額面単位で小分けにされて発行され，それにより融通額をめぐる資金の需要者と供給者とのニーズが調整される。証券はまた，融通期間を明記することによって，また明記しない場合にも転売市場（流動化市場）を形成して，いつでも資金の回収を可能にすることによって，期間のニーズが調整される。リスクのニーズについては，証券市場での発行価格や流通価格によって市場機構をとおして調整される。その結果，将来のリスクの発生は，自ずと本源的証券を最終的に所有する資金供給者が直接的に負うことになる。リスクには，約束違反（債務不履行）や市場での証券価格の低下などがある。逆に，証券価格の上昇による利益は直接的に享受することができる。このような証券の発行市場・流通市場において資金需要者と供給者の間を仲介をしてきたのが，証券業である。そして，このような金融の在り方を

直接金融という。資金供給者が本源的証券を直接に取得し，リスクの取り方が直接的であるからである。

　第2に，金融取引において，資金需要者が一般に周知されていない場合で，しかも融通前の審査や融通後にも監視が必要な資金需要者によって発行される証券は，最終的な資金供給者に直接的に購入されることが難しい。資金需要者について情報の収集・分析が必要とされる。そこで，審査や監視能力のある主体として金融業が，そのような資金の需要者と相対で取引することになる。金融業が個別に資金需要者の信用を審査し，資金を供給する。その典型例が銀行が行う貸出である。ただ，銀行は証券投資もしている。しかし，ここではいずれの場合でも，銀行という金融業は本源的な証券や証書をいわば買い取り，銀行が新たに資金の供給者に見返りや返済について銀行自体の約束を記した証券や証書を発行するという形をとる[4]。典型例は預金証書や金融債である。銀行は，一方で本源的証券を取得し資金を供給し，他方でいわば間接証券を発行して資金を調達することによって，資金の需給を仲介している。このような金融の在り方を間接金融という。そして，本源的証券のリスク・リターンは銀行が直接に受ける。資金供給者は，本源的証券のリスクは負わず，銀行が約束を果たすかどうかについてのみリスクを負う。間接証券の契約内容でリスクが間接的になっているのである。このように間接金融の形をとるものには保険業もある。保険業は一方で貸出や証券投資を行い，他方で保険証券を発行して資金を調達している。保険業の本質は保険の加入者から保険料を集め，それによって加入者が一定の条件のもとで被るリスクを補償する点にある。しかし保険料を集め他方では資金として運用する点で，資金の仲介業でもある。

　第3に，資金供給者が間接証券を取得するにもかかわらず，リスクが資金供給者に直接的に及ぶ場合がある。いわば直接金融と間接金融の折衷であり，中間的なタイプである。金融機関が資金供給者から集めてきた資金を市場につなぐタイプと，資金需要者から得られた貸出債権等をパッケージ化ならびに証券化して市場に提供する形で，市場の資金を需要者に供給するタイ

---

[4] 信用創造と金融仲介との関係については，第3章を参照されたい。

プとの2つが考えられる。そしてそれがセットとなって資金供給者から資金需要者への資金の融通が新しいチャネルとしてなされるという（池尾［2003］: 99-111，池尾［2004］）。いずれにしても，金融機関の中で本源的証券が間接的証券に変換されたうえで，市場で資金運用と資金調達が行われるので，市場型間接金融と呼ばれている。なぜ，間接証券をもっている資金供給者が，本源的証券から発生するリスクを直接的に受けるのであろうか。それは，金融機関が貸し手側に発行する間接証券の契約内容が銀行業の預金とは相違しているからである。預金や保険は，元本や保険金（予定利率を含めて）が契約によって保証されている。もちろん，その金融仲介機関自体が破綻した場合には話は別である。それに対して，ここでは株式投資信託にみられるように，資金供給者が受け取るのは受益証券である。資金供給者は，資金の運用を投資信託会社に任せ，その運用実績に応じて利益の分配を受けることになる。このような市場型間接金融は，一方では投資信託会社・投資会社・ファンドなど資産運用会社，他方ではSPC（特別目的機関）を活用するファイナンス・カンパニーなどによって担われる。ただ，日本ではこのタイプの資金融通の仲介が主流となっていないし，また投資信託は証券会社の子会社が担っていたりして，独特の業態とはみなされてはこなかったかもしれない。

(3) 金融業のデジタル化

このような特質や業態をもつ金融業が，デジタルエコノミーの進展においてどのような影響を受けるのであろうか。まず金融業というのは，デジタル化と最も親和性がある産業の1つである。デジタル化とはすべての情報を数字の0（ゼロ）と1（イチ）という数字情報に置き換えることをいう。第一歩はすべての数字が2進法で表現される。それから文字もこの2進法で表されるということになり，これまではアナログ情報であった絵はいうまでもなく，さらには音声や映像などもデジタル化できることが技術の発達により可能となった。アナログ情報と違ってデジタル情報の特徴は，膨大な情報を遠隔地に瞬時に劣化なく送信できることである（タプコット［1996］: 34，97-99）。金融業は貨幣を扱うことを業とする。そして，貨幣は商品の価値を

尺度するが，価値は例えば円という単位をもつ数字によって，その大きさが尺度される。その数字が表される媒体が，金貨のような商品貨幣から鋳貨や紙幣さらにはデジタル信号にまで変化してきたことになる（第5章，参照）。

その点で金融業が扱う決済サービスならびに金融派生商品を含む金融商品は，資金融通という金融取引ならびにその金融取引に関わる権利・義務を表示するものであり，取引の内容がすべてデジタル化により処理されうる。そもそも複雑な金融商品を創り出すことにも高度な数学的・統計的な計算のためにコンピュータが必要とされることになるが，通信技術の発達により，金融商品の売買からその決済に至る取引すべてがデジタル情報として取り扱われ，インターネット上ですべての金融取引が完結できるまでになってきた。

銀行が預金口座を使って行う決済サービスは，銀行の情報産業としての一面を最も端的に示してきた。小切手などによる支払いは，現金を動かさず，銀行間でのデータ（小切手記載事項と金額）を伝送・処理し，預金口座の付け替えだけで決済される。銀行とはその意味では，毎日，膨大な決済データを処理するデータプロセッシング業にほかならない[5]。

少し具体的に，銀行業におけるデジタル技術への適応をみておこう。コンピュータは，膨大な事務量を処理するのに最も適した技術として，早くも1960年代から銀行によって勘定系システムの展開として取り入れられてきた[6]。第1期は，データを個別に集めて事務センターのコンピュータで集中処理する「オフライン・システム」であった。第2期「第1次オンライン・システム」（60年代後半から）では，事務センターのホスト・コンピュータと営業店の端末機が回線で結ばれ，即時にデータ処理された。預金や内国為替業務がオンライン化されたが，科目ごとの縦割りデータ処理にとどまっていたという。第3期「第2次オンライン・システム」（70年代後半から）では，処理能力の技術的増大により，全店全科目を包括し，科目間の連動処理

---

[5] 斎藤（[1988]：106-107）を参照した。銀行間の決済は，手形交換制度や全銀ネットを経て，最終的には日銀ネットをとおして各行の日本銀行当座預金の銀行間の振替えで処理される（日本銀行金融研究所編［2004］：74-83）。
[6] 高瀬（[1999]：第9章）を参照した。清水・伊藤［1994］も参照した。

もできる「総合オンライン・システム」が実現した。銀行業務のすべてがコンピュータ処理できる仕組みができあがったという。ここでは，CD（自動支払機）やATM（自動預け払い機）などの銀行窓口業務の機械化とともに，事務処理システムから発生する顧客情報を使った顧客管理や営業推進のいわゆる情報系システムにおける拡充への端緒がみられた。決済システムにおける銀行間のネットワークもEFT（Electronic Fund Transfer）としてこの時期に進んだ。

第4期「第3次オンライン・システム」（1985年頃以降）では，銀行の情報系システムの一層の拡充が進み，情報通信技術の発達により次の3点に大きな変化が生じたとされる。1つは新商品・新業務の開発である。「総合口座」「スウィープ口座」や金融派生商品（デリバティブ）の開発，そして貸出債権といった資産の証券化（セキュリタイゼーション）が挙げられる。これらの開発は，商品設計や商品管理に複雑な数学的計算を要し，コンピュータの利用なしには実現できない。2つめは，エレクトロニック・バンキング（EB）という業務サービスの提供である。ファーム・バンキングやホーム・バンキングと呼ばれた。3つめが，金融ネットワークがグローバルに張り巡らされ，グローバル金融取引の24時間態勢ができあがったことにあるという。

そして現在はいわば第5期にあたり，「インターネット・バンキング」（1990年代半ば以降）といってもよい時期にあるといえる。これまでのオンライン・システムは，専用回線を使ったクローズなネットワークであったのに対して，インターネットでは不特定多数の主体と相互に接続できるグローバルかつオープンなネットワークに変化した。つまり，ネットでは個人も容易にすべての金融取引が行えるようになったのである。インターネットは経済のグローバリゼーションを促進するとともに，経済のグローバリゼーションはインターネットの利用を促進する。そして，専用回線と比較してのインターネットがもつ決定的な違いは，一時的あるいは小口の取引に関しても，電子的データを安価に交換することが可能となった点にある[7]。インターネ

---

[7] 池尾（［1996］：172-177），参照。2000年までの15年にコンピュータの処理能力は1単位当たり160分の1になったという（日本銀行銀行論研究会［2001］：166-169）。

ットの普及の意味は，たんなる金融機関に対する残高照会・振替の指示など金融商品・サービス購入のアクセス手段やデリバリーチャネルが追加されたということにとどまらない。インターネットの特徴は，情報がインタラクティブ（双方向）であるということである。情報系の顧客情報データベースを基にワン・ツー・ワンマーケティングなどインターネットを使ったさまざまなマーケティング展開が可能となったという点も重要である。それにより金融取引がネットワークで完結できる環境が整ってくるとともに，インターネット専業の金融業も出現した。

2. 金融業の変容

金融業のインターネットの活用にみられるデジタルエコノミーの進展，金融の規制緩和，経済のグローバリゼーションが金融業にどのような影響を与えているのであろうか。

(1) 金融規制の大転換

情報通信の技術革命と規制緩和とが車の両輪となって，現代資本主義における金融業における大きな変容が生じてきたことに間違いはない。しかし，どちらが原因であり，どちらが結果なのか。規制緩和が行われてもそれを活かす技術革新がなければ，大きな変化は起きないかもしれない。また，技術革新が起きても，規制緩和がなければ技術革新は活かされないのかもしれない。その意味では両者は相互促進的である。

とはいえ規制緩和が社会・経済的な制度の変更である限り，それが自動的に変化するとは考えにくい。経済的な社会的関係の変化に応じて制度ひいては制度を担保する法律が，後追い的に，あるいは先取り的に変化していくものと考えられる。経済的な社会関係の変化の背景には，その時代の技術水準が大きく作用しているはずである。

規制緩和をもたらすもう1つ大きな要因が，経済のグローバリゼーションである。近代国家の枠組みを大きく低下させ，世界全体を1つの市場であるかのような動きである（河村［2003］）。そして，経済のグローバリゼーショ

ンとともに，規制緩和が進んできたことも明らかである。各国の制度的相違を乗り越える最短の方法こそが自由化にほかならないからである。自由主義を標榜する市場原理主義が，グローバリゼーションの進展の結果として生じてきた。

　資本主義は本質的にグローバルな側面をもつ。しかし，他方で資本主義が国家を単位とする国民経済として生成してきたことも事実である。国家を単位としつつも，貿易や投資などの国際経済関係はこれまでも国際金本位制やIMF 体制の確立を経て展開してきた。しかし，1980 年代以降の国境をも乗り越えようとするグローバリゼーションは，明らかにその様相が異なっているようにみえる。

　現在は，アメリカ経済の相対的地位の低下および旧 IMF 体制崩壊による変動為替相場制への移行，そして冷戦の終結が大きな歴史的背景になっていると考えられる。それらは共に，現地生産による貿易摩擦の回避および為替リスクの分散や回避，市場の国際的拡大などから各国の生産拠点そしてそれとともに金融業にも国際的な展開をもたらし，経済のグローバリゼーションという歴史的文脈を形成してきた。しかし，とりわけ国境を越えることを本質とする情報通信技術の発展が，グローバリゼーションをより深化させてきた技術的基礎となっている。

　とくにインターネットは無国籍性がその本質である。これは「インターネットはどこにあるのか」という問題である。例えばインターネットを使ったクロスボーダーの証券取引は，従来型の電話・郵便・ファクスというメディアによるクロスボーダー取引とは質的な次元が違う。電話で国外の業者がA 国の国民に証券投資を勧誘し注文を受ける取引の場合には，業者は取引対象の国や地域を限定することができる。そして A 国の当局は，その取引を A 国の規制に従わせることも要求できる。ところがインターネットのホームページ上で発信される情報は，もとより受信する対象国を限定することができず，アクセスはどの国の誰からでもできる。それぞれの国が国民がアクセスできることを根拠に自国の法規制を守るように求めれば，世界中の異なる法令に合わせた膨大な手続きが必要となり，インターネットによる証券取引は不可能になるという（大崎［2000］：113-119）。そのような意味で，

情報通信技術の発展がグローバリゼーションの一因となり，そして規制緩和をもたらしてきたと大きく捉えることができよう。

規制緩和を目指した日本の金融ビッグバンは，不良債権問題と折り重なって進行した点に特殊性があるが，1984年からの「金融自由化の10年」を経てもなお道半ばであった金融制度改革をさらに自由化の完結へと大きく転回させた。その中の1つに「金融業務の自由化問題」がある。一方では，金融持株会社の解禁によって金融業内部の銀行・証券・保険のような業態間における業務の実質的な自由化が進んだ。他方では，流通業や製造業といった異種からの新規の金融参入によって，金融業内外における自由化が進んだ。この2つによって，金融業務の垣根は業法を残しつつ限りなく低くなった（斎藤 [2003]：76-88）。

その結果，異業種がインターネット専業銀行として銀行業へ参入できるようになった。インターネットの社会への浸透が決定的な役割を演じたが，リアルな支店網をもたずにインターネットで取引が完結することが銀行業への参入を容易にした。もちろん既存の銀行でも，インターネットの利用サービスが可能となっている[8]。

そして金融業態間の規制緩和には，世界的規模で進行した金融業界の規制緩和が背景にある。緩和の対象となった金融規制は，1929年大恐慌への対応に淵源をもち，その後60数年にわたって金融政策の大枠を規定してきたものである。規制の要は，金融業への参入も含めて金融機関同士の競争を制限し，銀行・証券の分離に示されるように業態を分離する規制を敷くということであった（ライタンほか [1998]：第2章）。とくにアメリカの「グラス・スティーガル法」，日本では「証券取引法65条」が業態規制の典型とされた。ところが，1999年にアメリカでのGLB（Gramm-Leach-Bliley）法の成立，日本では1998年の金融持株会社解禁など，共に持株会社の形で銀

---

[8] 金融情報システムセンター（[2004]：274-275）によると，残高照会や資金移動だけではなく定期預金（預入，解約等）や各種届出受付などを行っている預金取扱金融機関は，359機関のうちインターネット利用サービスでは77.4％，モバイル端末利用では59.5％となっている。また，サービス契約口座数はインターネットバンキングで1,400万口座，モバイルバンキングで1,300万口座となっている。

行・証券・保険などを傘下に収める金融グループが容認されることになった。ただし金融機能別の規制や業法などは残った（斎藤［2003］：81-84, 123-124, 宮村［2003］：89-90, 村井［2004］：77-78）。この自由化は, グローバリゼーションによる各国金融業のメガコンペティションの中で, ドイツなどのユニバーサルバンキングとの競争に対抗するために自ずと要請されたと考えられる。規制緩和を背景に金融業の再編が加速した。それとともに, 金融コングロマリット（異業態の金融機関で構成される複合企業体）が出現することとなった。

(2) 金融業の再編

　デジタルエコノミーの進展, 規制緩和, 経済のグローバリゼーションの結果として世界的規模で金融業の再編が起きた（富樫［2002］）。再編は, 経済統合から通貨統合に進んだ EU を震源にしている。統一通貨ユーロにより金融市場の一体性が高まり, EU 各国の金融機関同士の競争が激化して, まず国内の統合が進み, さらに国境を越えた金融業の統合再編が生じた。1つは EU 内の競争に備えることと, もう1つは EU に参入するアメリカの金融業に対抗する意味があった。銀行と証券の業態間の垣根がもともと低いため, 規模の経済を志向した流れとともに, 銀行と保険との融合（バンカシュランス）あるいは総合金融化（アルフィナンツ）といった統合が起きた（藁品［2005］, 日本銀行信用機構局［2005］）。

　典型例として, 時価総額の3位（2007年当時）の HSBC（香港上海銀行を中心とするグループ）は, 英国に本拠を置き, 銀行・証券・資産運用・消費者金融・保険など多岐にわたる金融サービスを世界76カ国で展開している。

　また, EU のユニバーサルバンクの攻勢に対応したアメリカの金融コングロマリットの代表的事例として, シティ・グループがある。保険業のトラベラーズ・グループが, 1997年にソロモンスミスバーニー（投資銀行）と1998年にシティーコープ（銀行）と合併しシティ・グループとなり, その後2000年代に消費者金融を買収して, 株式時価総額では世界最大となった。さらに, バンク・オブ・アメリカは, 州際業務規制の撤廃を受けたネーションズバンクの州を超えた地銀同士の統合によって巨大化した。さらに JP モ

ルガンチェースは，チェース・マンハッタン銀行が投資銀行のJPモルガンを買収し，地方銀行であったバンクワンを統合した（藁品［2005］：34）。

そして日本では，金融ビッグバンや不良債権処理の加速化を背景にして大手銀行においても再編統合が進み，さらに企業金融の直接金融化の高まりを受けて金融コングロマリット化へと踏み出していった[9]。再編の1つの動力として膨大なIT投資の費用捻出が挙げられる（日立製作所・諸島監修［2001］：9-12）。80年代に13あった都市銀行は，三菱東京UFJ，三井住友，みずほ，りそなの4大銀行に再編された。巨大銀行の形成は，金融グループとしてのコングロマリットの指向性を同時にもっていた。3つの銀行を中核とするフィナンシャル・グループ（3メガバンクと呼ばれる）は，金融持株会社の傘下に商業銀行・信託銀行・証券会社・投資信託会社・リース・消費諸金融会社等をもつ金融コングロマリットである。金融グループの競争は，規制緩和のもとでは総合金融機関としての総力戦にならざるをえない。メガコンペティションという競争が始まったとみられた。

(3) 総合金融サービス業としての金融業

このような潮流を受けて行政においても，これまでの各業態を規制した銀行法・証券取引法・保険業法などを包括的に見直し，異業種からの金融業への参入規制をより緩和し業態を超えた金融再編を促す「金融コングロマリット法」の制定の動きが出てきた。監督体制も複合企業体を一括して担当する仕組みとともに，利用者保護をうたって預金や保険から証券，先物，信託受益権，デリバティブ関連商品にまで同じ販売ルールの適用を企図する「投資サービス法」の整備も目指された（日本経済新聞社［2005］：153-168）[10]。

---

[9] 大手銀行を初め地方銀行や証券会社などの再編と経営戦略の変容については，小林［2004］を参照されたい。
[10] 不良債権処理の「金融再生プログラム」から競争重視の「金融改革プログラム―金融サービス立国への挑戦―」（金融庁：2004年12月）へと金融行政の舵が大きく切られた。そこでは「将来の望ましい金融システム」として，利用者がいつでも，どこでも，誰でも，適正な価格で良質で多様な金融商品サービスの選択肢にアクセスできることが必要だとし，そのときに極めて大きな役割を果たすのがITであるとする。インターネットなどの新たなチャネルを通じた便利なアクセス，速くて効率的なサービスの提供お

規制緩和とは，たんなる自由化ではない。技術の進歩による新しい金融業態の在り方・金融取引・金融商品に合わせてこれまでの規制を見直し新しい規制へのくくり直しにほかならない。場合によっては，規制は強化される面があってもよい。グラススティーガル法以前の状態へと逆戻りしてはならないと考えられた。

　このような金融コングロマリットへの方向性は，金融業が総合金融サービス業へと発展する過程と一致する。しかし，それは総合金融サービスを提供する金融機関がすべてコングロマリット化することを意味しない。他方では，金融商品のいわば製販分離の動きが注目された。例えば銀行窓口では，投資信託や保険商品の販売が認められてきたが，さらに「証券仲介業」による株式や債券などの取引の証券会社への取り次ぎも始まっている[11]。ただ投資信託は郵便局でも販売されているし，証券仲介業には個人や一般企業も参入できる。さらに，「銀行代理店」や「信託代理店」が，一般企業にまで認められるようになってきた。中でも銀行代理店の影響は大きい。メガバンクの銀行代理店は，リアルな店舗網をもつコンビニ・大手流通業や自動車ディーラなどにも波及する可能性があり，メガバンクと地方銀行との棲み分けにも影響を与える可能性があった。

　もちろんこのような仲介業や代理店制度は，金融コングロマリットとも不即不離の関係がある。コングロマリットのグループ内であれば，どのような業態の店舗における顧客に対しても，グループ内の金融商品との取引を勧めることが可能となり，その顧客が必要とするすべての金融商品・サービスをグループで囲い込むことも可能であろう。いわゆる金融のワンストップショッピング化である。そうであれば，金融商品の開発・管理は，各業態ごとに行われることになり，金融コングロマリットでは金融工学を駆使した業態を超えた金融商品も開発されるが，その販売については各店舗の業態ごとの違いはあまり意味がないことになる。金融商品の販売については，金融グルー

　　よび資金決済，正確で信頼できる情報の迅速な提供など，ITにより利用者の満足度を向上させる余地は大きいとされていた。
11　株式投信の銀行窓販は証券会社を抑え5割を超えてきた（日本経済新聞：2005.9.14）。保険商品の銀行窓販は部分から全面への解禁が模索された（朝日新聞：2005.6.11）。

プごとの金融店舗になる可能性が大きくなる。このような金融商品のワンストップショッピング化の問題点としては，「抱き合わせ販売」や「リスクについての説明不足」などが挙げられよう。

あるいは，金融商品の代理店制度や証券仲介業を活用すれば，理屈としては一般企業であっても，さまざまな金融商品を並べて，総合的な金融サービス業を始めることも可能となろう。一般企業といっても「金融商品専門の販売専門会社」ということになろうが，後でみるセブン銀行では，さまざまな金融グループの商品を取り扱う可能性も秘めている。家電の量販店になぞらえれば，いわば系列を超えた金融商品の総合量販店である。

いずれにしても，このような総合金融サービス業としての金融業は，リアルな「販売窓口」の利便性の向上ということになろうが，同時にインターネット上の世界でより実効性をもって実現される可能性が高い。最後にインターネットを主な販売チャネルとする金融業についてみてみよう。

3．インターネットと金融業

(1) インターネットと証券業

証券の発行や売買を仲介する証券業は，その介在によって取引の効率を高める点に存在根拠があった。ところが，「証券」とはもともと市場で取引されやすいように規格化された金融商品であり，インターネットを通じての売買が容易になる特性がある。証券会社がその売買をたんに仲介するだけであるとすれば，一般商品のネットオークションをみれば分かるように，インターネットを通じて売り手と買い手が直接取引することも可能性としてはあり，その存在意義が改めて問われることにもなる。

東京証券取引所における売買立ち会いの情報化をみておく。取引所で証券会社にとりまとめられた顧客の売買注文が出合う。市場への取引集中は適正な価格形成のために必要とされる。売買注文の発注・受注，注文の付け合わせ，約定の照会等の売買に関する業務すべてをコンピュータによってシステム処理する売買システムは，1982年に初めて導入されてから改良を重ね，

現在では市場第一部などすべての株式の売買に適用されている。このような情報技術の発展により，1999年には売買立会場における場立ちによる売買が廃止された。さらに2010年には，新株式売買「arrowhead」を導入し，約定処理を高速化した。また，規制緩和とも相俟って立会時間外取引や市場外取引も可能となってきた[12]。

　投資家がインターネットを通じて証券会社に株式の売買等の注文を行うオンライントレードが，とくにブロードバンドの普及とともに活発化してきた。日本では，情報通信技術の革新と売買委託手数料の自由化（1999年10月）とが同時期に生じたところに特徴があり，劇的な変化がみられた。証券取引の在り方が大きく変化してきた。わが国のインターネット取引は，日本証券業協会によると，調査対象会員（証券会社）268社中，インターネット取引を行っている会員数は54社（20.1％），インターネット口座数は694万口座であり，2005年の後半年で約112万口座も増えたという。インターネット経由の株式取引高は26.5％を占め，信用取引が現金取引を上回っている。その後，2014年の現況をみてみると，調査対象会員（証券会社）250社中，インターネット取引を行っている会員数は60社（24.0％），インターネット口座数は約2,022万口座であり，2005年と比べると1,328万口座も増えたことになる。インターネット経由の株式取引高は25.5％となっている。株式取引高の割合はそれほど増えていない（日本証券業協会HP）。

　このようなインターネットを使った個人投資家を後押ししているのが，ネット専業証券会社である。ネット専業大手5証券会社（イー・トレード（現SBI），楽天，松井，マネックス・ビーンズ（現マネックス），カブドットコム）の口座数は合計で226万口座であったが（日本経済新聞：2005.10.13），新規の顧客を獲得していること，しかも多くの投資の未経験者が口座を開設

---

[12] 米国ではECN（Electronic Communications Network：電子証券取引ネットワーク）あるいはATS（Alternative Trading System）ともいうネット上の私設の証券取引所が発達し，ニューヨーク証券取引所の上場銘柄のうち，同証券取引所で売買されるのは約8割で，残りの2割はECNで取引されているという（大崎［2000］：160-165，日本経済新聞：2005.11.2）。日本でも1998年に株式売買を取引所に集中する義務が撤廃され，PTS（Proprietary Trading System：私設取引システム）が利用できるようになった。市場第一部の6％に匹敵する規模になっている（日本経済新聞：2013.3.30）。

しているところに特徴がある[13]。ネット専業証券は，リアルな店舗をもたない分だけコストが削減でき，売買委託手数料の引き下げ競争に入った。また，ネット専業証券では信用取引口座開設が容易とされている。低い売買委託手数料と信用取引とをテコに高速で回転売買を行い値鞘を稼ぐいわゆるデイトレーダーが，景気の回復の兆しを背景にバブル期を上回るまで出来高・株式売買代金を押し上げてきている。このような個人投資家は，これまでは機関投資家しか利用できなかったリアルタイム情報や各種チャートならびに分析ツールなどをインターネットを通じて同時に得ている。とはいえ，いくら情報を収集・分析したとしても信用取引を使った個人投資家のリスクもそれだけ大きくなってきているといえよう。

ネット専業証券の参入によって証券業界の競争が激化してきた。1998年に金融ビッグバンの一環として証券業務は審査の厳しい免許制から登録制に移行した。この間，ネット専業証券などの新規参入が140社にのぼった。他方では，再編・撤退も続き，2005年末，約280社とみられる証券会社の半分が99年以降の新規参入組が占めるようになるといわれた。ヘッジファンドなどの金融商品を仲介したり，取扱商品をデリバティブに限定したりするような特定分野に的を絞ったブティック型の証券会社が増えてきているという（日本経済新聞：2005.10.24）。

株式市場の流通市場には，情報技術革新の進展が大きな影響を与えてきた。焦点は，高頻度取引（High Frequency Trade：HFT）とダーク・プールに当てられている[14]。HFTとは，高度なコンピュータ・プログラム（アルゴリズム）を駆使し，1,000分の1秒（ミリ秒）単位で，高速・高頻度の売買注文を繰り返して利鞘を稼ごうとする取引手法であるという。多くの取引所は，マッチング・システムを高速化するとともに，メイン・コンピュー

---

13 2004年度のネット証券5社の売買代金は92兆8,000億円，2005年度は200兆円に迫った（日本経済新聞：2006.3.9）。そして2013年の売買代金は主要7社（5社とGMOクリック，岡三オンライン）の合計で約318兆円となっており，個人の売買代金に占めるネット証券経由の割合も8割を超えている（日本経済新聞：2014.1.10）。
14 清水［2012］，清水［2014a］，清水［2014b］，大崎［2014］，参照。日本証券経済研究所HP：「情報技術革新がもたらす証券市場への影響に関する研究会」中間報告書等も参照した。

タの至近に投資家の発注サーバを設置させるコロケーション・サービスを提供している。ミリ秒単位の速さになると，地理的レイテンシー（遅れ）を最小化する必要があるからである。また，ダーク・プールは，取引所外取引の一種であるが，ブローカー・ディーラーの店内付け合わせによる取引を行うもので，気配情報の開示が十分でない「暗い（ダークな）」市場であるという。株価の価格形成が十全になされているのか懸念がある。情報技術の発展によって証券市場全体における取引の公平性・公正性・透明性が歪められることがないかどうか確認していく必要性が増してきたと考えられる。

(2) インターネットと銀行業

ここでは，日本においてインターネットを使って新規に参入した銀行を中心にみていく（各銀行 HP：2015 年 5 月アクセス）。

①ジャパンネット銀行は，日本初のインターネット専業銀行として，さくら銀行・住友銀行（現三井住友銀行），富士通，日本生命などを株主として 2000 年 10 月に開業した（ジャパン銀行 HP）。インターネット専業銀行とは，「インターネットを主な取引手段として，店舗や人員のコストを削減することにより，お客さまに有利な金利や手数料を提供する」こととしている。成立時の資本金は 200 億円であったが，現在は 372 億 5,000 万円となっている。当初は，三井住友銀行を中心とした金融機関が 70％の持株を占めており，その意味では純粋な異業種からの参入とはいえなかったかもしれない。しかし，2014 年にはヤフー株式会社が，三井住友銀行と同比率 41.16％の筆頭株主になっており，銀行主導からインターネット事業との関連をより強めている[15]。口座数は約 262 万口座，預金残高 5,428 億円，当期純利益 28 億 7,500 万円である。現金の出し入れをするキャッシュ・デリバリーポイントは，三井住友銀行，セブン銀行，LAWSON，E-net，ゆうちょ銀行の ATM で，拠点数は約 7 万を超える[16]。

ジャパンネット銀行の財務状況等をみてみよう。資産の 75.0％は有価証券

---

15 ヤフーには，あおぞら信託銀行を買収し，インターネットバンキングに参入する動きもあった（日本経済新聞：2005.1.21）。
16 各 HP などからの推計。

であり，そのうち67.7％は社債である。貸出金は5.6％であり，その98％が個人向けの当座貸越である。負債および純資産の88.2％が預金となっている。収益源は，資産運用収益と役務取引等収益である。「業務粗利益」に占める割合は，資金運用収支が64.8％，役務取引等収支が22.2％となっている。さらに資産運用収益のうち，貸出金によるものが67.7％，有価証券によるものが32.3％を占める。資産運用では，資産のうちの5.6％の貸出金で67.7％の利益を得ていることになる。これは，有価証券の運用利回りが0.44％に対し，貸出金の運用利回りが14.83％と高いことによっている。貸出金の運用利回りが高い。

役務取引等収益の軸になっているのは，振込等の決済手数料である。インターネット振込み手数料は，ジャパンネット銀行の口座間では54円，他の金融機関宛ては3万円未満が172円，3万円以上が270円となっている。ネットオークション等における受払いが，より安く迅速にいつでも操作できることが売り物になっている。

財務状況について，ジャパンネット銀行と全国銀行との貸借対照表（2013年度末）を比較しておく（全国銀行協会HP）。ジャパンネット銀行の「資産の部」で有価証券は75.0％を占め，貸出は5.6％となっていたのに対し，全国銀行では有価証券は25.8％で，貸出が52.0％となっている。負債に占める預金の割合は全国では69.6％となっている。また，全国銀行の「経常収支主要項目の内訳」（業務粗利益）の割合をみると，資金運用益が68.0％，有価証券利息配当金が15.1％，役務取引等収益は16.8％となっている。そして貸出金利回りは1.38％，有価証券利回りは0.84％である。ジャパンネット銀行では，貸出が少なく有価証券が多いというネット専業銀行の特徴が色濃く出ている。他方で，「粗利益」に占める割合では役務取引等収支は，22.2％であり，全国銀行における16.8％と比べると，決済業務が中心とみられるネット銀行としてはそれほど高くないという印象を受ける。

ジャパンネット銀行は，親銀行であった三井住友銀行におけるインターネット・サービスとの差別化だけでなく，他のインターネット専業銀行との差別化も課題となる。三井住友銀行とはネットショッピングを頻繁に行う新規のユーザーをターゲットにしている点や高めの金利と安い振込み手数料等で

特色があるとしても，決済に特化するのか資産管理型を目指すのかというコンセプトの明確化が重要ではなかろうか。さまざまな金融機関など（証券・保険・クレジットカード・公共料金）との取引を同時に一覧表示できるアカウントアグリゲーションサービス「JNB アグリゲーション」（2002 年に開始）は，資産管理型の充実とみることができた[17]。しかし，このサービスは 2015 年度末に終了した。

②セブン銀行（アイワイバンク銀行を改称）は，流通業であるイトーヨーカ堂とセブン-イレブンが金融業に参入した点で注目された。異業種の金融業参入の典型例である。しかし，インターネット専業銀行ではない。セブン銀行は，現在のところバーチャルなネットバンクというよりもむしろ ATM というリアルを重視した銀行である。グループのセブン-イレブンなどの店舗に設置された ATM は約 1 万 9,500 台ある。そこに置く ATM を自前のものにするために銀行業に参入したといってもよい。口座数は 2004 年度末に約 22 万 5,000 であったが，2013 年度末には 121 万口座となっている。2013 年度末の預金残高は 4,376 億円，当期純利益は 223 億円である。経常収益 998 億円の約 99％は ATM 受入手数料（役務取引等収益）となっている（セブン銀行 HP）。

セブン銀行は，現金の入出金や現金による振込みや支払いといった現金の取扱い（デリバリー）や決済業務に特化した銀行である。支店の代わりとして ATM を展開する銀行であり，ATM を設置する場所がセブン-イレブンを中心とする店舗である。そこを銀行の「支店」にしているとみることができる。その意味では，インターネットによる取引も可能になっているとはいえ，それが中心ではないのでインターネット専業銀行とはいえない。一般の銀行およびインターネット専門銀行などをリアルで支える ATM サービスに特化したと考えられる。

セブン銀行 ATM で使えるカードは，銀行・証券・信金など 500 種類以上である。これこそがセブン銀行の生命線である。例えば，A という金融機関のカードをもった顧客が ATM を利用すれば，1 件ごとに A はセブン

17　アグリゲーションサービスについては，宮村［2003］が詳しい。

銀行に一定の手数料を支払わなければならない。これが収益源となる。したがって，狙いはすべての金融機関と提携し，それらの ATM の代理をセブン銀行で一手に引き受けることにある。その代わりに各金融機関は自行で ATM を設置する費用が削減できる。

　コンビニの ATM についていえば，E-net の ATM を選択したコンビニもある。E-net は，都市銀行・地方銀行が中心となりコンビニとともに出資し，ATM の設置および運営に関連した業務の受託を目的に設立された会社である。銀行のコンビニに置く共同出張所としての性格がある。またコンビニのローソンも，別会社で ATM の設置を行っている。したがってコンビニへの ATM 設置ということに限れば，セブン銀行は銀行である必要は必ずしもなかったということになる。当初イトーヨーカ堂グループは，既存銀行との ATM 共同運営会社の設立構想ももっていた。セブン銀行を設立した意義は，もちろん ATM それ自体においても顧客のニーズを超えてフレキシブルに独自のサービスの導入・展開ができる点にあるが，それだけにとどまらない（宮尾［2001］：33-35）。

　この異業種参入の意義は，たんに競争が激化したというだけではなく，まったく新しいタイプの銀行が可能性としては出現したという点にこそある。セブン銀行が示している金融商品の製販分離の方向性を確認しておく。アイワイバンク銀行は 2005 年当時イトーヨーカドー内に有人店舗を開いた。そこでは，IY グループの金融商品・サービス（銀行・証券・保険・クレジットカードなど）の「ワンストップ・ショッピング」が目指されていた。金融商品の取次サービスであり，セブン銀行がその核となっていた。さまざまな金融商品だけでなく，それぞれの金融商品について複数の金融機関（例えば，5 銀行や 7 証券会社）の商品を品揃えしようとした。いわゆる併売である。つまり，セブン銀行だけの口座開設だけを扱うのではなく，競合するはずの銀行の金融商品も扱うということである。セブン銀行は，「銀行代理店」となって金融商品の販売に徹する金融業を一面では目指そうとした。代理店だと，セブン銀行が主体的に品揃えや販売政策を決められる。商品の販売量に応じて手数料が入るという（日経流通新聞：2005. 4. 29）。その点で，そこには流通業がもつ売買の集中による売買の社会化という本質が垣間見え

る。しかし，現状ではセブン銀行の有人店舗はそれほどの広がりをみせていないし，銀行代理業務の提携先も限られている。

　③ソニー銀行は，2001年4月に異業種から銀行業に参入した。しかし，ソニーは1979年に既に生命保険業に参入していた。そして現在は，ソニー銀行はソニーが設立した金融持株会社（ソニーフィナンシャルホールディングス）のもとに，生命保険・損害保険（1999年）とともに並んでグループを形成している。2005年3月，口座数は約37万口，預かり資産は約5,700億円であった。外貨預金が28％を占めていて，投資信託が5％あるという。資産の運用面では有価証券（52％）が主体であるが，コールローン（20％）のほか，住宅ローン等の貸出（20％）にも注力している点に特徴がある。これまで経常赤字であったが，2005年9月中間決算では，11億円の経常利益を出していた。

　それが，2014年7月には口座数は100万口を超え，13年度末の預金残高は1兆8,900億円となっている。そのうち，外貨預金は19.2％（3,635億円）ある。財務状況をみておこう。総資産約2兆7,000億円のうち，有価証券は37.3％で，51.1％が貸出金となっている。有価証券の58.8％は外国債券（4,550億円）である。貸出は99.5％が証書貸付で，当座貸越はほとんどない。貸出金の90.5％が個人住宅ローンであるところに特徴がある。これらは，ジャパンネット銀行と対照的である。業務粗利益207億円に占める資金運用収支の割合は96.4％であり，役務取引等収支は逆に2,200万円の赤字となっている。貸出金と有価証券の利息はそれぞれ141億円（利回り1.4％），120億円（1.5％）であり，ほぼ釣り合っている。

　ソニー銀行はインターネット専業銀行であるが，これまでは決済業務については必要最低限に絞り，一方では住宅ローンや外債投資などの資金運用によって利子を稼いだり，他方では個人の資産運用・ローンの提供によりさまざまな金融商品を個人に販売していくことに重点を置いてきた。そして個人が生涯にわたって資産運用プランを立てる判断材料を提供するサービスが「MONEYKit」というコミュニケーション・ツールに含まれている。この「MONEYKit」を使ってすべての取引ができる。インターネットのソフトを使って，不特定多数の個人を相手に資産運用のコンサルティングサービスを

提供しようとするものである。インターネット専業銀行の新しい形を示しているといえる[18]。

　ソニーは総合金融サービスを提供しようとしているようにみえる。銀行はインターネット専業であり，損保はネット中心のダイレクト損保である。生保は，逆選択の問題からネット販売に馴染みにくく，対面販売が最も適しているとされてきた。ソニーの営業社員は他と違って男性中心であり，それがむしろ強みとされた。生保はインターネットを中心にする金融構想とはいえないが，ソニー生命がソニー銀行の代理店となり，ライフプランナーがソニー損保の自動車保険やソニー銀行の住宅ローンを販売するなどのグループ内の連携が図られている。ソニー銀行の住宅ローンは生命保険や火災保険とも関連する。総合金融サービスグループとして金融機能融合の相乗効果が目指されている。

　④楽天銀行（旧イーバンク銀行）は，元は独立系のインターネット専業銀行であり，インターネットを使った買い物やオークションにおける少額決済業務に特化していた。口座数は126万口，預金残高約3,000億円であった（2005年10月末）。2005年9月中間決算で初めて当期4億円の黒字となった（日本経済新聞：2005.11.11）。その後，2009年にインターネット・サービス企業の楽天株式会社がイーバンクの親会社となり，2010年に楽天銀行と改称した。2013年度末の口座数は460万口座であり，預金残高は1兆165億円である。

　2013年度末の財務状況をみておく。総資産の20.1％が現金預け金，買入金銭債権と有価証券が47.8％，貸出金が23.4％で，その9割超が当座貸越である。預金・預け金の割合が大きい。業務粗利益は263億円のうち，資金運用収支が98.3％を占め，役務取引等収支は18億円ほどの赤字となっている。

　楽天銀行は，インターネットによるインターネットのための銀行という意味では，同じくポータルサービスを提供するヤフー株式会社が筆頭株主となったジャパンネット銀行と性格は近く，ネット専業銀行を使った決済におけ

18　ソニー銀行成立の経緯については，十時［2001］を参照した。個人は自分で資産管理をしなければならず，ソニー銀行は顧客に状況を把握させ，自ら考えて行動するための道具を提供するにすぎない（末永［2002］）。

る利便性を競う関係にある。そして親会社の楽天株式会社は，インターネット・ショッピングモールの「楽天市場」から始まり，金融事業としてはインターネット専業の楽天証券のほか，楽天カード，楽天生命，電子マネーとして楽天エディを有する。金融サービスは，楽天全体の売上収益の3割を超え，ネット事業の決済のためだけでなく，総合金融業としてのまとまりをもっており，カード・電子マネーによってリアルの世界の決済にも対応している。そして，すべての事業はポイント付与でつながっている。

オンラインモールを運営するサイトが，決済とともにそこでの商品の1つとして金融商品を販売しようして金融業に進出しようとするのは，当然の成り行きであった。あたかも，流通業のイトーヨーカ堂がセブン銀行によって金融業に乗り出したのと同じような構図で，ネット上の流通業者がネット上の金融業に乗り出すわけである。その例として楽天銀行はある。ジャパンネット銀行も，検索を中心とするポータルサイトのヤフーが主要株主となったので，そのような指向をもっている。

⑤住信SBIネット銀行

住信SBIネット銀行は，三井住友信託銀行とSBIホールディングスが50％ずつ出資しているインターネット専業銀行である。2007年に開業した（当時：住友信託銀行）。現状は，口座数は200万口座，預金残高は3兆を超えている。2013年度の財務状況は，総資産3兆2,860億円のうち，43.0％は有価証券である。そして42.2％は貸出金であり，貸出金の95.9％は証書貸付つまり個人向け住宅ローンである。ソニー銀行とよく似た運用実態になっている。負債は3兆2,368億円であり，預金が95％である。業務粗利益は，284億5,000万である。そのうち74.0％は資金運用収支であり，8.7％が役務取引等収支となっている。当期純利益は71億円である。

住信SBIネット銀行の折半出資者SBIホールディングスは，インターネットにおいて銀行を核に総合金融業となっている。SBIホールディングスは，1999年にソフトバンク株式会社から金融関連事業がソフトバンク・ファイナンスを経てソフトバンク・インベストメントとして分離独立したことを起源とする。現在，グループとしてはベンチャー企業等へ投資するアセットマネジメント事業等を行うが，金融サービス業としては，銀行，ネット専

業証券としてのSBI証券，SBI損害保険，SBI生命保険（旧ピーシーエー生命保険），そして私設取引システム（PTS）としてSBIジャパンネクスト証券等を運営している。それだけでなく，リアルの世界では消費者の金融商品の選択について相談に応じる「SBIマネープラザ」も展開している。保険・住宅ローン・資産運用などの金融商品をワンストップで対面で提供しようとするコンセプトである。銀行・保険・証券のより一層のシナジー効果が図られている。SBIホールディングスは，インターネットを軸とする金融コングロマリットといってよい。

　ネット銀行の概括をしておこう。まず，収益源について。セブン銀行はATMに特化しその手数料収入を収益源としている。ジャパンネット銀行と楽天銀行は当座貸越を主たる収益源としている。そしてソニー銀行と住信SBIネット銀行は，個人の住宅ローンを主な収益源としている。次に，企業体について。ソニー銀行を中核とするソニーフィナンシャルホールディングスは損保と生保をもつ。楽天銀行を中核とする楽天株式会社と住信SBIネット銀行を中核とするSBIホールディングスとは共にネット証券をもち，さらに生保ももつ。そして楽天は電子マネーをもち，SBIは損保をもつところに特徴がある。ソニー，楽天，SBI各企業体はリテールにおける総合金融グループを形成している。

おわりに

　金融コングロマリットの形成ならびに総合金融サービス業の展開そしてインターネット専業の金融業の現状についてみてきた。コングロマリットのように巨大な総合金融業になればなるほど，その顧客管理，リスク管理，収益管理のために情報系の膨大なデータベースと高度な分析ツールを必要する。逆にいえば，デジタルエコノミーの進展がそのようなコングロマリットの経営を技術的に支えていることになる（日立製作所・諸島監修［2001］）。

　リテール重視の総合金融サービスの提供は，インターネット上の総合金融サービス・サイトによって容易に実現できる。ホームページにすべての金融商品が並びクリック1つでさまざまな金融取引が同時にできるようになる可能性がある。逆に，このような状況を先取りして総合金融サービス化が可能

となる金融業のコングロマリットの形成が進行したとも考えられる。そして，インターネット専業の金融コングロマリットも出てきた。

とはいえ，そのようなサイトは金融商品のみのバーティカル・ポータル（vertical portal）でなければならない。あらゆる商品を取り揃えるたんなるホリゾンタル・ポータル（horizontal portal）では，金融もさまざまなコンテンツの1つにすぎない。バーティカルなポータルサイトとは，金融商品・サービスを求める利用者がそのポータルサイトですべての金融商品に対する需要を満たすことのできるポータルサイトである（末松［1999］：62-99）。

しかし，そこでも金融商品の生産と流通の綱引きがみられるであろう。金融コングロマリットは，グループの総合金融サービス・ポータルサイトの開設により，グループ内のすべての金融商品を品揃えし，実質的に業態を乗り越えて利用者への金融商品の総括的な販売を目指すであろう。それに対して，それぞれの金融商品ごとや顧客の属性ごとに即してさまざまな金融商品生産者の金融商品を取り揃えるようなサイトの運営者が現れる可能性もある。しかし，このようなサイトは保険やローンなどにおいて既に金融商品比較サイトがあるように，たんなる情報提供業者・広告業者にすぎないのかもしれない。また，すべての金融商品を取り揃えられない金融業にあっては，コングロマリットによる金融商品販売の系列化の動きがみられるであろう。

そしてインターネットがスマートホン等によりさらに生活場面へ浸透すれば，個人にとって金融商品・サービスが一般の商品と同じようにますます身近なものとなろう。そして，「貯蓄から投資へ」という潮流にあって，個人の金融取引はインターネットを通じてますます直接金融や市場型間接金融へと引き寄せられ，より一層，社会全体の金融リスクが個人へと切り分けられる方向へと進むのではないかと考える。

＊ジャパンネット銀行，セブン銀行，ソニー銀行，イーバンク銀行（現：楽天銀行）の記述については，一部2002年の聴き取り調査に基づいている。記して感謝したい。

第3編

貨幣と国家

第8章

グローバル金融危機とSDR

はじめに

　2008年のリーマン・ショックを発端とする国際金融危機については，さまざまな複合的な原因が指摘されているが，背景として国際通貨制度の在り方があると考えられる．次章で詳しくみるように，現在の国際通貨制度の枠組みは，ブレトン・ウッズ体制の崩壊である1971年のアメリカによる金・ドル交換停止を直接的な淵源とする．金・ドル交換停止によって，大きく2つの点が変わった．第1に，金による資産決済という国際収支節度における歯止めを失ったことであり，第2に，金による価値尺度を失ったことによる変動相場制への移行であった．

　今回の国際金融危機は直接的にはアメリカの住宅バブルの崩壊を契機としたが，それは同時にアメリカが過剰投資・消費であったことを暴露した．このアメリカの過剰投資・消費は，一方では，実体面におけるグローバル・インバランスの結果であり，アメリカが経常収支赤字の膨大な拡大が許されてきたということを意味する．それは，アメリカの基軸通貨国特権による国際収支節度の喪失によってもたらされた．他方では，アメリカの過剰消費が極限まで膨張したのは，金融面でのサブプライム・ローン融資によるところが大きかった．これは，グローバリゼーションによる金融の自由化・金融の証券化によって可能となった．そしてこちらは，変動相場制への移行による資本移動の自由化の結果としてもたらされた．

　したがって危機後に，これまでの国際金融制度ひいては国際通貨制度の今

後の在り方に対して，さまざまな問題提起がなされることになった。その建設的な提案の中の1つに，IMF（International Monetary Fund・国際通貨基金）における SDR（Special Drawing Rights・特別引出権）の積極的活用がある[1]。本章では，今後の国際通貨体制を展望するために，この SDR がもつ理論的な意味を確定し，今後の SDR の可能性について考察したい。そのために，まず SDR の現状についてまとめる。次に，歴史的に SDR 創設期にまで遡りバンコールについて検討した後で，バンコールと SDR の異同をみることで，SDR の本質について考えたい。

1. SDR

(1) SDR の現状

まず，現行 SDR の実態を確認しておきたい。SDR とは，IMF 加盟国が IMF からの「指定」または他の加盟国との「合意」に基づき他の加盟国が保有する自由利用可能通貨（ここでは米ドル，ユーロ，円，英ポンドを指す）をその加盟国から自らの準備資産として，特別に引き出す権利である[2]。この権利は，IMF が加盟国に対して SDR を配分することによって発生する[3]。そしてこの権利は，「国際収支，対外準備ポジション又は対外準備の推移を理由とする必要性に基づく場合に限り使用」されることが期待されている[4]。したがって SDR は，それを使用する国にとっては「通貨提供請求権」

---

1 例えば，周［2009］，Stiglitz［2006］，United Nations［2009］など。
2 国際通貨基金協定（以下，「協定」）・第2次改正第19条第2項「参加国間の操作及び取引」：(a)「参加国は，その特別引出権を使用して，第5項（通貨を提供する参加国の指定—引用者）に基づいて指定される参加国から等額の通貨を取得することができる」。同 (b)「参加国は，その特別引出権を使用して，他の参加国との合意より，当該他の参加国から等額の通貨を取得することができる」。ここでの「参加国」（同第17条第1項「参加国」）とは，加盟国のうち「特別引出権会計」に参加する国をいう。「協定」は外務省による（外務省 HP）。
3 「協定」（第2次改正）第15条第1項「特別引出権を配分する権限」：「基金は，既存の準備資産を補充する必要が生じたときにこれに応ずるため，特別引出権会計の参加国である加盟国に対して特別引出権を配分する権限を与えられる」。

であり，これと交換に自由利用可能通貨を提供する国にとっては「通貨提供義務」となる（梅村［2009］：195-196）。そのような意味において，外貨準備の1つを構成する。

　外貨準備とは，通貨当局が自国通貨を買う為替介入に使用する資金であるほか，通貨危機などによって，他国に対して外貨建債務の返済などが困難となった場合に使用する準備資産である。そしてその内訳は，外貨資産（預金・証券），IMFリザーブポジション，金，そしてSDRである[5]。あくまで必要に応じて使用されるための準備資産である限りでは，それは流動性に富むものでなければならず，しかも資産としては利子等の収益を生む形で保持されることにもなる。

　そもそも外貨準備は，例えば金本位制や金・ドル交換停止前までのブレトン・ウッズ体制の固定相場制において大きな意味をもつものであった。固定相場制においては，為替相場維持のためには外国為替相場への介入が不可欠であった。そして，自国通貨の買いが売りよりも強い場合は，自らが発行する自国通貨を売ることで対処できるが，自国通貨の売りが買いよりも強い場合は，相場安定のためには外貨準備を利用して為替介入するしかない。そのためには外貨準備による外貨の調達が必要であった。そして，理論的に完全な変動相場制においては，本来，対外不均衡の均衡化は為替レートの自由な変更によって行われるはずで，介入のための外貨準備は必要とされないはずであった。しかしながら，資本の移動が自由化されている場合においては，ペッグ制などの固定相場制をとる場合にはもちろんのこと，変動相場制を採用している場合においても，実際には急激かつ極端な為替変動が生じる可能性があり，それに対処するためには為替介入とそのための外貨準備が極めて重要になった。

4　「協定」（第2次改正）第19条第3項「必要性の要件」：「……その対外準備の構成を変えることのみを目的としては使用しないことが期待される」。
5　「外貨準備」の用語とその内容は，ここでは日本銀行の説明による（日本銀行HP）。用語の使い方にはIMFと異同がある。IMFでは，日本銀行の「外貨準備」に相当するものとしてofficial reserve assets（公的準備資産―引用者）があり，その内容として，(1) Foreign currency reserves（外貨準備―引用者），(2) IMF reserve position, (3) SDRs, (4) gold 等が含まれることになっている（IMF・HP）。

それでは，外貨準備としての「等額の通貨」を引き出す SDR の交換力としての価値は，どのようにして決定されているのであろうか。1969 年の SDR 創設時においては，「特別引出権の価値の単位（the unit of value）は，0.888671 グラムの純金に等しいものとする」[6] とされた。これは，純金 1 オンス = 35 ドルと定められていた当時の 1 ドルの価値と等しい。しかし後でみるように，金・ドル交換停止と変動相場制への移行を受けて，SDR の価値は 1974 年 7 月からは 16 カ国通貨による標準バスケット方式（ウエイト〈weight〉付けによる加重平均方式）によって決定されることになり，現在は 4 通貨の通貨バスケット（米ドル，ユーロ，円，英ポンド）によって決定されている。ウエイト付けは，①財およびサービスの輸出額と② IMF の他の加盟国によって保有されている当該通貨建ての準備高の大きさとに基づいている。2010 年末に改定されたウエイトは，米ドル 41.9％，ユーロ 37.4％，日本円 9.4％，英ポンド 11.3％である[7]。そして，ドルで表示された SDR の価値は，IMF のウェブサイトに毎日掲示されている。

日々の 1 SDR のドル建て価値の算出方法は，4 通貨の通貨単位量（currency amount）に 4 通貨のその日のドル建て為替相場をそれぞれ掛けたものの合計として計算される[8]。図表 8-1 の②×③＝④となり，各通貨の④の合計として SDR は求められる。図表 8-1 では，1SDR = 1.389610 ＄（ドル）である。それでは，その基礎になる通貨単位量はどのようにして求められるのであろうか。

通貨単位量とは，構成通貨のウエイトとしての大きさを実現するために必要とされるそれぞれの通貨の数量である。通貨単位量は，ウエイトの見直しの行われる基準時における為替相場（ベンチマーク為替レート）に基づいて

---

[6] 「協定」（第 2 次改正）第 21 条「特別引出権」第 2 項「価値の単位」。

[7] IMF, Press Release No. 10/434, November 15, 2010, 参照。ウエイトの見直しは 5 年ごとで，人民元が SDR に採用されることが決定した。実際の組み入れは 2016 年 10 月で，ウエイトはドル 41.73％，ユーロ 30.93％，人民元 10.92％，円 8.33％，ポンド 8.09％となる（日本経済新聞：2015. 12. 1）。

[8] 日本円については割り算になる。ユーロとポンドは各通貨 1 単位当たりのドル建てで表示されているのに対して，日本円は 1 ドル当たりの円建て表示され，逆数になっているからである。為替レートはふつうロンドン市場における正午のレートによる。

図表 8-1：SDR 価値評価（2015 年 5 月 28 日）

通貨	①ウエイト	②通貨単位量	③為替レート	④ウエイトとしての各通貨のドル建て表示	⑤各通貨のドル建て為替レートの前回の計算からの変化率（%）
ユーロ	0.374	0.4230	1.09300	0.462339	0.441
日本円	0.094	12.1000	124.07000	0.097526	−0.395
ポンド	0.113	0.1110	1.52920	0.169741	−0.604
米ドル	0.419	0.6600	1.00000	0.660000	
				1.389606	
U.S $ 1.00=SDR				0.719628	−0.044
SDR1=US $				1.389610	

出所：IMF, SDR Valuation（IMF・HP）より作成。

計算される[9]。SDR 創設時においては 1SDR = 1 $（ドル）であった。例えば，創設時を起点としてある基準時において 1SDR = 1.5752 $ であったとする。そしてウエイトは図表 8-1 のように与えられているとする（高木[2004]：85-86）。

①ドルが 1SDR = 1.5752 $ において 41.9％のウエイトを占めるためには，〈1.5752 $ × 0.419 ÷ 基準時の 1 $ = 0.6600〉という通貨単位量のドルが必要とされる。ドルはニューメレールであり，0.6600 通貨単位量のドルは 0.6600 ドルである。

②ユーロが 1SDR = 1.5752 $ において 37.4％をウエイトを占めるためには，〈1.5752 $ × 0.374 ÷ 基準時の 1 ユーロのドル建て相場（$ /€）〉という通貨単位量のユーロが必要とされる。その計算結果が 0.4230 単位のユーロにあたる。逆にいえば，基準時においては 1 ユーロ = 1.3927 ドルと推量できる。

③円が 1SDR = 1.5752 $ において 9.4％のウエイトを占めるためには，〈1.5752 $ × 0.094 ÷ 基準時の 1 円のドル建て相場（$ /¥)〉という通貨単位

---

9 2010 年の見直しにおいては，2010 年 10 月 1 日から 12 月 30 日までの期間の平均為替レートに基づいているとされている。この為替レートを基準時の為替レートとする。

量の円が必要とされる。その計算結果が 12.1000 通貨単位量の円である。基準時においては 1 円 = 0.0122371 ドル,つまり 1 ドル = 81.7188 円あったと推量できる。

④ポンドが 1SDR = 1.5752 \$ において 11.3% のウエイトを占めるためには,〈1.5752 \$ × 0.113 ÷ 基準時の 1 ポンドのドル建て相場（\$/£）〉という通貨単位量のポンドが必要とされる。その計算結果が 0.1110 通貨単位量のポンドにあたる。基準時においては 1 ポンド = 1.601545 ドルであったはずである。

以上から,毎日のバスケット通貨としての SDR のドル建て相場は,4 通貨の通貨単位量（currency amount）に 4 通貨のその日のドル建て為替相場をそれぞれ掛けたものの合計として与えられ,例えば,ある日における SDR のドル建て相場（\$/SDR）については,次のようになる。

ある日の SDR のドル建て相場（\$/SDR）= 0.6600 通貨単位量のドル × 1（ニューメレール）+ 0.4230 通貨単位量のユーロ × ある日の 1 ユーロのドル建て相場（\$/€）+ 12.1000 通貨単位量の円 × ある日の 1 円のドル建て相場（\$/¥）+ 0.1110 通貨単位量のポンド × ある日の 1 ポンドのドル建て相場（\$/£）…………（1）

SDR の価値に対して,各通貨のウエイトはどのような意味をもっているのであろうか[10]。それを確かめるために,(1)式をもう一度見直してみると次のようになる。

ある日の 1SDR のドル建て相場（\$/SDR）

$= 1.5752 \times \Bigl\{ 0.419 \times \dfrac{\text{ある日の 1 ドル}}{\text{基準時の 1 ドル}}(\$)$

$+ 0.374 \times \dfrac{\text{ある日の 1 ユーロのドル建て相場}}{\text{基準時の 1 ユーロのドル建て相場}}(\$/€)$

$+ 0.094 \times \dfrac{\text{ある日の 1 円のドル建て相場}}{\text{基準時の 1 円のドル建て相場}}(\$/円)$

---

[10] この点は,すでに AMU（アジア通貨単位）でも考察したことがある（石橋［2009a, 2009b］）。

$$+0.113 \times \frac{\text{ある日の1ポンドのドル建て相場}}{\text{基準時の1ポンドのドル建て相場}} (\$/£) \Biggr\} \cdots\cdots(2)$$

　結局，ウエイトの意味は，この場合ではドルがニューメレールに使われているから，次のようになる。つまり，ウエイトとはそれぞれの通貨のある日のドル建て相場がそれぞれの通貨の基準時のドル建て相場に対する変動比率が，基準時の1SDRのドル建て相場つまり1SDRのドル建て表示の価値（ここでは1SDR＝1.5752＄）に影響を及ぼす割合の大きさ（ウエイト）を表している。

　すなわち，基準時のSDRの価値のうち41.9％については，ニューメレールとして1ドルは1ドルのままなので，不変である。ユーロ・円・ポンドのドル建て為替相場の変動について，ユーロはその変動比率の37.4％の割合で，円は同じく9.4％の割合で，ポンドは同じく11.3％の割合でそれぞれSDRの価値に影響を及ぼしていることになる。このようなウエイト付けの結果として，例えば2015年5月28日において，SDRの価値は1SDR＝1.389610＄となっている（図表8-1）。為替レートではその他の通貨の通貨高はドルの通貨安となるから，一般的には変動は相殺しあうことになり，バスケット通貨では価値の安定がみられるのが特徴である。それに照らせば，ドルが4割強のウエイトを占めながら，1SDR＝1.389610＄という数字から創設時からのドル安が見てとることができよう。

　そして，1ドルのSDR表示の価値は1SDR＝1.389610＄の逆数となり，1＄＝0.719628SDRとなる。さらに世界各国の通貨のSDR価値は，各通貨のその日のドル表示の為替レートから導き出され，そしてまたその逆数として1SDRの各通貨建ての価値が計算される[11]。

　それでは，SDRの配分についてみておこう（IMF［2009］）。SDRは，クォータ（quota：割当額）に比例して配分される[12]。IMFはSDRの配分によ

11　SDRにペッグしている通貨は，ドルを使わずに直接にSDRで価値を表示する。
12　IMFの財源は，クォータ（割当額）による出資の払込みにより賄われる。クォータは投票権やIMF融資の利用限度にも影響を与える。クォータが「基金」としてのすべての基礎になっており，IMFは「クォータをベースとした機関」ともいわれる（梅村ほか［2009］：214）。

り利子が付かないが利払いもされない,コストのかからない資産を加盟国に提供する。ただしSDRが利用されたことに伴い,加盟国のSDR保有額が配分額を上回る場合には,IMFから超過分に対して利子(= SDR金利)が支払われる。保有額が配分額を下回る場合には当該国はIMFに不足分に対して手数料(= SDR金利)を支払う。利子の率と手数料の率は等しいとされており,SDRの超過保有者は,SDRを利用して通貨を引き出したものに対して,資金を貸し出した形となっている。現在,このSDR金利についてもSDRバスケットの4構成通貨の短期金利をSDRの価値決定に使ったウエイトでもって加重平均することにより毎週決定されている(梅村[2009]:207-208)。

これまでSDRの配分が行われたのは,第1基本期間(1970-72年)の93億SDRおよび第3基本期間(1978-81年)の121億SDRの計214億SDRだけであったが,今回の金融危機を受けて次の2つの配分がなされた。1つは,特別配分で既に1997年に合意されていた114億SDRがアメリカの承認を得て発効したことによる。趣旨は81年以降IMFに加盟した諸国がSDRの配分を受けていなかったことであった。そして2つめは,2009年4月のロンドン・サミットでの合意を経て第3回めの一般配分で1,612億SDRが8月に実施された。これにより,合計2,040億SDRが累積配分されたことになり,現在のクォータ比で90～95%前後となる。SDRの配分額は,この金融危機を経て一挙にそれまでの約10倍となり,またIMFの出資額に匹敵するほどの規模になっているわけで,その重要性がクローズアップされるゆえんである[13]。その意味については,少なくとも外貨準備がもともと薄い新興市場国ならびに途上国にとっては,危機対策・危機予防としての意味が大きいことが指摘できる(梅村[2009]:202-206)。

---

13 IMFは同時に,IMFの融資財源を7,500億$(3倍増)にすることで合意している。危機前の融資可能額は約2,000億$に,既存の借入取極(GAB/NAB)による借入可能資金約500億$を加えた約2,500億$であった。それに,短期的には加盟国からのバイ(2国間)の借入により2,500億$確保し(日本の外貨準備からの融資1,000億$を含む),さらにはこのバイの融資取極を,IMFのマルチ(多国間)の借入取極であるNBAに取り込むことにより,NBAによる借入可能額を最大で5,000億$増額するという(梅村[2009]:181)。

(2) SDR の歴史

1960年の SDR の創成には，「流動性ジレンマ論」が大きな影響をもっていた。60年代のドル危機に対して，トリフィンらの多数派は流動性ジレンマ論を展開した[14]。つまり，①流動性供給はアメリカの国際収支赤字によってつくられる流動性ドルによっている。②しかし赤字の累積はドルの金への交換性つまり信認問題を引き起こす。③アメリカは赤字を停止しなければならないが，それは世界的な流動性不足を招く。④したがって，世界準備に追加すべきなんらかの新準備資産を計画する必要があるとした（岩野 [1977]：52）。そのような主張の具現化が，新準備資産としての SDR (Special Drawing Rights) であった。

60年代の国際通貨危機は，アメリカの貨幣用金保有を上回る対外短期債務の累積により，ドルの信認が危うくなったことにあった。問題の本質は，ドル不足による国際流動性不足に備えることではなく，むしろドルが外貨準備としては過剰に蓄積され，外貨準備が金との交換に向かうところにあり，それを吸収するための新準備資産を創出する必要があったということである。この過剰なドルは，金・ドル交換のもとにおけるアメリカの基軸通貨国特権による国際収支節度の喪失によってもたらされた（中西 [1989]：94-95）。歴史的には，結局，アメリカは国際収支節度の遵守よりも金・ドル交換停止を選んだことになる。

さらに，このような SDR を生み出した考え方の原型について遡ろうとすれば，IMF 体制（ブレトン・ウッズ体制）の設立時にまで立ち戻る必要が

---

14 これに対して，少数派としてのキンドルバーガーらは，「世界の銀行」論を展開した。それは国内銀行原理の国際金融への拡張的適用とされる。つまり，①国際収支赤字は実質上の不均衡の指標とならない。アメリカの赤字はヨーロッパの強いドル需要に基づくもので，ドル供給の減少は世界の経済成長を阻害する。②アメリカは一種の世界の銀行としてヨーロッパ人の流動性需要と彼らの貯蓄との仲介機能を行っている。③アメリカの資本輸出は短期のドル預金となってアメリカにフィードバックする，とした（岩野 [1977]：52-53）。注意すべきは，この時点の議論がアメリカの経常収支が黒字であることを前提にしていたということである（藤田 [2003b]：22）。いずれにしろ，世界経済にとってはこのような「世界の銀行」は重要である。問題は一国の通貨であるドルが国際通貨になっている点にある。

ある[15]。戦後の国際通貨体制の構想について，その再建を目指した1944年ブレトン・ウッズ会議では，アメリカのホワイト案とイギリスのケインズ案との対立と妥協がみられたが，国力を反映してホワイト案が中心となった[16]。その対立の内容を端的に示せば，ケインズ案は信用創造機能を有する「清算同盟案」であったのに対し，ホワイト案は拠出された基金を活用する「基金原理案」ということになる。そのケインズの「清算同盟案」のエッセンスは，後で詳しくみるようにバンコールと呼ばれる新国際通貨を信用創造する点にあった。このバンコールこそSDRの原型の1つとされる。

それに対して，ホワイト案の「原案」の中には，銀行券を発行する銀行構想が含まれており，超国家的で拡張主義的な機能が付与されていた[17]。しかし，その修正であるホワイト案では，銀行構想はなくなっていた。ホワイト案もユニタスという国際通貨をつくるとしていたが，決済機構をもたず，国際流動性の供給の点よりも為替相場の安定を重視していた。赤字国は連合国為替安定基金（50億ドル）に自国通貨を他国通貨に売ることによって基金から資金を引き出す。結果的に，赤字国の基金にある残高が増大し，通貨が引き出されたメンバーの残高が減少するような構想であった。そして各国の通貨は，ユニタス表示で自国通貨の平価を宣言するとされ，ユニタスは10金・ドル（ten gold U. S. dollars）の価値をもつ国際的計算単位であった。ユニタスは10ドルの別名で，金と兌換できた（山本［1997］80-81）。

このIMFの基金原理の中にバンコール的な要素をもつSDRが入り込んだ形となったのが，1969年のIMF改正であった。しかし，71年に金・ドル交換が停止され，さらに変動相場制への移行が定着していくというように，戦後IMF体制そのものが大きく変わるという中で，SDRを取り巻く環境が創設時とはまったく違ってしまった。

ブレトン・ウッズ体制の崩壊に伴い，72年以降，国際通貨制度改革の議

---

15 この点については，既に論じたことがある。修正を加えた（石橋［2005］：62-64）。
16 「この2つの再建プランは，その後のSDRをはじめとする様々な国際通貨システム改革論議の原型となるほど基礎的なアイデアを含むものであった」（山本［1997］：80）。
17 有馬（［1984］118-123），参照。ホワイト案の「原案」の銀行構想は，大きく後退し，現在の世界銀行につながる（大田［2009］：48-50）。

論がさらに活発になった（武藤・梅村・冨永［2009］：43-50）。議論の場になったのは，20 カ国の IMF 総務から構成された「20 カ国委員会 C―20」であり，その結果，1974 年 6 月『国際通貨制度改革の概要』（以下，『概要』）（Committe of Twenty［1974］）と題する報告が採用された。『概要』の中では，SDR を主要な準備資産として育成することが主張されたが，実際は歴史をみれば，その後そのような試みは挫折し，今回の金融危機を契機として再び SDR に注目が集まるようになったことになる。その C―20 を引き継ぐ「暫定委員会」において IMF 協定改正案についての議論が進められ，第 2 次改正案が 76 年に承認され，78 年に発効した。

　第 2 次改正が，今日の SDR を規定する大きな変更を含んでいた。為替相場制度について，各国がどのような制度をとるかは自由とすることなどが合意された。それに伴い金平価も捨てられた。つまり，SDR の価値の単位を 0.888671 グラムの金とした規定の廃止である。それに先立ち，『概要』の中で SDR の価値評価が 1974 年 7 月からは 16 カ国通貨を加重平均する「標準バスケット方式」に従って諸通貨のバスケットに基づいて決定されることになった（Committe of Twenty「1974」：21, 邦訳：240-241）[18]。その 16 カ国通貨が 1981 年から主要 5 カ国通貨に変わり，さらにユーロ導入後は現行 SDR の 4 つの通貨となったわけである。しかしここでは先を急がずに，以下 SDR の原点に立ち返る。つまりバンコールと SDR を比較することをとおして SDR の本質について考えていきたい。

2. バンコール

　基金原理に基づく IMF 体制において，ケインズ案的な要素についてはまったく消えてしまったわけではなかった[19]。SDR の原型の 1 つは，ケインズ

---

[18] 『概要』の中で，標準バスケット方式に基づく通貨バスケットという考え方が，最初に示されたのは，1974 年である。同じ標準バスケット方式に基づく通貨バスケットを採用する EMS（欧州通貨制度）の ECU（欧州通貨単位）は 79 年に出てくるが，その前身の EUA（欧州計算単位）が導入されたのが 74 年であり，通貨バスケットの出現時期の一致が注目される（田中編著［1996］：91-92）。

のバンコールである（加瀬［1973］：23）。それでは，このようなSDRとバンコールとの異同について整理しておきたい。そのことによりSDRの特質がより鮮明になるであろう。そのために，ケインズのバンコールをSDRとの関連づけを念頭に「国際清算同盟の提案」から要約しておきたい[20]。

ケインズは，まず「今日，国際通貨体制改善の主要な諸目的に関しては広範な意見の一致をみている」と述べ，以下の提案をしている。

①われわれの必要とする国際通貨手段は，各国が他国との取引に中央銀行のような国家機関が使用するものである。個人，企業，中央銀行以外の銀行はすべて従来どおり自国通貨を引き続き使用していることを前提とする。

②国際貿易から生じた過剰債権残高を，その受取国がしばらく利用を望まない場合は，その流動性や活用に支障をきたさない仕方で国際的な計画，援助および経済的健全性のために役立てることができるような方法が必要である。

③この提案は，国際清算同盟と名づける通貨同盟を設立するものであり，それはわれわれがバンコールと名づけた国際銀行貨幣（international bank money）に基礎を置く。バンコールの価値は金に対して固定され，金と同等のものとして国際残高の決済の目的のために全加盟国に受け入れられるものである。

④加盟国の中央銀行は，国際清算同盟に（預金）勘定を保有し，それらを通じて国際収支残高をバンコール建てで決定された為替平価で決済できる。黒字国は，清算同盟に対して貸方勘定（債権）をもち，赤字国は清算同盟に対して借方勘定（債務）をもつ。貸方勘定または借方勘定が無制限に累積されるのを防ぐ方法が必要であり，この制度はもしそれを防ぐに充分な自動的均衡能力をもっていないならば，結局は失敗することになろう。

⑤清算同盟の基礎にある発想は単純である。すなわち，銀行業務の本質的な原理を一般化したものである。この原理は，債権と債務の必然的な均等ということである。もしいかなる債権もただ清算同盟の内部で振り替えられるにすぎないならば，清算同盟は自らに対して振り出された小切手を引き受け

19　極端な例では尾崎（［1969］：4）を参照。
20　Keynes（［1942］：168-195，邦訳「国際清算同盟の提案」：182-209）による。ただし，原文に沿って邦訳は一部変更している。

て支払うことに何の困難もない。清算同盟は，小切手の代わり金が加盟国の決済勘定に振り替えられるにすぎないという保証があれば，どの加盟国に対しても清算同盟が望むどのような額でも貸出ができる。清算同盟の唯一の任務は，加盟国が規則に従っているか，貸出が清算同盟全体にとって慎重なもので望ましいものであるかどうかを監視することである。

⑥清算同盟の設立国は，相互間の同意により各国の自国通貨のバンコール建ての最初の価値と，バンコールの金で表現された価値を決定する。これらの価値は，設立国の承認がない限り変更されない。加盟国は清算同盟の清算勘定に金による払込みにより，バンコール建ての貸方を取得できる。しかし，バンコール残高を対価として金は引き出せない。

⑦加盟国に認められる借方残高の最高額を，その国の割当額（quota）と名づける。最初の割当額は，各国の輸出入額の例えば戦前最後の3年間の平均を参考にして，それに対する均等の比率またはそれ以下の比率によって決定することができる。

⑧清算同盟に対する加盟国の平均残高が，貸方，借方のいかんを問わず，その国の割当額の4分の1を超える場合は，その超過価額に対して年率1%の課金が清算同盟の準備基金に支払われるものとする。割当額の半額を超える分についてはさらに1%が支払われる。

3．SDRとバンコール

バンコールの核心は次の点にあると考えられる。国際経済においては，各国は多数の他国と貿易関係を結んでいる。その貿易の双方向では不均衡がみられるとしても，それをそれぞれにおいて清算するのではなく，あたかも手形交換のように，各国がそれぞれの貿易尻を持ち寄り，債権・債務関係を，国内であたかも中央銀行にある銀行預け金口座で決済するように，清算同盟の各銀行口座間で多角的に振替決済する方が効率がよい。それは，もしそうでなければ，決済には莫大な数の双務協定（bilateral agreements）を取り結ぶ困難さや複雑さが必要となる点からも効率がよい。その清算同盟内の通貨がバンコールと呼ばれる「国際銀行貨幣」である。バンコールは名目的な

金価値をもち，各国通貨はバンコール平価を固定されている。金はバンコールに交換可能だが，バンコールは預金通貨であるが，名目的な価値で金地金を引き出せないから，バンコールの価値は金で裏付けられていない。

例えば国際収支赤字国は，自ら支払うべきバンコールを清算同盟から借りる。清算同盟は，国際収支赤字国にバンコール預金を設定する形で貸出を行う。その預金は，国際収支黒字国の預金に振り替えられる。バンコールは清算同盟内から外へ出ない。そのような操作によって，各国家が国家間の協定により「支払い完了性」を了承するのがケインズのアイデアであった。債権国の外貨準備残高は，集中化されバンコール預金として清算同盟内に置かれている。実体的にはバンコールに相当する資金が，債務国でいろいろな用途に使われている。債権国が逆調になれば，この預金が使われる。各国間の債権・債務関係は，各国と清算同盟との間の債権・債務関係に置き換えられている[21]。

国際清算同盟とは，このように当座貸越信用の供与がバンコールを信用創造することによって債務国に認められる仕組みであるが，その借方残高の最高額は，その国への「割当額」として限度が画されている。それとともに，貸方，借方いずれにしても，その平均残高が「割当額」を一定程度，超える場合には利子が課せられる点では，国際収支不均衡については赤字国・黒字国の双方に責任があるとし，両者にその調整を迫っていることになる。すべての通貨は，バンコールのもとで平等であり，対称性が実現されるシステムであるといえる。

SDRがバンコールの考え方を最も強く継承している点は，どこであろうか。それは，SDRが創出される点であろう。銀行原理に基づく信用創造ではなく，また貨幣請求権にすぎないが，しかしながら外貨準備として計上できる貨幣請求権を国家間の協定により創出している点である[22]。そして，

---

21 この点につき，加瀬は次のようにいう。「トリフィン・プランと違うところは，既存の準備を世界中央銀行に集中して，その見返りに加盟国勘定を開くというのではなく，赤字国はいきなり借勘定，黒字国はいきなり貸勘定を持つことになります」（加瀬［1973］：24）。山本（［1997］：80-82），増田（［2007］272-274）も参照。

22 有馬は，SDRはケインズの国際清算同盟案と著しく類似した点も多いとして，次の4

SDRは銀行原理であるとはいえないが，基金原理には基づいていない点であろう。

　しかしながら，バンコールは銀行原理を利用しているので，システムは国際清算同盟そのものへの信認により維持される。そして，国際清算同盟が資金融通を仲介している形になる。その点でSDRと根本的に異なる。SDRは，同じように創出され，IMFから「出資割当額」（quota）に比例して配分されるものであるが，IMFに対する債権を意味するわけではない。SDRの配分は，その意味ではIMF加盟国間での資金の貸借を保証するシステムであるといえる。とはいえその保証システムは，貸付がSDRの取得，借受けはSDRの引渡しという形をとっているので，SDRの復元規定[23]がなくなれば，貸借はいわば期限がないものとなり，外貨準備がSDRという形に代替されていることになる。この点ではバンコールに類似する。

　しかしSDRは，そもそも外貨準備の1つにすぎず，外貨資産，金などを補完する役割しか与えられていない。バンコールでは，金の役割が否定されるわけでないが，外貨準備をバンコールに一元化させようとする方向性がみられる。また当初のSDRは，0.888671グラムの金に等しいとされ，金はSDRとの交換性をもつが，SDRは金との交換性はなく，この点バンコールと同じである。ただ，SDRが1ドルを引き出すことができ，1ドルが0.888671グラムの金と交換される保証があった時までは，SDRの価値は金

つを挙げる（有馬［1984］：310）。①なんらの払込みもなしに当座貸越形態で創出される。②その使用は振替方式により行われる。また決済は通貨当局間のみで行われ，民間には適用されない。③使用に当たっての事前審査や国内経済政策への勧告はない。④債権・債務の非人格性。すなわち国際機関への加盟国全体の信用を裏付けに創出される。

23　「復元規定」とは，「SDRの使用は，その基本期間（5年）を平均して配分額の一定限度（第1基本期間の場合は，純累積配分額の70％）以内にとどめることが必要である。したがって，ある国が配分されたSDRを始めに全部使ってしまったとすれば，その国は残る期間中に返済し，平均使用額を70％以内におさめるよう「復元」することを義務づけられていた」（中西［1989］：198-199）。しかし，この復元規定は1981年5月1日以降，廃止された（同：208-209）。中西は，この点について「復元の義務はそれがきびしければきびしいほど，通貨に類するものとなるという意味において，多くの論議を呼んだものであった。したがって，この規定が廃止されたということは，準備資産としてのSDRの歴史に，重要な一段階を画したものというべきであろう」，と評価している（同：209）。

で裏付けられていた。ここはバンコールとは異なっていた。

　また，バンコールでは課金という形で利子に相当するものを借り手・貸し手の両者が負担するが，SDR では，明らかに貸し手が借り手に資金を融通し，利子を取るという形が明確になっている。

　以上みてきたように，SDR とバンコールは外貨準備の代替として創出されたものである。外貨準備を外貨準備という債権の形で固定する意義を有している。バンコールが外貨準備に対する「債権」として，SDR が外貨準備に対する「請求権」としてそれぞれが，外貨準備の代替となるという点で，SDR はバンコールの系譜を引き継いでいるということができる。

おわりに

　本章では，SDR の現状，SDR の歴史，SDR の本質についてみてきた。第 1 に，バンコールとの類似性として，IMF により創出される SDR が外貨準備を代替する機能をもつことが分かった。つまり SDR のもつ「過剰ドルの棚上げ（consolidation）」（中西［1989］：203）という機能を取り出すことができた[24]。しかし第 2 に，『概要』で目指されたように SDR が外貨準備の中心となることは，ドルが中心的な外貨準備でなくなることであり，SDR のもとに各国民通貨が対称性をもつ国際通貨制度に生まれ変わることを含意している。この点がグローバル・インバランスの拡大を 1 つの要因とする今回のグローバル通貨危機と関連している。

　とはいえ，現行の SDR は国際通貨としては準備通貨という限定された役割を果たしているにすぎない。準備通貨という側面に，さらに補完的という制約がついている。このような SDR の機能をさらに拡張することができるのか，SDR の拡張をとおして，SDR を中心にして国際通貨制度はどのように変化する可能性があるのかといった展望については，それらに関する議論の検討とともに今後の課題として残されている。

---

[24] SDR そのものに準備通貨を代替する機能があるが，この機能をより一般化しようとするものとして「代替勘定」（外貨準備を「代替勘定」に預託し，同勘定に対する SDR 建て債権を取得する方法）がある（武藤・梅村［2009］249–254）。

グローバル金融危機と国際通貨体制

はじめに

2008年のグローバル金融危機は，ドルを基軸通貨としてきたそれまでの国際通貨体制を揺るがした点において，グローバル資本主義の現局面を画する重要な出来事であると考えられる。戦後 IMF 体制の崩壊としての 1971 年金・ドル交換停止の後，ドルが金の裏付けを失いつつも国際通貨の基軸として機能し続けた国際通貨体制が，大きな転換期にさしかかっている。このグローバル金融危機は今後，「戦後パックス・アメリカーナ」が終焉し新たな体制へ移行した1つの契機になったと位置づけられることになろう[1]。

とはいえ，次の国際通貨体制はまだその姿を現していない。歴史的な過程としてはさまざまな方向へ行く可能性があるが，問われているのは，結局，われわれにとって貨幣とは何かという根本の問題に帰着するのでないかと考えられる。人類が，最終的に金からの呪縛からいかに解放されるのかという問題である。この課題を解く方向性をもたない限り，新たな世界を展望することができないことだけは確かであるように考えられる。

本章は，大きくはこのようなグローバル資本主義の現局面が1つの大きな歴史的な画期にあることを国際通貨体制の視点から考えようとしている。そのためには，まず現在に至る歴史的な経緯を見極めておかなくてはならな

---

[1] 中国が主導する AIIB（Asian Infrastructure Investment Bank）設立の動きは，象徴的出来事である。AIIB はグローバル金融危機後に明確になってきた人民元の国際化戦略の一環と考えられる。

い。

　グローバル金融危機の引き金となったリーマン・ショックから7年が経過した。グローバル金融危機は，その後の世界的な財政出動および金融緩和政策によって，現時点において大恐慌後のような状況に陥らずに，表面的には深刻な状況を脱しているようにみえる。しかしその金融政策は，アメリカ連邦準備制度理事会（FRB）による3回にわたる量的緩和（Quantitative Easing：QE1・2・3）を代表とする非伝統的なものであった。また，この量的金融緩和策は，証券化商品といった金融商品だけでなく国債の大量購入によるもので，信用維持政策とともに財政赤字を下支えした点において財政と金融の融合的な政策展開がみられた点が注目されるべきである。13年末にNY株の高騰がみられ，バブル発生への懸念からFRBはようやく量的金融緩和策の規模を段階的に縮小していくことになり，14年10月に量的金融緩和政策（QE3）を終了した。

　しかし本格的な出口戦略は，まさにこれから始まる。ようやく新たな安定的な成長への模索が始まったばかりである。緩和を縮小するという憶測だけで，新興国に投資されていたドルの逆流と新興国通貨の為替レートが下落する兆候もみられた。また中国では，4兆元の財政出動をきっかけに活発化したシャドーバンキング・システムの中で，「理財商品」の破綻が不動産価格の低落とともに懸念されている。さらに欧州では，10年から12年にかけて債務危機が発生したことに対して，それを沈静化する切り札となった「国債無制限買い取り」宣言が欧州中央銀行（ECB）の資産膨張に至るという懸念がなされている。15年5月，ギリシャ財政危機が再燃した。

　日本でも，通貨安政策の側面をもつアメリカの量的金融緩和に対応し，デフレ脱却を目指し大規模な「量的・質的金融緩和」が13年4月から導入された。そしてアメリカの量的金融緩和の終了に合わせるかのように，「量的・質的金融緩和」が逆に拡大された。日本の量的金融緩和は，巨額の財政赤字を補完する意味合いが非常に強い点が特徴的である。

　アメリカでは，約5倍に膨張したFRB資産を元に戻す出口戦略の成否がこれから問われ，利上げの時期を探っている。しかし日本は量的金融緩和を拡大していく方向にあり，出口は展望されていない。ECBも15年1月から

量的金融緩和に舵を切ったばかりであり，今後，新たなバブルの発生と崩壊の懸念が残されている。結局，グローバル金融危機は完全に乗り越えられたとはいえず，非伝統的な金融政策の帰趨という形で危機が続いていると考えられる。

　さてグローバル金融危機の発端は，07年夏から注視されたアメリカのサブプライム・ローン問題であった。08年春の投資銀行ベアー・スターンズはJPモルガン・チェースによる救済で一息ついたが，08年9月の同リーマン・ブラザーズの破綻をきっかけにして世界的な株価下落と信用収縮に至り，一気にグローバル金融危機へと展開した。グローバル金融危機は，世界経済の拡大局面を創出してきた基軸通貨国アメリカにおける過剰投資・消費に咎めが入ったことを意味しており，アメリカに依存してきた世界経済の実体面の縮小を惹起し，全面的なグローバル経済危機に至った。同時に，世界の銀行であったアメリカの国際的決済・信用創造・金融仲介機能が麻痺したことにより，ドルを基軸通貨とする国際通貨体制の在り方が大きく問われることになった。

　そこで国際通貨体制という観点から，グローバル金融危機について考えたい。グローバル金融危機にはさまざまな複合的な要因があると考えられるが，それらの複合的な要因の背景には，国際通貨体制というより根本的な課題があるのではないか。つまり，国際通貨体制がグローバル金融危機の大きな外枠としてあったのではないかということである。

　まず，グローバル金融危機の原因となったサブプライム問題を金融自由化の中で理解し，サブプライム・ローンを膨張させた証券化手法の問題点と住宅バブルによる過剰投資・消費の実態を概観する。次に，金融自由化を軸に金融の新潮流と国際通貨体制との関連を考察した後，国際通貨体制における基軸通貨国特権がもたらしたアメリカの膨大な経常収支赤字を論じる。さらに，基軸通貨国の特権により支えられてきたグローバル・インバランスの実態とグローバル・インバランスのサステナビリティ論を検討して，最後に，ドルを基軸とする国際通貨体制が抱える課題と今後の方向性を明らかにしたい。

1. グローバル金融危機の複合的要因

(1) サブプライム問題の背景

　グローバル金融危機はサブプライム問題を発端としていたが，サブプライム問題は21世紀型金融の新潮流が複合的に作用した結果であると捉えられる。新潮流とは，金融のグローバリゼーション，金融の自由化，金融のデジタル化の進展である[2]。

　そして新潮流にまとまりを与える原動力が，70年代以降の「戦後パックス・アメリカーナの衰退と転換」(河村 [2003]，[2009]：5-6) における金融のグローバリゼーションである。その背後には国際過剰資本があった（大庭 [2008]：171)。利潤追求のため世界中を移動するグローバル資本にとって，2つの大きな制約がある[3]。

　1つは技術的要因に関わる金融取引の費用である。取引費用は情報通信技術のデジタル化により低下した。とくにインターネット利用は革命的であった。インターネットは無国籍性を本質とし，グローバル化を推進する技術そのものである。情報通信技術の発展なしには，金融取引のグローバル化もない。世界中の金融取引が世界中の金融市場において時空を超えて遂行できる場が与えられた。各金融市場は，取引費用の低下とスピードアップによりグローバルに連動化・一体化する市場となった。デジタル化により証券化商品のような高度な金融商品の組成も可能となった（第7章，参照）。

　もう1つは制度的な問題である。金融は規制で雁字搦(がんじがら)めにされてきた。規制は結局，取引費用に跳ね返る。国際過剰資本は，各国の金融や税制に関する規制から離れ，ユーロ市場のような自由なオフショア金融センターへ向かった。金融自由化はこのユーロ市場から始まった。これが各国の金融自由化を促進したのは，多国籍銀行が国内金融市場でもユーロ市場のような規制の少ない環境を望み，国内金融市場における規制が厳しければ金融取引が国外

---

[2]　これらはすべて，金融の新たな現象としてある意味では肯定的に受け取られてきた面がある。石橋 [2007] では，諸現象の問題点について充分に把握できていなかった。
[3]　徳永 ([2009]：147-160)，参照。徳永 [2008] からは多くを学んだ。

第 9 章　グローバル金融危機と国際通貨体制　187

に移ることになるからである（徳永［2009］：139-141, 149-150）。

　国際過剰資本にとって重要なのは，資本取引の自由化であるが，それは各国の金融制度の自由化と相互促進的に進行した。ここでは，アメリカの金融自由化を①金利の自由化，②業務の自由化，③金融商品の自由化の 3 つに分けて考える（斎藤［2003］）。

　金融規制は，1929 年大恐慌後の「1933 年銀行法（Glass-Steagall Act）」に始まる。預金金利規制・要求払い預金に対する付利禁止・連邦預金保険制度の創設・銀行業務と証券業務の分離を内容としていた。規制緩和への胎動は，70 年代の初めから始まり，99 年の「新金融制度改革法（Gramm-Leach-Bliley Act）」の成立へ帰結した。

　まず①「金利の自由化」は，60 年代後半のインフレによる市場金利上昇を背景とした。規制のある預金金利と証券市場での市場金利とが乖離し，金利の高い証券市場へ銀行からの資金流出現象（disintermediation）が発生した。その中で，銀行と証券会社の新金融商品開発を通じた資金獲得競争がみられた。結局，83 年の金利自由化は銀行間競争を激化させ，銀行の利鞘を圧縮した。それは銀行に手数料収入が得られる証券業務への関わりを促した。つまり，一方で証券会社は小口の投資信託である MMF（Money Market Fund）により預金から資金を引き寄せ，証券市場で運用する。他方，銀行は 82 年に決済機能付きの自由金利預金 MMDA（Money Market Deposit Accounts）が認められ，CP（Commercial Paper）や債券性の譲渡性定期預金 CD（Negotiable Certificate of Deposit）を証券市場で発行し資金を調達するようになった。最終的な資金提供者は，預金から元本保証のない MMF などに資金をシフトさせ，銀行は，これまでの預金による資金調達から証券発行に依存した。銀行が調達面と運用面において，大きく市場に依存する「間接金融」へと移行した。

　次に②「業務の自由化」は，銀行業務と証券業務の分離を問うものである。銀・証分離の根拠は大恐慌時に問題となった「利益相反」にあった。しかし，銀・証分離を原則とする Glass-Steagall Act は，徐々に形骸化されていく。最終的には，99 年に Gramm-Leach-Bliley Act が制定され，金融持株会社のもとで銀行の証券会社との資本系列関係が認められた。商業銀行を中

心とする金融持株会社による金融コングロマリットの形成が進むとともに，伝統的な投資銀行との間で軋轢が生じた。商業銀行系の金融グループによる投資銀行の買収ならびに証券業務への進出である。これがグローバル金融危機に大きく関わっている。

例えば，投資銀行のゴールドマン・サックスは業務を次の3つに分けていた。(a)投資銀行業務（株式・債券引受業務など），(b)トレーディング業務・プリンシパルインベストメント業務，(c)資産運用業務・証券サービス業務であるが，99年以降，(b)による収益の増加が著しくなる。(b)にはディーリング業務などの自己勘定業務を含むが，とくにウエイトが高まったビジネスが「originate to distribute」であった。これは，証券化商品という金融商品を創って（originate），売る（distribute）ことにより，金融商品のいわば生産と流通の利益を一挙に得るビジネス・モデルである。これが，サブプライム・ローンに利用された（金本［2009］：213-216）。

さらに③「金融商品の自由化」として，「資産の証券化」にふれておきたい。アメリカにおいては，既に70年代に最初のモーゲージ担保証券（Mortgage Backed Securities：MBS）が登場し，80年代には消費者信用などの債権の証券化が進行していた。遡れば19世紀から始まる住宅金融の歴史の中で，1930年代から60年代までは第2期とされ，34年には連邦住宅省（Federal Housing Administration：FHA）によってFHA保険という形で住宅ローンに対する公的な信用補完が提供されていた（第1次公的信用保証）。それに対して70年代以降の第3期には，ファニーメイなどの政府支援機関が住宅ローンを担保とする証券MBSを発行し，MBSに対して信用保証を付けた（第2次公的信用保証）[4]。そして，サブプライム・ローンで問題となる証券化商品は，公的信用保証が付かない，民間だけで完結するノンエイジェンシーMBSであった。問題は，ノンエイジェンシーMBSが急増する過程で起きた（みずほ総合研究所編［2007］：第2章，松田［2009］：71-74）。

4　アメリカ住宅金融については，片桐（［1995］：81）を参照した。

(2) サブプライム問題

　サブプライム問題がグローバル金融危機へと展開する過程において「資産の証券化」が大きな役割を果たした。サブプライム・ローンを膨張させた証券化手法の問題点と住宅バブルによるアメリカの過剰投資・消費とを概観したい。

　証券化のスキームは、直接金融と間接金融の「中間型」ともいう「市場型間接金融」で活用される。「市場型間接金融」では、2種類の金融機関が借り手と市場および貸し手と市場に介在し、市場取引で金融を媒介する。貸し手側には、受益証券という間接証券を発行して資金を集め、それを証券市場で投資する投資信託会社やヘッジファンドなどの運用会社が介在する。借り手側には、資金融通をした銀行などの貸出債権としての資産を販売可能な証券に組成し直し、それを市場に供給する投資銀行などが介在する。ここで組成される証券が、資産担保証券（Asset-Backed Securities：ABS）という証券化商品である。金融機関と資金の運用者・調達者との間は相対取引となるが、金融機関同士が証券化商品を市場取引する[5]（池尾ほか［2006］：20-23，斎藤［2003］：268-273）。

　ポイントは、それまでは銀行が保有し続けた貸出債権が証券化され、販売され、銀行のバランスシートから切り離される点であった。つまり、借り手のデフォルト・リスクが、証券化商品として切り分けられ、最終的な資金運用者へ移転されるという点にあった。しかし現実には、このような証券化が「信用力が低い」と判断される借り手への住宅ローンに利用されるとともに、「市場型間接金融」が複雑な形をとった。1つは、第1段階の証券化、第2段階の証券化という具合に証券化が重層化したことである。このことで借り手のリスクの所在が極めて不透明になった。もう1つは、リスクを切り離したはずの銀行も、金融グループとしてさらに利益を求めてグループ相互間で証券化商品を買い合い、再びリスクを取っていた（みずほ総合研究所編［2007］：第3章）。

　5　市場型間接金融は、シャドーバンキング・システムとも呼ばれる。ここに介在する金融機関が全体としてシャドーバンク（影の銀行）を形成している。

証券化のプロセスは，まず投資銀行が銀行などの原資産保有者からサブプライム・ローン債権を買い集めてオリジネーターとなる。次に，その債権を特別目的機関（Special Purpose Vehicle：SPV）に売却し，オリジネーターの他の資産から切り離す。独立した資産のキャッシュフローを裏付けにして住宅ローン債権担保証券（Residential Mortgage-Backed Securities：RMBS）が組成される。これが第1次の証券化である。このRMBSの中は債務履行の優先劣後に基づいてリスクが小さい順にシニア・メザニン・エクイティという証券に切り分けられた。公的保証が付かない証券化においては優先劣後が重要な意味をもつ。メザニンなどのRMBSと自動車ローン債権などを原資産にするABSとが再プール化され，第2段階の再証券化がなされた。これを債務担保証券（Collateralized Debt Obligations：CDO）という。証券化の重層化で，リスクが低い割に，他の金融商品に比較してリターンが高く格付けの高い証券化商品が創出された。しかしリスクは決して無くならない。サブプライム・ローンのデフォルト率が上昇して証券化商品に対する信用が低下すると，リスクの不透明化により証券化商品全体に信用不安が波及し，流動性が急低下した。

　一方で格付けの高い証券化商品を創り出したということは，それだけ一般的な資金を引き付けたということであり，他方では格付けの低い商品も利回りが大きいということでヘッジファンドなどの投機資金を引き付けた。この点で，証券化はサブプライム・ローンに対する資金融通を極限まで膨張させるシステムであったといえる。

　さらに注目すべきは，SIV（Structured Investment Vehicle）である。これは，銀行が設立した事業体である。短期低利のABCP（Asset-Backed Commercial Paper）やMTN（Medium Term Note）で資金調達して，長期で高利の事業債，RMBSやCDOの証券化商品で運用して利鞘を稼ぐ。ここで銀行は，形の上で別の事業体を使っているが，銀行グループ間で互いに証券化商品を持ち合うことによって，いったん証券化で切り離したリスクを再び取り合っていた[6]。これはそもそもリスクを銀行から切り離すという証

6　現実には，このような銀行グループによる証券化商品への投資は，グローバルな関係としても行われていた。欧州系銀行は積極的にアメリカの証券化商品を買っていた。し

券化スキームの根本的な意義に反している。証券化商品の格付けが落ちると，ABCPによる資金調達ができなくなり，結局，銀行が流動性を支援することになり，銀行自体の経営にまで影響が及んだ。このような問題を抱えた証券化スキームは，アメリカの住宅金融を容易にし，住宅バブルを膨張させ，グローバル金融危機を深刻化させた。

アメリカの住宅バブルと崩壊は，直接には90年代末から2000年代初めにかけてのITバブルと崩壊の延長線上にあった。90年代末に既に住宅部門も活況を呈し，住宅価格の上昇がみられ始めていた。その流れの中で，ITバブルの崩壊などを受けて，FFレートは2000年の6.5％から03年1％にまで引き下げられた。この極端な金融緩和によってITバブルから住宅金融に資金が大きくシフトした。住宅価格の高騰が始まり，とりわけ03・04年からサブプライム・ローンが拡大した（河村［2009］：6-8）。

住宅バブルが惹起したのは，実体経済における過剰投資および過剰消費である。住宅購入が証券化によりサブプライム層にまで拡大するとともに，その融資にはヨーロッパなどを経由して国際過剰資本を呼び込み，住宅価格は上昇した[7]。住宅価格の上昇によって，サブプライム・ローンの借換えによる住宅購入が容易になるという循環もみられた。

住宅価格の上昇は消費を刺激した。2つのMEW（Mortgage Equity Withdrawal）といわれる。キャシュ・アウト型リファイナンスとは，金利低下時の借換えによる利子節約とともに，住宅資産評価の増加分を担保価値の増加分としてローン残高を積み増し，その一部を現金化する方法で，01年から05年までに合計7,600億ドルも現金が引き出された。HEL（Home

---

かし，そのドル資金はアメリカのMMFに大きく依存していた。例えば，アメリカのCP市場においては，CPの発行者の25.4％が米国系銀行であり，41.3％が欧州系銀行であった。そのCPの保有者の43.4％がMMFであった（日本銀行［2009］：21-22）。そして，リーマン・ブラザーズの破綻によりリーマンのCPを買っていたファンドのMMFが元本割れをしたので，MMFに対する解約が増加し，それがCPを発行していた欧州系銀行を初めとする金融機関の資金繰りを行き詰まらせる信用不安につながり，グローバル金融危機へと波及した。欧州系銀行は，アメリカの市場性資金に依存しながらサブプライム・ローンの証券化商品への投資で利鞘を得ていたが，同時に高いリスクを引き受けていたことになる（米倉［2009］：第2章）。

7　ヨーロッパからの証券化商品への投資については，鈴木（［2010］：96）を参照した。

Equity Loan）では，住宅の純資産価値（「住宅資産」－「住宅ローン未払い残高」＝エクイティ）を担保として，銀行から新たに融資を受けるもので，現金引出額は91年から2000年までに4,700億ドル，01年から05年までに1兆600億ドルにのぼったという。その結果，01年以降05年までにMEWにより引き出された現金による消費は2兆ドルを超え，個人消費支出が1.7%押し上げられたという（飯島［2009］：51-54）。

　しかし，そもそもサブプライム層に対する融資総額は証券化手法で嵩上げされており，初めから過剰消費・投資があった。破綻は，06年6月に住宅価格が下落に転じ，延滞率の上昇から始まった。それでは，なぜ住宅バブルによるこのような過剰消費・投資が可能となったのであろうか。それはアメリカにおいては膨大な経常収支の赤字とリンクしていた。このことは，ドルが基軸通貨であるという国際通貨体制に行きつくことになる。

2．グローバル金融危機と国際通貨体制

(1) 金融の新潮流と国際通貨体制

　2008年グローバル金融危機は，サブプライム・ローンの証券化商品を使った信用膨張が基底をなしていた。既にみたように，証券化商品は金融のグローバリゼーション，金融の自由化，金融のデジタル化が絡み合って創り出された。その中心は金融のグローバリゼーションであった。金融のグローバリゼーションは，「戦後パックス・アメリカーナの衰退と転換」の中で，アメリカが世界を舞台として自らを基軸とする資本蓄積の再構築を目指す戦略であった。アメリカが基軸国であり続けることを支えたものが，基軸通貨としてのドルである。グローバル金融危機は，世界的な経済膨張の基軸国で起こったのであり，ドルが基軸通貨である国際通貨体制の在り方そのものが問われる事態となった。

　そもそもブレトン・ウッズ協定に基づく国際通貨体制（旧IMF）は，ドルを基軸とする固定相場制であった。ドルが基軸通貨であることは，金・ドル交換により政策的に保証されていた（増田［2007］：311-314）。旧IMF体

制は71年にニクソン・ショックといわれる金・ドル交換停止によって崩壊するが，国際通貨体制に2つの変化を惹起した。1つは固定相場制の崩壊と変動相場制への移行であり，もう1つはアメリカの国際収支節度の喪失という問題である[8]。この2つの変化が，グローバル金融危機の外枠をなすと考えられる。

　変動相場制への移行と金融の新潮流の関連を確認したい。変動相場制への移行による大きな変化は，自由な資本移動の許容である。国際金融のトリレンマ論からすると，旧IMFは固定相場制と金融政策の独立性を確保するために国際資本移動を抑制していた。それに対して変動相場制の採用は，為替相場の安定性を放棄することによって，金融政策の独立性と資本移動の自由を可能にした。先進諸国が変動相場制を許容することによって，金融のグローバリゼーションはその橋頭堡を獲得した（岩田［2007］：261-262）。

　国際資本移動による為替相場の絶え間ない変動とオーバーシューティングによって，製造業は大きなリスクに晒された。企業業績が為替相場の変動に激しく左右されるようになった。そのために輸出企業は多国籍企業として世界的に分散して生産・流通拠点を展開せざるをえなくなり，経済のグローバリゼーションは実体面でも進んだ。実体面と金融面のグローバリゼーションとは相互関連的に進み，各国の金融自由化を促進したのである。

　また，為替・金利・株価という3つの金融指標は相互に関連しあっている。為替相場の絶え間ない変動はそれ自体が問題であるだけではなく，金融指標全体のボラティリティの相互連関的な高まりをもたらし，グローバル経済は「リスクの海」に放り込まれた（斎藤［2003］：48-50）。このことはリスクの分散によるヘッジ手法を生み出さざるをえなくした。その代表が証券化とデリバティブである。しかし，リスクヘッジには必ずリスクテイクがあり，証券化商品のデフォルトに対する保険機能を果たしたCDS（Credit Defaut Swap）を大規模に販売した保険会社AIG（American International

---

[8] 池田（［2003］：91-95）は，金・ドル交換停止によるIMF体制の崩壊が金融グローバリゼーションの起点になったとし，①過剰な国際流動性の供給，②変動相場制への移行の必然化，③資本移動の自由化の進展，④デリバティブ取引の発展，という歴史的変化を指摘する。

Group) が破綻したように，ある面でリスクが拡大することにもなりかねなかった。

(2) 国際通貨体制とグローバル金融危機

金・ドル交換停止によって，アメリカの国際収支節度の喪失という問題が発生した点をみておこう。これが，グローバル金融危機のもう1つの大きな外枠となっている。

ブレトン・ウッズ体制では，アメリカの経常収支の赤字膨張に対する節度は，金・ドル交換によって守られざるをえなかった。例えばアメリカの経常収支の赤字でドル安・円高に動いた場合，日本は固定相場制を維持するために円売り・ドル買い介入することになる。このことは外貨準備の増加に結びつき，ドルに対する交換圧力となり，金準備の減少を引き起こしかねない。そこで自ずと節度が働いた。最終的には，金による資産決済という形で経常収支による負債は清算されることになりかねないからである。そして，外国通貨当局のドル保有に対するアメリカの金準備の比率が100％を割り込む事態となると，金・ドル交換は保証できなくなる。そのための金・ドル交換停止は，しかし結果として国際収支節度の喪失を引き起こしかねないことになってしまった（徳永［2009］：135-139）。

71年の金・ドル交換停止は何をもたらしたか。旧IMF体制では，金・ドル交換によってドルは基準通貨，介入通貨，準備通貨という公的レベルの機能を独占することで，制度的に基軸通貨となっていた（藤田［2003a］：3-7）。しかし，その制度的保証が消失したにもかかわらず，ドルは国際通貨の基軸として機能し続けた。変動相場制では，ドルの基軸性は国際金融・資本市場および外国為替市場という民間レベルの国際通貨機能にその基礎を置いている。それでは国際通貨としてのドルの実態を確認しておこう。

①公的レベル（為替介入・準備通貨）についてみる。13年第3四半期末の「公的外貨準備の通貨構成（Currency Composition of Official Foreign Exchange Reserves：COFER)」によると，総額11兆4,343億ドルの公的外貨準備のうち，どの通貨建てかが確認されているのは54.1％であり，その内訳はドル61.4％，ユーロ24.2％，ポンド3.9％，円3.9％となっている。ドル

は2000年前後には7割を超えたこともある。低落しつつあるが依然として公的な外貨準備の6割を占めている。ユーロは約4分の1のシェアを占める (IMF, COFER)。

②為替媒介通貨の機能についてみる。国際的な外国為替市場での13年4月の一日平均取引高の通貨区分では，総計200％の中でドルが87.0％，ユーロが33.4％，円が23.0％である（BIS［2013］: 10）。取引高の9割近くにドルが絡む。また，ECBの報告書によると，CLS（Continous Linked Settlement）における決済データでは，ドルが取引の90％で相手側となり，外国為替市場での媒介通貨としての役割を確固として果たしているのに対し，ユーロのシェアは約40％にとどまっているとしている（European Central Bank［2013］: 27-28）。民間の銀行間取引ではドルが極めて頻繁に使われていることが分かる。

③貿易契約・決済通貨については，財取引に限れば，ドルが支配的である[9]。とくにアジアでは第三国間通貨としてドルがよく使われている。日本は，輸出53.3％・輸入74.1％がドル建てである（13年下半期）。同じく韓国は輸出85.2％・輸入84.3％（13年）。タイは輸出79.7％・輸入78.5％（13年12月）。インドネシアは輸出94.1％・輸入80.5％（13年12月）がドル建てである。それに対してユーロ圏は，EU加盟国以外との交易では，輸出44％・輸入55.7％がドル建てで，かなりの程度でドルが使われている。とくにギリシャやオランダが輸入においてドル建てが約80％になっているのは，ドル建て決済の原油や中国製品が多いためとされる（European Central Bank［2013］: 37）。また，イギリスは輸出26.0％・輸入37.0％である。アメリカは輸出の95％・輸入の85％がドル建てである。

④投資・調達通貨についてみる。まず，調達面での国際債券市場における通貨構成の傾向をみる（European Central Bank［2013］: 22，同［2010］: 15-16）。12年第4四半期時点，国際取引分の狭義でみると，ドル52.4％，

---

9 ユーロ諸国はEuropean Central Bank（［2013］: 36），日本は財務省・税関HP，韓国はThe Bank of Korea（Economics Statistics System）HP，タイはBank of Thailand（HP），インドネシアはBank Indonesia（HP），他は德永（［2008］: 48），Goldberg and Tille（［2005］: 20）による。

ユーロ 25.5％，円 4.9％となっている。国内取引分を入れた広義でみると，ドル 38.8％，ユーロ 37.7％，円 3.4％となっている。それに対して，09 年第 4 四半期時点では，国際取引分の狭義でみると，ドル 45.8％，ユーロ 31.4％，円 5.8％となっている。国内取引分を入れた広義でみると，ドル 38.2％，ユーロ 29.8％，円 13.4％であった。これをみると，09 年時点の調達面では，ドルのユーロに対する優位性はそれほどなかった。ユーロのドルへの接近が注目される。次に地域・国別の投資通貨をみる（European Central Bank［2013］：72）。各国の債券投資の資産残高における通貨構成は，ドル対ユーロの割合では次のようになっている。アフリカではドル 66.9％：ユーロ 20.9％。アジア・パシフィックでは同 62.9％：11.2％。その中の日本は同 79.7％：9.3％，ラテンアメリカでは，同 82.9％：7.5％。ヨーロッパ全体では同 48.2％：26.6％となっている。その中の主要非ユーロ国では同 39.6％：48.4％でありユーロのシェアがドルを上回る。しかし，アジア，アフリカやラテンアメリカではドルが圧倒的であり，グローバルなレベルではドルでの運用が高いといえる。

　以上のようにドルの基軸通貨としての地位は，為替媒介通貨を柱として準備通貨における国際通貨としてのウエイトの相対的な高さを背景にして発揮されてきた。調達・投資通貨としてのウエイトも高かった（今田［2009］：211-217）。そしてアメリカは基軸通貨国の特権により経常収支赤字を拡大し続けてきた。それを可能にしているのは，アメリカは，基軸的な国際通貨国として自国通貨で支払いをする負債決済ができるからである[10]。その仕組みは，アメリカが絡まない第三国間での国際取引でドルが受け取られることとそれを可能にするシステムによる。国際間のドル資金の移動は，アメリカにおける国内の資金移動が国内の銀行預金の振替で行われるのと同じように行われる。第三国間同士の取引においてドルで決済される場合は，アメリカの銀行の預金の振替で処理されている（徳永［2009］：131-136）。

　ここから基軸通貨国アメリカの特権が生じる。非基軸通貨国の場合，輸入超過や対外投資のため国際収支の赤字が生じたら，決済のため国際通貨を調

---

[10] 負債決済については，高浜（［2012］：220）。また最終決済および資産決済については，平（［2001］：第 5 章）を参照した。

達する必要がある。しかしアメリカが国際収支赤字になっても、ドルが国際通貨であり、他国がそれを受け取ってくれる限りは、国際通貨としてドルを創出することで国際収支の赤字をファイナンスすることが可能であった。経常収支赤字として預金の振替により流出したドルが、米国財務省証券に投資されれば、対米投資も銀行内の預金の振替で処理される。それゆえに、世界は決済のためにドルの供給を受け入れたのである。問題はそれが過剰に供給されたことにある。

　金・ドル交換停止により、過剰な経常収支赤字をチェックするシステムが制度的に失われた。ドルの過剰流動性をチェックするのは、ドル暴落の懸念だけになった。アメリカの銀行預金としていったんは受け取られたドルが、直ちに他の通貨と交換されたり、財務省証券が売られたりすれば、ドル売り、ドル安になり、債券価格の下落・金利上昇につながり一定の抑制が働く。ただ、ドル預金がドル建て金融資産で運用される限り問題はない。アメリカにとって外国による財務省証券への投資はアメリカの財政赤字を支える柱ともなってきた。このようなドル基軸通貨体制の持続可能性に対して咎めが入った。

(3) 基軸通貨国とグローバル・インバランス

　アメリカの経常収支赤字は、金融危機直前まで赤字額を膨張させ続けてきた（図表9-1）。経常収支赤字は資本収支黒字で埋められなければならない。しかし、アメリカはたんに経常収支赤字を埋める額だけの資本収支黒字を受け入れていたのではなかった。アメリカをめぐっては、経常収支赤字をはるかに上回る膨大な額の資金流入と資金流出があり、その中で経常収支赤字がファイナンスされてきた。アメリカは米国債と金融機関の生み出す金融商品により対内投資を受け入れるとともに、同時に世界に対外投資をするという形で純投資収益を得ながら、基軸通貨国として世界の資金循環の中心に位置していた。

　ここでは、金融危機前後の資金循環構造の変化についてみておきたい（図表9-2、図表9-3）。07年には、アメリカの経常収支は7,134億ドルの赤字、対内投資は2兆646億ドルの流入、対外投資が1兆4,536億ドルの流出、資

図表9-1　アメリカの経常収支の推移

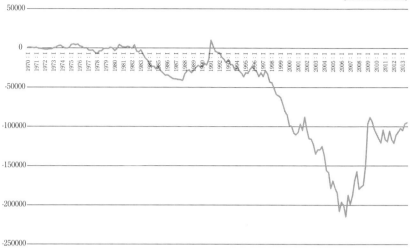

出所：U. S. Ineternational Transactions Accounts Data から作成

本収支は 6,110 億ドルの黒字であった。

　金融危機直前の 08 年第 2 四半期には，ベアスターンズ救済の影響下において，既に対内投資は第 1 四半期の 4,562 億ドルの流入から 199 億ドルの流出へと逆流している。その結果，08 年の対内投資は 4,314 億ドルへと対前年比でほぼ 5 分の 1 に大きく減少し，そして 09 年にはさらに 3,151 億ドルへと減少してきている。

　対外投資については，07 年の 1 兆 4,536 億ドルの流出が，08 年は 3,321 億ドルの流入と逆流したが，09 年は 1,289 億ドルの流出へ戻った。対外投資も四半期ごとにみると，08 年第 2 四半期には既に，1,780 億ドルの流入という逆流が始まっていて，08 年第 2 四半期から 09 年第 2 四半期までは対外投資はプラス，つまり資本が逆流し続けている。

　資本流入も資本流出も大きく変化する中で，資本収支は 07 年の 6,110 億ドルから 08 年 7,635 億ドルとなった。黒字で増大してはいるが，それは 08 年の対内投資が約 5 分の 1 まで減少する一方，対外投資が逆流することで生じていて内容は激変している。そして 09 年には 1,862 億ドルの黒字に減少して

第9章　グローバル金融危機と国際通貨体制

図表 9-2　アメリカの国際収支の推移

1999-2012：Annual [million of dollars]

	1999	2000	2001	2002	2003	2004	2005	2006	2007	2008	2009	2010	2011	2012
経常収支	-300778	-416317	-396697	-457800	-518657	-629327	-739796	-798478	-713389	-681343	-381636	-449471	-457725	-440416
財・サービス収支	-263755	-377337	-362339	-418165	-490545	-604897	-707914	-752399	-699065	-702302	-383657	-499379	-556838	-534656
所得収支	11931	19178	29728	25175	42760	64129	67630	43338	100606	146144	123580	177659	232648	223928
移転収支	-48954	-58159	-64086	-64810	-70873	-88559	-99512	-89417	-114929	-125185	-121559	-127751	-133535	-129688
資本収支	238148	477701	400254	500515	532879	532331	700716	779440	611038	763515	186203	423968	516702	446415
対外投資（資本流出）	-504062	-560523	-382616	-294646	-325424	-1000870	-546631	-1285729	-1453604	332109	-128860	-909953	-452304	-97469
米公的準備資産	8747	-290	-4911	-3681	1523	2805	14096	2374	-122	-4848	-52256	-1834	-13877	-4460
米政府資産	2750	-941	-486	345	537	1710	5539	5346	-22273	-529615	541342	7540	-103666	85331
対外直接投資	-224934	-159212	-142349	-154460	-149564	-316223	-36235	-244922	-414039	-329081	-310382	-301080	-409004	-388293
対外証券投資	-122236	-127908	-90644	-48568	-146722	-170549	-251199	-365129	-366512	197347	-227024	-139084	-143770	-144823
非銀行部門・債権	-97704	-138790	-8520	-50022	-18184	-152566	-71207	-181299	-928	456177	154139	31326	4147	-25723
銀行部門・債権	-70685	-133382	-135706	-38260	-13014	-366047	-207625	-502099	-649730	542128	-234679	-506821	215866	380498
対内投資（資本流入）	742210	1038224	782870	795161	858303	1533201	1247347	2065169	2064642	431406	315063	1333921	969006	543884
外国公的資産	43543	42758	28059	115945	278069	397755	259268	487939	481043	554634	480286	398309	253816	393922
対内直接投資	289444	321274	167021	84372	63750	145966	112638	243151	221166	310092	150442	205851	230224	166411
対内証券投資	254337	389906	379507	383702	312160	475101	582686	625016	672259	-2695	-13596	439280	133583	353293
財務省証券	-44497	-69983	-14378	100403	91455	93608	132300	-58229	66845	162944	-15451	298341	188045	156385
その他証券	298834	459889	393885	283299	220705	381493	450386	683245	605414	-165639	1855	140939	-54462	196908
非銀行部門・債務	76247	170672	66110	95871	96526	165872	69572	244793	183221	-31475	9536	67985	6053	-39505
銀行部門・債務	54232	116971	118379	96410	97207	335206	214736	462043	517628	-428337	-324237	194177	290334	-387378
デリバティブ取引	n.a.	n.a.	n.a.	n.a.	n.a.	n.a.	n.a.	29710	6222	-32947	44816	14076	35006	-7064
統計上の不一致	66806	-61382	-16755	-42574	-12401	93947	25964	-8884	95745	-55235	150757	11585	-92771	-5891

出所：U. S. Inetrnational Transactions Accounts Data から作成

第3編　貨幣と国家

図表9-3　アメリカの国際収支の推移

2008：Ⅰ−2013：Ⅲ：Quarter
[million of dollars]

	2008:Ⅰ	2008:Ⅱ	2008:Ⅲ	2008:Ⅳ	2009:Ⅰ	2009:Ⅱ	2009:Ⅲ	2009:Ⅳ	2010:Ⅰ	2010:Ⅱ	2010:Ⅲ	2010:Ⅳ	2011:Ⅰ	2011:Ⅱ	2011:Ⅲ	2011:Ⅳ	2012:Ⅰ	2012:Ⅱ	2012:Ⅲ	2012:Ⅳ	2013:Ⅰ	2013:Ⅱ	2013:Ⅲp
経常収支	-179532	-176583	-174788	-150440	-96233	-88201	-93756	-103449	-109395	-115357	-120492	-104228	-116643	-118903	-105626	-116554	-120842	-110513	-106742	-102320	-104895	-96613	-94840
財・サービス収支	-183334	-185113	-187622	-146233	-94074	-81126	-98735	-109722	-118275	-129150	-131274	-120682	-136385	-140551	-134689	-145214	-142947	-135302	-129029	-127378	-122633	-118122	-120738
所得収支	38670	39734	44041	23700	25317	24364	37922	35977	43786	44230	42827	46817	55085	55435	61068	61061	54876	57457	54630	56965	50881	55997	59998
移転収支	-34868	-31204	-31207	-27908	-27476	-31439	-32943	-29704	-34906	-30438	-32045	-30362	-35343	-33788	-32005	-32401	-32771	-32968	-32343	-31906	-33143	-34488	-34100
資本収支	217912	158121	185561	201919	6308	10386	26386	143124	60979	22479	248241	92269	265194	133304	171739	6465	270900	15594	33516	126405	36474	61990	73859
対外投資(資本流出)	-238333	177984	113445	279012	125090	48192	-309132	6990	-251291	-158216	-285382	-215064	-355433	20385	-84425	-32831	93519	192062	-267054	-115996	-229070	-106201	-74295
米公的準備資産	-276	-1267	-179	-3126	-982	-3632	-49021	1379	-773	-165	-1096	200	-3619	-6267	-4079	-1912	-1233	-3289	-833	895	-876	191	1001
米政府資産	3268	-41592	225997	-265293	244102	193750	57736	45754	9433	-2441	788	-240	-547	-1358	-1137	-100624	51087	16650	15206	2388	-446	3115	850
対外直接投資	-92199	-95140	-66710	-75031	-72892	-65916	-86451	-85124	-95076	-66131	-83354	-56518	-98181	-126287	-73760	-110777	-113038	-86202	-93635	-95418	-84122	-97004	-95813
対外証券投資	-11990	-4820	115406	98751	-36497	-94166	-54256	-42160	-15759	-39342	-41823	-30362	-84722	-56444	-39360	36756	2276	-22920	-51183	-72996	-133783	-79359	-47391
財務省証券	120047	75492	121264	139374	18261	36999	84790	14089	43586	6381	2639	-21280	-80578	9444	9756	65515	-67175	16793	6325	18334	-22437	-59730	4290
その他証券	-257183	245312	169661	384338	-189021	-188843	-261931	72997	-166300	-80101	-165017	-95403	-87786	201296	24145	78211	221602	271030	-142935	30801	12594	126586	62768
対外投資(資本流入)	456245	-19863	72116	-77093	-118782	-37806	335518	136134	312270	180695	533623	307333	566627	112919	256164	39296	177381	-176468	300570	242401	265544	168191	148154
外国公的資産	216229	181419	142224	14762	109442	129253	109204	132387	89967	63882	168673	73787	72443	121361	53851	6161	144468	57374	107684	84396	126871	-6577	68514
対内直接投資	88544	66637	62738	92172	-2335	30243	54849	67686	36712	30636	82515	55988	32922	60576	61038	75688	35756	49524	38839	42292	28624	40556	44177
対内証券投資	-644	39041	-56869	15777	-21875	-30372	20698	17953	89311	67698	168097	114174	63430	-7348	59226	18275	93271	-44229	127242	177009	39810	-49268	195062
財務省証券	14415	18801	66153	63575	45873	-30093	-28060	-3171	84213	83621	74766	55741	58940	-2386	84134	47357	64974	-4652	62548	33515	50780	-6065	63414
その他証券	-15059	20240	-123022	-47798	-67748	-279	48758	21124	5098	-15923	93331	58433	4490	-4962	-24908	-29082	28297	-39577	64694	143494	-10970	-43203	131648
非銀行部門・債権	72442	-61088	85846	-128675	-7532	15848	20775	-19555	22388	12778	10944	21875	40692	24774	-17898	-41515	13279	-25581	-4763	-22440	-20872	18850	-60786
銀行部門・債務	86424	-246102	-167668	-100991	-208298	-180843	125813	-60909	71627	1601	92880	28069	338564	-100433	90333	-38130	-127450	-220672	15412	-54668	86154	155144	-111477
デリバティブ取引	-7966	-2355	-4886	-17740	7146	7561	10645	19464	16152	9980	-11893	-163	2952	9806	-1617	23865	-7339	2419	-5129	2985	3948	3511	-6569
統計上の不一致	-30406	20834	-11930	-33732	82799	70282	56761	59083	32267	82900	-115711	12130	-91475	-23377	-64196	86279	-142718	92741	78825	-34738	64513	31339	27550

出所：U. S. Inetarnational Transactions Accounts Data から作成

図表9-4 アメリカの国際投資ポジション

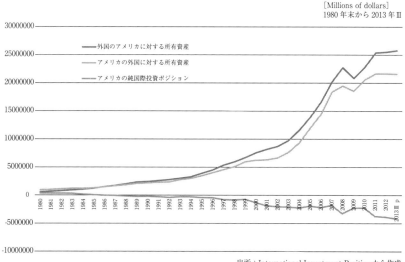

出所：International Investment Position から作成
p：Preliminary.

きた。

それに相応するように，経常収支赤字も07年7,134億ドルであったが，08年の6,813億ドルから09年には3,716億ドルまで減少した。四半期ごとでは，経常収支赤字の最悪期は06年第3四半期の2,145億ドルで，09年の第2四半期には882億ドルにまで減少したが，10年から11年にかけて約1200億ドルの前後を，13年には1,000億ドルを割ってきた。さらに改善が進むのかどうかの岐路に立っている（図表9-1，図表9-2，図表9-3）。

アメリカは経常赤字累積の結果，世界最大の対外純債務国となっている。背景には，グロスの債権・債務残高の急激な膨張がある（図表9-4）。債権・債務残高の差額として，純債務残高も拡大してきた。アメリカの対外債権・債務残高である国際投資ポジションは，13年末第3四半期でグロスで対外債務25兆7,565億ドル，対外債権21兆5,909億ドルで，対外純債務残高は4兆1,656億ドルと増大してきた。アメリカの対外純債務残高は，86年から徐々に増え始め，2000年に1兆ドルを超え02年から07年までは2兆ドルを前後していたが，08年末には対前年末から1兆4,642億ドルも増加

し，3兆2,602億ドルにまで拡大した。グローバル金融危機を受けて，グロスの債権・債務残高のこれまでの増大トレンドに異変が起きた。しかし，対外純債務残高に歯止めがかかるのかどうかが，注目されている（U. S. Department of Commerce [a], [b]）。

それでは，以上のような対外債務残高の増大に結果するアメリカの経常収支赤字としてのグローバル・インバランスについて，これまでの論争に学びながら考えていきたい（徳永 [2008]：17）。

1960年代のドル危機に対して，トリフィンらの多数派は流動性ジレンマ論を展開した。つまり，①流動性供給はアメリカ国際収支赤字によって供給されるドルに依存する。②しかし，その赤字の累積はドルの金への交換性問題つまり信認問題を引き起こす。③アメリカは赤字を縮小しなければならないが，それは世界的な流動性不足を招くおそれがある。④したがって，固定相場制のIMF体制を維持するためには世界の外貨準備に追加すべきなんらかの新準備資産の計画が必要であるとした。そして，この新準備資産がSDR（Special Drawing Rights）として現実化したわけである。

これに対して，少数派としてのキンドルバーガーらは「世界の銀行」論を展開した。それは国内銀行原理の国際金融への拡張的適用であるとされる。つまり，①国際収支赤字は実質上の不均衡の指標とならない。アメリカの赤字はヨーロッパの強いドル需要に基づくもので，ドル供給の減少は世界の経済成長を阻害する。②アメリカは一種の世界の銀行としてヨーロッパ人の流動性需要と彼らの貯蓄との仲介機能を担っている。③アメリカの資本輸出は短期のドル預金となってアメリカにフィードバックするとした（岩野 [1977]：52-53）。しかし留意すべきことは，この時点の議論はアメリカの経常収支が黒字であることを前提にしていたということである。

基軸通貨国は「世界の銀行」として3つの役割が期待されているという。①国際決済に必要なインフラとしての基軸通貨の銀行間決済システムを提供すること。②資金仲介機能として，国際金融・資本市場を提供し，経常収支黒字国から投資された余剰資金を経常収支赤字国に供給すること（国際的金融仲介）。③国際的に必要とされる流動資金を短期貸付で供給すること（国際的信用創造）である。これに照らせば，一国の国民通貨を国際通貨として

利用している限り，基軸通貨国が経常収支黒字の範囲内で長期資本輸出を行えば信認の問題は発生しないとする「基礎収支均衡論」は説得力をもつ。しかしながら金・ドル交換による国際収支赤字に対する歯止めがなくなり，しかも経常収支赤字が止めどもなく増加するという状態に至れば，自ずとドルのサステナビリティ問題が発生することになる（藤田［2003b］：23）。

　グローバル・インバランスの内容をみておこう。アメリカの膨大な経常赤字に対しては，東アジア諸国・産油国などの経常黒字が対応している。とくにアメリカは04年から08年まで毎年6,000億ドルから8,000億ドルに及ぶ赤字（対GDP比5％台，08年は4.7％）を継続してきた。それに対して，産油国とともに中国が大きく経常収支黒字を拡大してきた。アメリカの経常収支赤字は12年では4,404億ドルであったが，最大の対赤字国は中国であり，3,295億ドルであった（U. S. Department of Commerce［c］）。アメリカの経常収支赤字は，結局，投資が貯蓄を大きく上回っているということであるが，過剰消費により貯蓄が大きく減少している中で起きている。それに対して，中国などでは貯蓄が過剰であった。

　このような経常収支のインバランスが中国では外貨準備の増加として問題になる[11]。これは，中国が05年の「変動相場制」への移行後も為替管理を続けており，資本移動の規制のもとで人民元の対外価値上昇を抑えるために，人民元売り・ドル買い介入した結果である。遡ると，中国の2000年から05年までの累積の経常収支黒字は347億ドル，純資本流入は291億であり，それに合わせて外貨準備が664億ドル増加した。外貨準備高は941億ドルであった（06年7月）。中国の外貨準備高は急激に増加した。07年12月には1兆5,000億ドルを突破，10年6月には2兆4,542億ドルに達し，13年12月末に3兆8,213億ドルとなった（国家外汇管理局HP）。人民元売り・ドル買いの為替介入は，人民元高を阻止する意味があり，輸出に有利となる。また人民元高・ドル安になれば，外貨準備としてのドル資産が目減りすることになる。中国としては為替差損を懸念し外貨準備高を減らしたいが，急に減らせば人民元高・ドル安になるかもしれないというジレンマを抱えて

11　田中（［2008］：367-368），Turner and Mohanty（［2006］：41）を参照した。

いる。アメリカ側からすれば中国の外貨準備が財務省証券に投資され続けることで，金利を抑え，財政赤字と経常収支赤字をファイナンスできる構図となっている[12]。

問題は，中国が外貨準備をどれだけ対米金融資産，とくに財務省証券に振り向けているかである。13年12月現在，中国は1兆2,689億ドルの米財務省証券を保有している（U. S. Department of the Treasury：HP）。中国は，財務省証券を含めて，すべての証券（株式・機関債・社債）を合わせれば，12年6月30日現在，総額1兆5,920億ドルの対米金融資産を保有している（Department of the Treasury, et al.［2013］）。

(4) グローバル・インバランスのサステナビリティ論

グローバル・インバランスのサステナビリティについての議論を3つに分けてみておこう。それは，①経常収支赤字は持続不可能であるとする説，②経常収支赤字は持続可能であるとする説，③グローバル・インバランスなど問題にする必要もないという持続可能・不可能の議論を超える「新パラダイム」説の3つであった（田中［2008］）。

①持続不可能説はアメリカの正統派の議論とされる。このままではドルの暴落に至り，金利の高騰と不況，ひいては世界不況に至るとする。これに対しては，黒字国の対ドル為替相場の切り上げにより，アメリカの経常収支赤字を許容範囲（GDP比3％程度）にしなければならないという。このような議論は，再プラザ合意の期待を想起させた。

②持続可能説は，ドル暴落の懸念が高まっても実際には急激な暴落は発生しなかったことの理由づけといってよいだろう。1つは，当時の状態にブレトン・ウッズ体制の復活を見てとる考え方であった。アメリカの経常赤字を前提にしたアジア諸国の対米輸出と経済成長は，アジア諸国における今後も吸収できる労働力人口の豊富さから長期間続くはずである。そのことを基礎にしてアジア諸国の為替介入と外貨準備による財務省証券投資が続けば，アメリカ―アジア諸国間の為替安定はブレトン・ウッズ体制のように長期間可

---

[12] 中国人民銀行の不胎化政策については，金澤［2009］，大森［2014］を参照した。

能であるはずである。人民元の切り上げはかえって「安定した不均衡」を覆しグローバル金融恐慌を引き起こす可能性があるとして反対された。「不均衡」の存在は認めている。しかし，それはここでは長期に安定的であると考えられていた。2つめは，グリーンスパンの金融グローバリゼーション説といわれるもので，米経常支赤字の膨張を資本収支黒字が支えるパターンは21世紀国際通貨レジームの新現象であり，同じく安定性をもつと考えられた。金融のグローバリゼーションにより，国内貯蓄が国内投資されるホームバイアスが低下したからであるとされた。これも同じくドルの人為的な大幅切り下げに反対した。

③「新パラダイム」説は，グローバル・インバランスはたんなる為替の切り上げ・切り下げによって解決する問題ではなく，グローバリゼーションの中で深化した世界経済の構造転換という実体的な面を考慮しなければならないという考え方である。国外に流出したアメリカの製造業は，巨額の資金を稼ぎ，家計部門の貯蓄が0％のときに，企業の内部留保を増やし続け貯蓄超過部門となり，その余剰資金によって自社株購入，M＆A，LBOや外国での資産購入を行っている。そしてアメリカは，ドル安となっても貿易収支赤字は均衡へと復帰しない産業構造をもつに至ったという。

確かに，グローバル・インバランスはアメリカと世界経済の持ちつ持たれつの構造的関係を端的に表す現象といってよい側面はある。またアメリカ主導のグローバリゼーションの中で起こった世界経済の構造転換が，グローバル・インバランスの大枠を規定しているといってよい。しかし，問題は世界経済の構造転換につれて国際通貨体制がそれにふさわしいものになっていたかどうかである。国際通貨体制は，金との関連を絶たれた国際通貨ドルを基軸とする20世紀型の国際通貨体制のままであった。経済が実体面でグローバル化しているのに，通貨のグローバル化は真に進んでいたであろうか。ドルは金との関係が切れることによって，より自由でグローバルな通貨となった側面がある。しかし，そこに陥穽があった。

グローバル金融危機を後から振り返ってみれば，上のグローバル・インバランスについてのサステナビリティ論はいずれも的を射ていなかったと考えられる。まず，グローバル・インバランスによるドルの急激な暴落は起こら

なかった。その意味では持続可能であったかにみえた。したがってまた，世界経済の構造転換を超楽観的に考えれば，グローバリゼーション下のグローバル・インバランスは，問題設定そのものが成立しないようにも考えられた。しかし，グローバル・インバランスすなわち経常収支が著しくバランスを欠いている状態にはやはり無理があった。たとえアメリカの企業が中国で生産したものをアメリカに逆輸入する関係であるとしても，その製品は中国国内で付加価値を生産したものである。国家間において，配当等の所得収支を差し引いても残る経常収支のインバランスという形で債権・債務関係が形成されるのであれば，その貸借はいずれ必ず清算されねばならない。

　グローバル金融危機と国際通貨体制の関連性はないようにみえる。しかし，根底ではつながっている。既にみたようにグローバル・インバランスとは，アメリカの経常収支赤字拡大とそれを支える中国などによる経常収支黒字拡大およびそれを反映した外貨準備高の激増である。この不均衡は不均衡にもかかわらず，まさにそれゆえにこそ世界経済の好況が支えられていた側面がある。好況の構造は，アメリカの住宅バブルによる過剰投資・消費とそれを支えたアジアからの輸出つまりアジアの過剰貯蓄であった。アジアは輸出で潤った。しかしその果実はアメリカを中心に証券投資され，外貨準備や対外資産として累積した。しかしアメリカの経常収支赤字の限りなきかのような拡大は，国際収支節度の喪失を意味しており，基軸通貨国にのみ許される特権を根拠としていた。この特権なくしてこれほどのインバランスは起こりようがない。ドルの暴落という危険性は再三指摘されたが，経常収支赤字はむしろ拡大した。そのファイナンスは，経常収支赤字をはるかに上回る資本の流入・調達と資本の流出・投資というアメリカを中心とする国際資金循環の中で，あたかも永遠に続くがごとく行われていた。この国際資金循環は，アメリカの証券化商品を軸とする金融商品力と基軸通貨ドルとによってもたらされていたと考えられる。

　ところが破綻は，ドルの暴落としてではなくサブプライム・ローンのデフォルトという形で起こった。むしろ危機後，ドルは決済通貨ドル不足のため皮肉にも対外価値が上昇した。サブプライム・ローン危機がグローバルな金融危機そして経済危機となったのは，1つはサブプライム・ローンが金融の

証券化という新手法により融資の規模を最大限に拡大したことにある。そしてそれは，アメリカの住宅バブルという過剰投資・消費がグローバル・インバランスの中で許されてきたということである。2つめはこの証券化商品に対してはとくにヨーロッパを中心に世界中からの資本流入があったという点である。世界的な資本循環の中でサブプライム・ローンは支えられていた（Department of the Treasury, et al. [2008]：58）。サブプライム・ローン危機は金融面ではヨーロッパの銀行から始まった。グローバル金融危機がグローバル・インバランスを咎めるという形をとったのは，証券化商品を抜きにしては考えることができない。

以上みてきたように，グローバル金融危機はアメリカの住宅バブルの崩壊による。それは，アメリカにおける過剰投資・消費を顕現化させた。アメリカの過剰投資・消費は，一方では実体面におけるグローバル・インバランスの結果であり，アメリカが経常収支赤字の膨大な拡大を許され続けたということである。これは，アメリカの基軸通貨国特権による国際収支節度の喪失によってもたらされた。他方では，アメリカの過剰消費が拡大したのは，金融面におけるサブプライム・ローンによるところが大きかった。これは，グ

図表9-5 グローバル金融危機と国際通貨体制の構図

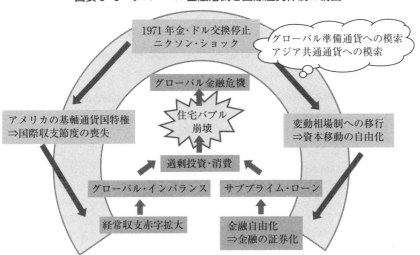

ローバリゼーションによる金融の自由化や金融の証券化によって可能となった。さらにこれは，変動相場制への移行による資本移動の自由化の結果としてもたらされた。そして，以上の実体面での破綻のカギとなる国際収支節度の喪失と金融面での破綻のカギとなる変動相場制への移行による資本移動の自由化とが共に，現在の国際通貨体制の核心をなす71年金・ドル交換停止をその淵源としているのであった（図表9-5）。

以上のとおりであるならば，グローバル金融危機について全体としての連関の中でその根本的な原因の剔抉を図ろうとすれば，国際通貨体制に対する問題提起に帰着することにならざるをえないと考えられる。

3. グローバル金融危機後の国際通貨体制

(1) グローバル金融危機とG20サミット

グローバル金融危機の発生を受けて始まった20カ国・地域首脳会合（G20サミット）をみておきたい。これは金融サミットとも呼ばれたが，金融規制・監督の強化[13]，金融危機に直結する財政問題から為替の安定を含んだ国際通貨体制へと論点が移ってきた。

第1回はワシントンで08年11月に開かれた。緊急であり具体策に乏しいが，①財政拡大での国際協調，②金融市場の規制・監督の強化，③IMFの機能拡充など広範囲で方向性が示された。「保護主義や通貨切り下げ競争」の排除でも一致した（日本経済新聞：2008. 11. 17）。

第2回は09年4月ロンドンで開かれた。①参加国全体で10年末までに5

---

[13] グローバル金融危機後の金融規制改革には，一定の進展がみられる。まず，国際的にはBISによる銀行の自己資本比率規制としてのバーゼル規制Ⅱからバーゼル Ⅲへの改革とその適用が開始された。また，13年末にはアメリカで金融規制改革法（ドッド・フランク法）における「ボルカールール」の最終案が決定された。銀行が自己勘定取引で短期売買（トレーディング）をしたり，ヘッジファンドなどへ出資したりすることを制限する。同じく銀行の業務範囲規制については，EUではリスクの高い取引は法的に分離された別会社で行わせようとしており，英国ではリテール業務から高リスク業務を隔離する提案がなされている（翁［2014］）。

兆ドルの財政出動の確認，②2,500億ドルの貿易金融支援とドーハ・ラウンドの早期大枠合意を目指す方針の確認など保護主義に対する具体的な措置，③IMF改革をめぐって，クォータ（出資割当額）見直しを2年前倒しして11年に行うことや新興・途上国への支援策を3倍の7,500億ドルとする誓約がなされた。そして中国からは400億ドルの拠出の表明がなされ，世界最大の外貨準備残高を背景として中国による国際通貨体制の見直しに関する積極的なコメントがあった（日本経済新聞：2009.4.4）。

第3回はピッツバーグで09年9月に開催された。ここではアメリカの巨額の経常赤字に代表される世界経済の不均衡を是正することで一致した。具体策は，アメリカは貯蓄率を上げて財政赤字の縮減すること，中国は輸出依存度を下げて内需を拡大することとされた。金融規制としては，自己資本比率の厳格化，金融機関経営者の高額報酬制限で詰めがなされることになった（日本経済新聞：2009.9.26）。

第4回は10年6月にトロントで開催された。ギリシャ財政危機を受けて財政再建問題に焦点が当てられた。日本を除く先進国は13年までに財政赤字を半減することを表明した（日本経済新聞：2010.6.28）。

第5回は10年11月にソウルで開催された。最大の焦点は，グローバル・インバランスつまり世界経済の不均衡是正のための国際協調の枠組みであった。是正のための「参考指針」を11年前半に設けることに合意し，具体的な数値の決定などは持ち越された。この合意の背景には「通貨安競争」回避と国際通貨体制そのものの是正への視点の移行がある。「通貨安競争」には，為替介入による切り下げだけではなく，人民元のように為替介入により事実上ほぼドルにペッグすることによる通貨価値の過小評価も含まれるし，またアメリカのような超金融緩和による金利引き下げがもたらすドルの通貨安の容認も含まれた。

しかし，不均衡をそのままに許容し，それを是正できない国際通貨体制そのものに課題があることも注目されてきた。問題は，現在の国際通貨体制の欠陥を「参考指針」に基づく国際的な経済政策協調により改善しようとする方向性にあるとみられた。ただ，11年11月にフランス（カンヌ）で開催予定のG20サミットでは，国際通貨制度改革が主要議題になる見込みもあっ

た（日本経済新聞：2010. 11. 6，2010. 11. 13）。

　また，G20カンヌ・サミットの前に11年2月パリで開かれたG20財務相・中央銀行総裁会議では，不均衡是正に向けた「参考指針」に使う経済指標については，①公的債務と財政赤字，民間貯蓄率と民間債務，②貿易収支，投資所得および対外移転の収支から構成される対外収支，とする点で合意した。国際通貨システムの改革では国際準備資産であるSDRの役割などについて検討する方針で一致していた（日本経済新聞：2011. 2. 20）。

　さらに11年4月にワシントンで開かれた同会議では，不均衡是正の監視の対象となる国を特定する判定基準を指す「参考指針」の合意がなされた。またSDRについては，現在の4通貨の構成通貨を増やす道筋を議論することで一致していたという（日本経済新聞：2011. 4. 16）。

　しかしながら，11月初めの第6回フランス・カンヌでのG20サミットでは，急を要した欧州債務危機への「包括案」の具体化と実施をめぐって議論が費やされた。SDR構成通貨の問題も含めて，国際通貨制度改革のような将来を見据えた本質的な議論は，結局，行われなかった（日本経済新聞：2011. 11. 5）。

　第7回は12年6月にメキシコ・ロスカボスで開かれた。欧州債務危機や金融セクターの問題が中心となった。議論は当面の世界金融市場の不安定への対処に費やされ，国際通貨体制等のより根本的な問題への議論は，背後へと退いたようにみられる。IMFの資金基盤の強化のために4,560億ドルの増額がなされ，財政再建一辺倒から財政再建と経済成長との両立を図る方向性が打ち出されたのが注目される（日本経済新聞：2012. 6. 20）。

　第8回は13年9月にロシア・サンクトペテルブルクで行われた。アメリカの量的緩和縮小が新興国へ与える影響が懸念され，先進国と新興国とではリーマン・ショックから5年を経て，立場が逆転してきたことが確認された（日本経済新聞：2013. 9. 7）。この中で，国際金融アーキテクチャーでは，IMFガバナンス改革として10年ソウルからの懸案であるクォータの一般見直しを完了するようにコミットしている（外務省HP）。

　これまでG20サミットは，国際通貨体制のような根源的な問題に接近しつつも，差し迫った課題に対処することで精一杯であったように見受けられ

る。最後にグローバル金融危機によって画期を与えられることになった国際通貨体制の行方について考えたい。

(2) 国際通貨体制の行方

経済のグローバリゼーションの深化は，通貨についても，一国の枠組みを前提とした国際通貨から，国家を超えるグローバルな枠組みをもつ国際通貨を要請することにならざるをえないと考える。ここでは，2つの方向性についてみる。1つは，アジアにおけるユーロのようなリージョナル通貨を求める動きである。もう1つは，グローバル準備通貨を創設すべきであるという議論である。

アジアでは，97年のアジア通貨危機を受けて域内金融協力の必要性の認識が醸成され，チェンマイ・イニシアティブ（CMI）とアジア債券市場イニシアティブ（ABMI）など金融協力関係が進展してきた（石橋［2009a］）。とくにCMIではリーマン・ショック後，それまで二国間スワップ協定であったものをマルチ化（CMIM）することで合意し，1,200億ドルへと資金枠が拡大したことに加え，日本と中国の拠出割合（contribution proportion）が同じ32％で決着した。さらに14年7月には，2,400億ドルに倍増された（財務省HP）。

そのような中で，06年には「地域通貨単位」を研究することも始まった。アジア開発銀行が欧州通貨単位（ECU）を参考にアジア通貨単位（Asian Currency Unit：ACU）の構想を発表したが，ACUを構成するバスケットの中に各国通貨をどのよう割合で算入するのかというウエイト付けをめぐって合意形成がなされないまま，それ以降，現在のところ公式の進展はみられていない[14]。

ところでこれまで，伊藤・小川・清水（［2007］）は，GDPウエイトと貿易ウエイトを算術平均したウエイトを使い，ASEAN＋3の13カ国通貨のバスケット通貨をAMU（Asian Monetary Unit）として試算し，それを

---

[14] 中国では08年春，「アジア通貨協力検討会」が設置され，AMFの設立や人民元，円，ウォン等を組み込んだACUの活用，将来的な通貨統合が検討された（朝日新聞：2009.4.1)。

AMU乖離指標とともに経済産業研究所（RIETI）ホームページで公表してきた[15]。さらに，上のチェンマイ・イニシアティブのマルチ化（CMIM）で合意された各国の「拠出割合」そのものをウエイト付けに利用したアジア通貨単位（AMU-cmi）を創設すべきであるとする提案も出されている（伊藤・清水［2009］）。

AMUのウエイト付けとは，各国通貨のUS＄-euro建ての変動の大きさがUS＄-euro建てのAMUの為替変動に及ぼす割合の大きさ（ウエイト）を意味する（石橋［2009a］：237, 石桥［2009b］：233-234）。

したがって，ウエイトの基準については，①貿易額，②購買力平価のGDP，③名目GDP，④外貨準備高などとそれらの組み合わせといったものが考えられたが，普遍的な基準はない。最終的な決定は一定の客観性を踏まえた政治的な合意によるほかはない。「拠出割合」は，日中韓とASEANの割合が80対20で，日本と中国の割合が同じ，韓国はその半分という形で落ち着いた。ウエイトは合意さえできれば充分である。AMUがとりあえずCMIにおける独自の経済サーベイランスに利用されるということからも，AMU-cmiはウエイトについての1つの妥当な提案であると位置づけられる。そこまで提案は進んできた。

しかし，その後の欧州債務危機をきっかけに模範とすべきユーロの存立そのものが問われるようになったことと，日中間・日韓間において政治的な対立が激しくなったこととを受けて，アジアにおけるリージョナルな共通通貨の議論は影を潜め，アジア通貨金融協力そのものにも亀裂が生じかねないようにもなってきた。

もう1つの動きとしてグローバル準備通貨を創設しようとする議論をみておこう。これについては中国人民銀行・周小川総裁の論文が大きな波紋を投げかけた。その要旨は次のようなものである（周［2009］，田代［2009］）。

　　今回の金融危機は現在の国際通貨体制が創造的に変革されることを求めている。変革の方向は，グローバルな経済と金融の安定を守るという

---

15 AMUの価値表示（建値）は，ドル（65％）とユーロ（35％）の加重平均（以下，US＄-euro）が使われる。したがって各国通貨の為替変動の比率は，US＄-euro建てでその実際のレートと基準のレートとの比較として測られる。

目的を達成するような，安定した価値をもち，ルールに基づいて発行され，供給が管理される通貨を獲得することである。①準備通貨発行国は世界に流動性を供給すると同時に準備通貨の価値を維持することはできないという，トリフィンのディレンマはまだ生きている。②国際通貨体制変革のゴールは，個々の国家とは関係がない長期的に安定した国際的準備通貨を創造することである。超国家主権の準備通貨には，ケインズの提案した「バンコール（Bancor）」もある。また，IMF は 69 年にブレトン・ウッズ体制の欠陥を緩和するために SDR を創出している。SDR が国際通貨体制改革にとっての光明である。③ SDR の割当額が増額されるべきである。それにより IMF は財源問題および投票権と代議制度改革における困難を処理できる。そして SDR と他の通貨との決済システムを確立すれば，国際貿易と金融取引にも広く受容される支払い手段となる。SDR の魅力を増すために SDR 建ての金融資産を創出すべきだ。それには SDR 建て債券の導入が良いきっかけとなる。さらに SDR の通貨バスケットにはすべての主要通貨が含まれるように拡大すべきであり，SDR の配分も純粋な計算に基づいたシステムから例えば外貨準備のような現実的な資産によって裏打ちされた制度へ移るべきだ。④個々の国家による準備通貨の管理より国際機関による準備通貨の集中管理のほうが，投機を防止し金融市場安定化の点でより効果的である。徐々に既存の準備通貨を SDR で置き換えることは，増加する SDR の配分にとっての基盤を築くことでもありうる。

　要するに，グローバル金融危機は一国の通貨が国際通貨として使用されることの矛盾を明らかにしたのであって，国際的準備通貨を創造する必要があるとし，既にわれわれは，その有力候補として IMF において SDR という通貨バスケットをもっていると指摘している。そのために今後は SDR を改善していくべきであるというのである。

　そしてこのような提案は，ある程度の成果を得てきている。① SDR の割当総額は 3,160 億ドル相当の 2,040 億 SDR（当時のレート，以下同じ）とそれまでの 330 億ドル相当の 214 億 SDR に比べて約 9.5 倍になった。追加されたうちの「一般配分」は，2,500 億ドル相当の 1,612 億 SDR（当時）で金

融危機の影響を受けたものである。同じく追加された「特別配分」の330億ドル相当の214億SDR（当時）は97年の第4次改正案が，アメリカの賛同を得て発効したことによる（岡村［2009］：202-206）。②IMFが初めて発行する債券は，合成通貨単位であるSDR建て（最長5年債）とすることが決定された。中国，ロシア，ブラジルが最大700億ドル購入する見込みとなっている（日本経済新聞：2009.7.3）。③SDRの通貨バスケットについては，4通貨から人民元を含め5通貨にする道筋がフランスのG20サミットで話し合われる予定であった。ただしこれは，既にみたように実現せずに終った。

次に，同じくグローバル準備通貨の創出について，スティグリッツの主張もみておきたい（Stiglitz［2006］：245-268，邦訳：359-391）。

> グローバル金融システム（global financial system）の欠陥の裏には，多くの場合，グローバル準備システム（global reserve system）の欠陥がある。途上国・新興国の外貨準備高の急増ぶりに注目すべきである。現行の準備システムには自滅性があり，準備通貨発行国の負債が際限なく膨らんでいった場合，最後には，通貨自体から準備金としての適性が失われてしまう。今日のドルはまさにこの過程を歩んでいる。新たなグローバル準備システムでは，一国の負債膨張に依存する必要性——これこそが現行の根源的な矛盾であり，ほぼ確実に不安定化をもたらす原因となっている——がなくなるため，世界経済の安定性は強化される。私が提唱する解決策は，ケインズによって認識されていたものである。すなわち，国際社会は外貨準備として役立つ新しい不換紙幣（fiat money）を提供できるというものである。ケインズはこの新しい貨幣を「バンコール（Bancor）」と呼んだ。世界の国々は，例えば危機の時にこの不換紙幣——これを「グローバル紙幣（global greenbacks）」と呼ぼう——を自国の通貨に交換することを認めるであろう。……国際社会はケインズが意図した流動性を特別引出権（SDR）の形で提供できることを既に了解済みである。SDRこそは，IMFが創造することが許されている国際通貨（international money）の一種である。グローバル紙幣は単にその概念を広げたものである。私は，新しいグローバル準備通貨であることを強調するために，そして現存のSDRシステムとの混同を避けるため

第9章 グローバル金融危機と国際通貨体制　215

にこの新しい貨幣を「グローバル紙幣」と呼ぶ。

　要するに，グローバル金融システムの欠陥は多くはグローバル準備制度に問題があるからであるとし，一国の負債の膨張に依存する現在の外貨準備制度の在り方を解決すべきであるとして，SDR を改良して新しいグローバル準備通貨を創出すべきであると説いている。

　このスティグリッツの「グローバル紙幣」は，ほぼ周総裁のいう新たな SDR と同じコンセプトであるといってよい。ここで「グローバル紙幣」という訳語をわれわれも踏襲したが，もちろん現実に紙幣が発行されるわけではない。共に帳簿上の通貨であり，世界準備通貨制度における信用貨幣であり，いわば預金通貨といってよいであろう。

　両者は共にケインズの Bancor に言及している。現在の SDR は Bancor の考え方を継承している側面はあるが，Bancor と現在の SDR とは同一ではない[16]。両者は，むしろ現在の SDR に改善を加え，ケインズの Bancor に近い形を目指すべきであると主張していると読むことができる。両者の考え方は，共にグローバルな準備制度の創設ということである。そのグローバル準備制度におけるグローバル準備通貨が新たな SDR であり「グローバル紙幣」であった。それらはどのような意味をもつのであろうか。それはグローバル準備通貨に対しては各国通貨の非対称性がなくなることであると考えられる。ケインズの Bancor 案の特徴は，一言でいえば，経常収支が一定の割合を超えれば黒字国と赤字国に共に課徴金が課せられる多国的決済機構としての清算同盟を創り出し，そこでの通貨を Bancor とするものであった。すなわち，現在のグローバル・インバランスといわれる世界経済の不均衡を Bancor の創出をとおしてシステムそのものによって回避していくところにあったと考えられる。

　そして上でみてきた AMU と SDR の共通点は何であろうか。それらは共にユーロへと引き継がれた ECU と同じように，それぞれの国家の通貨を前提にした通貨バスケットであるという点である。通貨バスケットは構成通貨によるウエイト付けが必要とされるが，それにより「バスケット通貨」のメ

16　Bancor と SDR の関連についての詳細は，第 8 章を参照。

リットは各国通貨の為替変動をウエイト付けに応じて均らして，その通貨価値がより安定的となる点にある．その点で，SDR 建て債券のように，ACU と SDR は商取引や金融取引の計算単位としては，民間で利用されるメリットは既に現状においても存在していることになる．

　これまでの国際通貨は一国の国民通貨を基軸通貨とせざるをえない状況となっていた．その基軸通貨と金との関係を取り戻そうというのではない．しかし，歴史的にみてきたとおり，基軸通貨は金の足枷を外されたことにより，一面では，世界経済の相互連関が深まり経済成長がもたらされたとともに，他面では，国際通貨体制はより大きな矛盾を抱え込むことになった．グローバル金融危機はこの矛盾の発現であった．通貨と金との関連を切り離して，金の呪縛を取り除こうとしても，金が果たしていた役割までも不要にできたわけではない．金が果たしていた役割を人為的に創り出さなければ，金の呪縛を完全に克服したことにはならないのである．そのための１つの方策が，現在の国民国家を前提にする限り，国際協力に基づくグローバル通貨の創出にほかならないわけである[17]．

おわりに

　周小川とスティグリッツは共に，新たな時代の国際通貨体制についてグローバル準備制度の創設という形での改革を提案していた．しかし，それは今後の国際通貨体制の目指すべき長期的な方向性を明示的に示したものと考えられ，その具体的な内容の検討は今後の課題として残されている．まずは，あるべき国際通貨体制に向けた IMF の改革および SDR の充実が当面の懸案となるであろう．

　また，アジア共通通貨への模索が長期的に示す方向性は，さしあたりはドル・ユーロ・アジア通貨の三極通貨体制という複数基軸通貨体制であろう．しかし，それは歴史的にはさらなる統合への過渡的な国際通貨体制であるとも捉えることができよう．その点で，グローバル準備通貨の創設という構想とも矛盾なく関わってくると考えられる．

17　国民国家と国際通貨の相克については，片桐（[1996]：第 4 章）を参照されたい．

今回のグローバル金融危機は，グローバル資金循環の基軸国の金融システム破綻をきっかけとしており，さしあたり金融危機脱出のためには財政・金融政策や不均衡是正を目指す方策が必要であり，同時にグローバルな金融規制改革も課題となる。しかし，各国・地域の中央銀行に大きく依存する危機回避策は，さらに大きなグローバル金融危機を引き起こすことになりかねない。国際通貨体制は画期を迎えているのであり，今後は，経済のグローバリゼーションにふさわしい新たな国際通貨体制への模索が始められるべきである。

引用・参照文献一覧

青才高志［2002］,「岩田株式資本論の検討」『信州大学経済学論集』第48号。
有馬敏則［1984］,『国際通貨発行特権の史的研究』日本学術振興会。
飯島寛之［2009］,「バブル・リレーで走り続ける世界経済」山口義行編『バブル・リレー』岩波書店。
池尾和人［1996］,『現代の金融入門』ちくま新書。
池尾和人［2003］,『銀行はなぜ変われないのか』中央公論新社。
池尾和人［2004］,「市場型間接金融とは何か」（財務省 HP「資金循環における市場型間接金融の役割に関する研究会」）。
池尾和人［2010］,『現代の金融入門［新版］』ちくま新書。
池尾和人・財務省財務総合政策研究所［2006］,『市場型間接金融の経済分析』日本評論社。
池田正雄［2003］,「アメリカを巡る世界的資金フローの変化とその歴史的意義」SGCIME 編『世界経済の構造と動態』御茶の水書房。
石橋貞男［1992］,『資本と利潤』税務経理協会。
石橋貞男［1995］,「商業資本」馬渡尚憲編『経済学の現在：マルクスの射程から V. 2』昭和堂。
石橋貞男［1996］,「貨幣と情報」『エコノミクス』（九州産業大学）創刊号。
石橋貞男［1998］,「電子マネーと貨幣の本質」『経済理論』（和歌山大学）第285号。
石橋貞男［2000］,「貨幣・金融論のパラダイムについて」星野富一・奥山忠信・石橋貞男編『資本主義の原理』昭和堂。
石橋貞男［2002］,「交換方式としての価値形態論」『経済理論』（和歌山大学）第331号。
石橋貞男［2003］,「貨幣・信用論の原理像」SGCIME 編『資本主義原理像の再構築』御茶の水書房。
石橋貞男［2005］,「現代にとって貨幣とは何か：国際通貨の行方」村上和光・半田正樹・平本厚編著『転換する資本主義：現状と構想』御茶の水書房。
石橋貞男［2007］,「デジタルエコノミーにおける金融業」SGCIME 編『情報技術革命の射程』御茶の水書房。
石橋貞男［2009a］,「アジア共通通貨の可能性」和歌山大学経済学部・山東大学経済学院「共同研究」会編『グローバル化のなかの日中経済関係─進展と深化─』御茶の水書房。
石桥贞男［2009b］,「亚洲统一货币的可能性」［中国］山东大学经济学院・［日本］和歌山大学经济学部（共同研究）汇编『全球化中的中日经济关系─发展与深化─』经济科学

出版社．

石橋貞男［2010］，「国際金融危機と SDR — SDR とバンコール—」『研究年報』（和歌山大学）第 14 号．

泉　正樹［2012］，「不換銀行と商品価値の表現様式（2）—小幡道昭の貨幣・信用論に学ぶ—」『東北学院大学経済論集』第 178 号．

伊藤穣一・中村隆夫［1996］，『デジタル・キャッシュ』ダイヤモンド社．

伊藤隆敏・小川英治・清水順子［2007］，『東アジア通貨バスケットの経済分析』東洋経済新報社．

伊藤隆敏・清水順子［2009］，「最近のアジア金融協力の進展とアジア通貨単位 CMI（AMU-cmi）の提案」経済産業研究所（RIETI）HP．

今井賢一［1984］，『情報ネットワーク社会』岩波新書．

今田秀作［2009］，「ドル本位制と東アジア」和歌山大学経済学部・山東大学経済学院「共同研究」会編『グローバル化のなかの日中経済関係—進展と深化—』御茶の水書房．

岩井克人［1993］，『貨幣論』筑摩書房．

岩井克人 Networking Design Forum/Electronic Money 第 1 回講演「「電子貨幣」の貨幣論」（http://plaza10.mbn.or.jp/riss_nttdata/themel/guest1_1.html）．

岩田健治［2007］，「グローバリゼーションと為替相場制度」上川孝夫・藤田誠一・向壽一編『現代国際金融論［第 3 版］』有斐閣．

岩野茂道［1977］，『ドル本位制』熊本商科大学海外事情研究所．

岩村　充［1996］，『電子マネー入門』日経文庫．

岩村　充［2008］，『貨幣の経済学—インフレ，デフレ，そして貨幣の未来—』集英社．

岩村　充［2014］，「ビットコインはそもそもできが悪いんです」『日経ビジネス ONLINE』（http://business.nikkeibp.co.jp/article/interview/20140311/260891/?ST=print）．

宇野弘蔵［1950］，『経済原論（上）』岩波書店．

宇野弘蔵［1952］，『経済原論（下）』岩波書店．

宇野弘蔵［1959］，『マルクス経済学原理論の研究』岩波書店．

宇野弘蔵［1962］，『経済学方法論』東京大学出版会．

宇野弘蔵編［1968］，『資本論研究 V　利子・地代』筑摩書房．

宇野弘蔵編［1970］，『資本論研究 I　商品・貨幣・資本』筑摩書房．

宇野弘蔵［1977］，『経済原論』（合本改版）岩波書店．

宇野弘蔵［1985］，『経済原論』岩波全書．

梅村元史［2009］，「SDR（特別引出権）」岡村健司編『国際金融危機と IMF』大蔵財務協会．

梅村元史・尾崎輝宏・御友重希［2009］，「増資と協定改正」岡村健司編『国際金融危機と IMF』大蔵財務協会．

大崎貞和［1997］，『インターネット・ファイナンス』日本経済新聞社．

大崎貞和［2000］，『ネット証券取引』日経文庫．

大崎貞和［2001］，『インターネット・バンキング』日本経済新聞社．

大崎貞和［2014］，「HET（高頻度取引）と複雑化する米国の株式市場構造」『月刊・資本市場』（公益財団法人資本市場研究会）No. 351．

大田英明［2009］,『IMF（国際通貨基金）』中央公論新社。
大庭清司［2008］,「グローバリゼーションと金融技術革新」田中素香・岩田健治編『現代国際金融』有斐閣。
大森拓磨［2014］,『米中経済と世界変動』岩波書店。
岡田仁志［2008］,『電子マネーがわかる』日経文庫。
岡田仁志［2015］,「仮想通貨の登場が国家・社会・経済に与える影響」『Funtamentals Review』（電子情報通信学会　基礎・境界ソサイエティ）April, Vol. 8, No. 4。
岡田裕之［1993-1995］,「物神貨幣から象徴貨幣へ―貨幣形成をめぐる現代の論点―（Ⅰ）（Ⅱ）（Ⅲ）（Ⅳ）（Ⅴ）」『経営志林』第30巻第4号，第31巻第1号，第31巻第2号，第31巻第3号，第32巻第3号（『貨幣の形成と進化』法政大学出版局，1998年，所収）。
岡村健司［2009］,『国際金融危機とIMF』大蔵財務協会。
翁　百合［2014］,「金融規制の論点　上」（日本経済新聞：2014.1.15）。
奥山忠信［1990］,『貨幣理論の形成と展開―価値形態論の理論史的考察―』社会評論社。
奥山忠信［1993］,「貨幣の本質と機能」『社会科学論集』（埼玉大学）第78・79号。
奥山忠信［1994a］,「不換紙幣の価値尺度」『社会科学論集』（埼玉大学）第82号。
奥山忠信［1994b］,「日高普『マルクスの夢の行方』，青土社，1994年」『社会科学論集』（埼玉大学）第83号。
奥山忠信［1997］,「電子マネーの貨幣論的考察」『社会科学論集』（埼玉大学）第91号。
奥山忠信［1999］,『富としての貨幣』名著出版。
尾崎英二［1969］,『SDR―国際通貨体制の将来―』東洋経済新報社。
尾崎英二［1973］,『国際管理通貨』東洋経済新報社。
小幡道昭［1988］,『価値論の展開』東京大学出版会。
小幡道昭［2005］,「貨幣増加と価値増殖―「貨幣の資本への転化」説批判―」『経済学論集』（東京大学）第71巻第1号。
小幡道昭［2009］,『経済原論―基礎と演習―』東京大学出版会。
小幡道昭［2013］,『価値論批判』弘文堂。
加瀬正一［1973］,『SDRの知識』日本経済新聞社。
加瀬正一［1989］,「国際通貨体制の展望」『国際金融入門［第3版］』有斐閣。
片岡浩二［1994］,「貨幣生成論の批判的検討―貨幣の存在論序説―」『経済学雑誌』（大阪市立大学）第95巻第3・4号。
片桐　謙［1995］,『アメリカのモーゲージ金融』日本経済評論社。
片桐幸雄［1996］,『国際通貨問題の課題』批評社。
金澤孝彰［2009］,「中国の外貨準備運用をめぐるマクロ的課題」和歌山大学経済学部・山東大学経済学院「共同研究」会編『グローバル化のなかの日中経済関係―進展と深化―』御茶の水書房。
金谷貞男［1992］,『貨幣経済学』新世社。
金本悠希［2009］,「金融規制の緩和と投資銀行ビジネスの変容」武藤敏郎・大和総研編『米国発金融再編の衝撃』日本経済新聞出版社。
川合一郎［1981］,『川合一郎著作集（第2巻）資本と信用』有斐閣。

川合一郎［1982］,『川合一郎著作集（第 6 巻）管理通貨と金融資本』有斐閣.
河村小百合・森本美紀子［1997］,「電子マネー―新たな決済秩序の確立に向けて―」『Japan Research Review』（日本総合研究所）Vol. 7, No. 4.
河村哲二［2003］,「戦後パックス・アメリカーナの転換と「グローバル資本主義」」SGCIME 編『世界経済の構造と動態』御茶の水書房.
河村哲二［2009］,「アメリカ発のグローバル金融危機―グローバル資本主義の不安定性とアメリカ―」経済理論学会編『季刊 経済理論』第 46 巻第 1 号.
木下信行・日向野幹也・木寅潤一［1997］,『電子決済と銀行の進化』日本経済新聞社.
木村一朗［1976］,「利子」大内秀明・桜井毅・山口重克編『資本論研究入門』東京大学出版会.
木村二郎［2006］,「商業資本と信用創造」信用理論研究学会編『現代金融と信用理論』大月書店.
行天豊雄編著［1975］,『国際通貨制度』金融財政事情研究会.
清田 匡［2002］,「商品としての金融取引」大阪市立大学商学部編『金融』有斐閣.
金融情報システムセンター編［1997］,『電子決済研究会（第 2 部）報告書』金融情報システムセンター.
金融情報システムセンター［2004］,『平成 17 年金融情報システム白書』財形詳報社.
小島 寛［1979］,「架空資本と信用創造」山口重克ほか編『競争と信用』有斐閣.
小林啓志［2004］,「金融機関の再編とリテール戦略の動向」SGCIME 編『金融システムの変容と危機』御茶の水書房.
斎藤精一郎［1988］,『現代金融入門』日本経済新聞社.
斎藤精一郎［2003］,『ゼミナール現代金融入門［改訂 4 版］』日本経済新聞出版社.
佐伯啓思［1991］,『市場社会の経済学』新世社.
酒井良清・鹿野嘉昭［2000］,『金融システム』有斐閣.
清水 敦・伊藤 誠［1994］,「情報革命と金融組織の変革」飯田裕康編『現代信用論の基本課題』有斐閣.
清水葉子［2012］,「アメリカのダークプール規制のその後」『証券レポート』（日本証券経済研究所）第 1673 号.
清水葉子［2014a］,「アメリカの ATS 以外の取引所外取引の現状」『証券レポート』（日本証券経済研究所）第 1685 号.
清水葉子［2014b］,「アメリカの証券市場構造と HFT（高頻度取引）」『証券レポート』（日本証券経済研究所）第 1687 号.
周 小川［2009］, *Reform the International Moneytary System*（中国人民銀行 HP）.
末永 徹［2002］,『道具としての銀行』ダイヤモンド社.
末松千尋［1999］,『インターネットは金融をどう変えるか』ダイヤモンド社.
菅原陽心［2012］,『経済原論』御茶の水書房.
鈴木 均［2010］,「戦後ヨーロッパ経済の奇跡」SGCIME 編『現代経済の解読―グローバル資本主義と日本経済―』御茶の水書房.
スティグリッツ, J. E.［1994］,『入門経済学』藪下史郎ほか訳, 東洋経済新報社.
スティグリッツ, J. E.［1995］,『マクロ経済学』藪下史郎ほか訳, 東洋経済新報社.

高木信二［2004］,『入門 国際金融［第2版］』日本評論社。
高須賀義博［1991］,『鉄と小麦の経済学』世界書院。
高瀬恭介［1999］,『金融変革と銀行経営』日本評論社。
高浜光信［2012］,「グローバル・インバランスとその調整」上川孝夫・藤田誠一編『現代国際金融論［第4版］』有斐閣。
滝沢武雄［1996］,『日本の貨幣の歴史』吉川弘文館。
竹内晴夫［1997］,『信用と貨幣―貨幣存立の根拠を問う―』御茶の水書房。
竹内晴夫［2004］,「電子マネー考」SGCIME編『金融システムの変容と危機』御茶の水書房。
田代秀敏［2009］,「中国が構想するドルに替わる新機軸通貨」『エコノミスト』2009年6月23日号。
建部正義［1997］,『貨幣・金融論の現代的課題』大月書店。
田中素香編著［1996］,『EMS：欧州通貨制度―欧州通貨統合の焦点―』有斐閣。
田中素香［2008］,「グローバル・インバランス」田中素香・岩田健治編『現代国際金融』有斐閣。
田中英明［2003］,「銀行間組織の二類型と中央銀行」SGCIME編『資本主義原理像の再構築』御茶の水書房。
タプコット, D.［1996］,『デジタル・エコノミー』野村総合研究所訳, 野村総合研究所（Tapscott, D.［1996］, *The Digital Economy*, MacGraw-Hill, Inc.）。
富樫直記［2002］,『金融 解体か再生か―タブーなき大再編が始まった―』ダイヤモンド社。
徳永潤二［2008］,『アメリカ国際通貨国特権の研究』学文社。
徳永潤二［2009］,「国際過剰資本がバブルを生んだ」山口義行編『バブル・リレー』岩波書店。
十時裕樹［2001］,『ぼくたちは, 銀行を作った。』集英社インターナショナル。
富田直樹［1995］,「決済方法の多様化と銀行の対応」『調査月報』（東海銀行）10月号。
中西市郎［1989］,「SDR」『国際金融入門［第3版］』有斐閣。
中村宗之［1997］,「電子マネーと貨幣論の現在」『月刊フォーラム』（社会評論社）4月号。
中村泰治［2003］,「株式会社と原理論」SGCIME編『資本主義原理像の再構築』御茶の水書房。
新田 滋［1997］,「信用創造理論の批判的再検討―フィリップス説と山口・小島説の問題点から―」『茨城大学人文学部紀要（社会科学科）』第30号。
日本銀行［2009］,『金融市場レポート』2009年1月号（http://www.boj.or.jp）。
日本銀行銀行論研究会［2001］,『金融システムの再生にむけて』有斐閣。
日本銀行金融研究所［1991］,『貨幣博物館』日本銀行金融研究所。
日本銀行金融研究所［1995］,『わが国の金融制度』日本銀行金融研究所。
日本銀行金融研究所編［2004］,『増補版・新しい日本銀行―その機能と業務―』有斐閣。
日本銀行金融研究所編［2011］,『日本銀行の機能と業務』有斐閣。
日本銀行信用機構局［2005］,「金融サービス業のグループ化―主要国における金融コングロマリット化の動向―」『日本銀行調査季報』4月号。

日本銀行調査統計局［2005］,「資金循環統計の解説」日本銀行 HP（更新：2014 年 8 月）。
日本経済新聞社編［1996］,『電子金融の衝撃』日本経済新聞出版社。
日本経済新聞社編［2005］,『金融越境バトル―異業種格闘戦を制するのは誰か―』日本経済新聞社。
野口悠紀夫［2014］,『仮想通貨革命―ビットコインは始まりにすぎない―』ダイヤモンド社。
野下保利［1993］,「金廃貨と商品貨幣―高須賀「価値尺度機能の麻痺」論の射程―」『政経論争』（国士舘大学）第 84 号。
半田正樹［1996］,『情報資本主義の現在』批評社。
日高　普［1966］,『商業信用と銀行信用』青木書店。
日高　普［1983］,『経済原論』有斐閣。
日高　普［1994］,『マルクスの夢の行方』青土社。
日立製作所・諸島伸治監修, 安信千津子・宮下正洋著［2001］,『金融サービス統合の IT 戦略―バーチャル・ワン・バンキングの実現―』東洋経済新報社。
平　勝廣［2001］,『最終決済なき国際通貨制度―「通貨の商品化」と変動相場制の帰結―』日本経済評論社。
福田　豊［1996］,『情報化のトポロジー』御茶の水書房。
福田　豊・須藤　修・早見　均［1997］,『情報経済論』有斐閣アルマ。
藤田誠一［2003a］,「「ドル本位制」とユーロの登場」田中素香・藤田誠一編著『ユーロと国際通貨システム』蒼天社出版。
藤田誠一［2003b］,「「ドル本位制」と国際資金循環」田中素香・藤田誠一編著『ユーロと国際通貨システム』蒼天社出版。
ポラニー, K.［1975］,『大転換―市場社会の形成と崩壊―』吉沢英成ほか訳, 東洋経済新報社。
増田正人［2007］,「パックス・アメリカーナの時代」上川孝夫・藤田誠一・向　壽一編『現代国際金融［第 3 版］』有斐閣。
松田　岳［2009］,「住宅バブルの深層」山口義行編『バブル・リレー』岩波書店。
松田正彦［1993］,「「一般的価値形態」の概念―貨幣発生論の基本的考察―」『年報経済学』（広島大学）第 14 巻。
松田正彦［2002］,『市場の不確実性と資本のシステム』ナカニシヤ出版。
馬渡尚憲［1978］,「商品の価値形態と貨幣（上）」『研究年報・経済学』（東北大学）第 40 巻第 3 号。
馬渡尚憲［1979a］,「商品の価値形態と貨幣（下）」『研究年報・経済学』（東北大学）第 40 巻第 4 号。
馬渡尚憲［1979b］,「価値形態論論争の現時点」『経済評論』（日本評論社）12 月号。
馬渡尚意［1980］,「信用と利子」桜井　毅ほか編『経済学Ⅰ』有斐閣。
三上隆三［1989］,『円の社会史』中公新書。
三上隆三［1998］,『貨幣の誕生』朝日選書。
みずほ総合研究所編［2007］,『サブプライム金融危機』日本経済新聞出版社。
宮尾　攻［2001］,『「IY」バンクで何が変わるか』PHP 研究所。

宮澤和敏［1996］，「現代信用論の展開――一覧払債務の流通根拠をめぐって――」『月刊フォーラム』（社会評論社）8月号。
宮村健一郎［2003］，『アメリカのeバンキング』有斐閣。
武藤功哉・梅村元史［2009］，「IMFの課題と今後の改革の方向性」岡村健司編『国際金融危機とIMF』大蔵財務協会。
武藤功哉・梅村元史・冨永剛晴［2009］，「IMFの歴史」岡村健司編『国際金融危機とIMF』大蔵財務協会。
村井睦夫［2004］，『金融変貌と銀行の将来』大学教育出版。
守山昭男［1994］，『銀行組織の理論』同文舘。
守山昭男［2013］，「信用制度とシニョリッジ」『経済科学研究』（広島修道大学）第17巻第1号。
山口重克［1983］，『資本論の読み方』有斐閣。
山口重克［1984］，『金融機構の理論』東京大学出版会。
山口重克［1988］，『経済原論講義』東京大学出版会。
山口重克［2000］，『金融機構の理論の諸問題』御茶の水書房。
山本栄治［1997］，『国際通貨システム』岩波書店。
吉沢英成［1981］，『貨幣と象徴』日本経済新聞社。
吉田 暁［2002］，『決済システムと銀行・中央銀行』日本経済評論社。
吉村信之［2005］，「貨幣取扱業務の再検討――信用と恐慌をめぐって――」経済理論学会編『経済理論』第41巻第4号。
米倉 茂［2009］，『新型ドル恐慌――リーマン・ショックから学ぶべき教訓――』彩流社。
ライタン，R. E. ほか［1998］，『21世紀の金融業――米国財務省リポート――』小西龍治訳，東洋経済新報社（Litan, R. E. with Rauchi, J.［1997］, *American Finance for the 21st Century*, The United States Department of the Treasury: U. S. Government Printing Office）。
渡辺裕一ほか［1980］，『価値と市場機構』時潮社。
藁品和寿［2005］，「欧米における金融コングロマリットの実情と課題」『信金中央月報』第4巻第9号。

BIS［2013］, *Triennial Central Bank Survey: Foreign Exchange Turnover in Apirl 2013: preliminary global results*（http://www.bis.org）．
Committee of Twenty［1974］, *International Monetary Reform*, IMF（館龍一郎・建元正弘・渡辺太郎・渡部福太郎編［1975］，『国際金融講座IV 国際通貨』東洋経済新報社）．
Department of the Treasury, Federal Reserve Bank of New York, Board of Governors the Federal Reserve System［2008］, *Report on Foreign Portfolio Holdings of U. S. Securities as of June 30, 2007*（http://www.treas.gov）．
Department of the Treasury, Federal Reserve Bank of New York, Board of Governors the Federal Reserve System［2013］, *Report on Foreign Portfolio Holdings of U. S. Securiteies as of June 30, 2012*（http://www.treas.gov）．
European Central Bank［2010］, *The International Role of the Euro, July 2010*（http://www.ecb.int/pub/pdf/other/euro-international-role201007en.pdf）．

European Central Bank [2013], *The International Role of the Euro, July* 2013 (http://www.ecb.int/pub/pdf/other/euro-international-role201307en.pdf).

Goldberg, L. S. and Tille, C. [2005], "Vehicle Currency Use in Internatioanl Trade," *Federal Reseve Bank of New York*, Staff Repeorts, No. 200.

IMF [2009], *Factsheet-Special Drawing Rights*（*SDRs*）, October 31.

Keynes, J. M. [1942], *Proposals for an International Clearing Union, The Collected Writings of John Maynard Keynes* [1980], *volume XXV: Activities 1940-1944 Shaping the Post War World: The Clearing Union*, edited by Donald Morggridge, Macmillian（「国際清算同盟の提案」『ケインズ全集・第 25 巻　戦後世界の形成―清算同盟―1940～44 年の諸活動―』ドナルド・モグリッジ編，村野孝訳 [1992] 東洋経済新報社）.

Marx, K. [1971, 1969, 1971], *Das Kapital*, Band Ⅰ, Ⅱ, Ⅲ. Berlin: Diez Verlag（長谷部文雄訳『資本論』青木書店，第 1 部，第 2 部，第 3 部 [1968, 1968, 1969]）. 以下，『資本論』第 3 部から引用する場合，（マルクス [Ⅲ] 679 頁，S.496）と略記する.

Marx, K. [1970], *Ökonomisch-Philosophische Manuskripte*: Verlag Philipp Reclam jun. Leipzig（マルクス『経済学・哲学草稿』城塚登・田中吉六訳 [1974] 岩波書店）.

Marx, K. [1972], *Zur Kritik der Politischen Ökonomie*, Erstes Heft, Berlin: Dietz Verlag（マルクス『経済学批判』武田隆夫ほか訳 [1969] 岩波文庫）.

Ishibashi, S. [1995], "The Demonstration of the Law of Value and the Uno-Sekine Approach," in R. Albritton and T. Sekine eds., *A Japanese Approach to Political Economy-Unoist Variations*, New York: St. Martin's Press.

Nakamoto, S. [2008], *Bitocoin: A Peer-to-Peer Electronic Cash System*（https://bitcoin.org/bitcoin.pdf）.

Stiglitz, J. H. [2006], *Making Globalization Work*, W. W. Norton（『世界に格差をバラ撒いたグローバリズムを正す』楡井浩一訳 [2006] 徳間書房）.

Turner, P. and Mohanty, M. S. [2006], "Foreign exchange reserve accumulation in emerging markets : what are the domestic implications?" *BIS Quartely Review*, Sept.

United Nations [2009], *Report of Commition of Experts of the President of the United Nations General Assembly on Reforms of the International Monetary and Financial System*, Sep. 21.

HP 一覧

NRI（野村総合研究所）HP [2014]：「生協電子マネーの差別化戦略」
　　http://fis.nri.co.jp/ja-JP/knowledge/thoughtleader/2014/201407.html/

NTT HP：「新しい電子マネー実験システムを試作―安全性，信頼性，効率性を一段と高めた新方式を採用―」
　　NTT News Release, http://pr.info.ntt.co.jp/news/news96/9609/960911b.html/

外務省：http://www.mofa.go.jp/mofaj/index.html/

経済産業研究所（RIETI）：http://www.rieti.go.jp/

国家外貨管理局：http://www.safe.gov.cn/
財務省：http://www.mof.go.jp/
財務省・税関 HP：「財務省貿易統計」 http://www.customs.go.jp/
ジャパンネット銀行 HP：「会社概要」「成立経緯」「2014年度中間期ディスクロジャー誌」など　http://www.japannetbank.co.jp/
住信 SBI ネット銀行 HP：「住信 SBI ネット銀行・ディスクロージャー誌 2014」
　　https://www.netbk.co.jp/wpl/NBGate
セブン銀行 HP：「アイワイバンク銀行・ディスクロージャー誌 2005」,「セブン銀行・ディスクロージャー誌 2014」　http://www.sevenbank.co.jp/corp/disclosure/
全国銀行協会 HP：「各種統計資料・平成 25 年度決算，財務諸表等」
　　http://www.zenginkyo.or.jp/
ソニー銀行 HP：「ソニー銀行・ディスクロージャー誌 2014」　http://sonybank.net/
日本銀行：http://www.boj.or.jp/
日本証券業協会 HP：http://www.jsda.or.jp/
日本証券経済研究所 HP：「情報技術革新がもたらす証券市場への影響に関する研究会」中間報告書（2015 年 3 月 19 日）　http://www.jsri.or.jp/
中国人民銀行：http://www.pbc.gov.cn/
楽天銀行 HP：「楽天銀行・ディスクロージャー誌 2014・資料編」
　　http://www.rakuten-bank.co.jp/

Bank Indonesia : Indonesia Financial Statics (http://www.bi.go.id/web)
Bank of Thailand : Statistical Data (http://www.bot.or.th/English /Pages/BOTDefaut.aspx)
IMF（国際通貨基金）：http://www.imf.org/
IMF, COFER : Currency Composition of Official Foreign Exchange Reserves (http://www.imf.org)
The Bank of Korea : Economic Statistics System (http://ecos.bok.or.kr/)
U. S. Department of Commerce, Bureau of Economic Analysis [a] : U. S. International Transactions Accounts Data (http://www.bea.gov)
U. S. Department of Commerce, Bureau of Economic Analysis [b] : International Investment Position (http://www.bea.gov)
U. S. Department of Commerce, Bureau of Economic Analysis [c] : U. S. International Transactions Accounts Data, by Area-China (http://www.bea.gov)
U. S. Department of the Treasury : Treasury International Capital (TIC) System (http://www.treas.gov)

『現代の貨幣』初出一覧

第1編　貨幣と信用
  第1章　貨幣の生成
    初出：「交換方式としての価値形態論」『経済理論』和歌山大学，第311号，2003年。
  第2章　貨幣・信用論の展開
    初出：「貨幣・信用論の原理像」SGCIME編『資本主義原理像の再構築』御茶の水書房，2003年。
  第3章　信用論と金融論
    初出：「貨幣・金融理論のパラダイムについて」星野富一・奥山忠信・石橋貞男編『資本主義の原理—経済学の新しいパラダイムを求めて—』昭和堂，2000年。
  第4章　貨幣と金融業資本—「貨幣融通資本の形式」について—
    初出：「貨幣融通資本の形式について」『経済理論』和歌山大学，第343号，2008年。
第2編　貨幣と情報
  第5章　貨幣と情報
    初出：「貨幣と情報」『エコノミクス』九州産業大学，創刊号，1996年。
  第6章　電子マネーと貨幣の本質
    初出：「電子マネーと貨幣の本質」『経済理論』和歌山大学，第285号，1998年。
  第7章　デジタルエコノミーにおける金融業
    初出：「デジタルエコノミーにおける金融業」SGCIME編『情報技術革命の射程』御茶の水書房，2007年。
第3編　貨幣と国家
  第8章　グローバル金融危機とSDR
    初出：「国際金融危機とSDR—SDRとバンコール—」『研究年報』和歌山大学，第14号，2010年。
  第9章　グローバル金融危機と国際通貨体制
    初出：「世界金融危機と国際通貨体制」『研究年報』和歌山大学，第15号，2011年。
    「グローバル金融危機と国際通貨体制」SGCIME編『グローバル資本主義の現局面Ⅰ　グローバル資本主義の変容と中心部経済』日本経済評論社，2015年。

人名・法人索引

あ 行

青才高志 74
有馬敏則 176, 181
飯島寛之 192
池尾和人 60, 61, 119, 121, 140, 144, 189
池田正雄 193
磯部朝彦 125
伊藤穣一 126, 127
伊藤隆敏 211
今井賢一 93, 107
岩井克人 92, 126, 132
岩田健治 193
岩野茂道 175, 202
岩村 充 119, 121, 124, 133, 134
宇野弘蔵 3, 43, 44, 57, 66, 71, 72, 73, 74, 75, 84, 86, 97, 98, 99, 100, 104
梅村元史 169, 174, 177, 182
大崎貞和 148, 154, 155
大田英明 176
大庭清司 188
岡田仁志 123, 130
岡田裕之 92
岡村健司 214
小川英治 211
翁 百合 210
奥山忠信 7, 18, 31, 96, 98, 110, 132
小幡道昭 11, 30, 49, 50, 70

か 行

加瀬正一 180
片岡浩二 104, 105
片桐幸雄 216
金本悠希 188
川合一郎 38, 47, 48, 50, 52
河村小百合 121, 122, 123, 127, 129, 134
河村哲二 186, 191
木寅潤一 118

木下信行 118
木村二郎 55, 73
清田 匡 141
キンドルバーガー 175, 202
ケインズ 178

さ 行

斎藤精一郎 145, 149, 187, 189, 193
佐伯啓思 102
酒井良清 10, 32
鹿野嘉昭 10, 32
清水順子 211
清水葉子 155
周 小川 212
末永 徹 161
末松千尋 164
スティグリッツ 105, 214
須藤 修 122

た 行

高須賀義博 111
高瀬恭介 145
高浜光信 196
竹内晴夫 119
建部正義 124
田代秀敏 212
田中素香 177, 203, 204
タプコット, D. 144
富樫直樹 150
徳永潤二 186, 187, 194, 196, 202
十時裕樹 161
富田直樹 125
冨永剛晴 177
トリフィン 175, 202

な 行

中西市郎 175, 181, 182
中村泰治 83
中村隆夫 126, 127
中村宗一 127

Nakamoto S. 131
新田 滋 51
日本銀行 193
野口悠紀夫 130, 131, 132
野下保利 111

は 行

早見 均 122
半田正樹 107
日向野幹也 118
日高 普 6, 31, 73, 74
平 勝廣 196
福田 豊 105, 122
藤田誠一 175, 194, 203

ま 行

増田正人 192
松田 岳 188
松田正彦 12, 17, 188
マルクス, K. 3, 43, 91
馬渡尚憲 4, 11, 44, 48, 57
みずほ総合研究所 188
宮澤和敏 51
武藤功也 177, 182
森本美紀子 121, 122, 123, 127, 129, 134
守山昭男 36, 39, 40, 47, 50, 51, 53

や 行

山口重克 14, 15, 26, 29, 30, 31, 33, 36, 45, 50, 57, 60, 65, 91, 92, 137
山本栄治 176
吉沢英成 105
吉田 暁 54, 60
米倉 茂 191

わ 行

藁品和寿 150, 151

事項索引

欧　文
a chain of digital signature　131
AMU（Asian Monetary Unit）　211, 215
Asian Currency Unit：ACU　211
Asset-Backed Securities：ABS　189
CDS（Credit Defaut Swap）　193
Collateralized Debt Obligations：CDO　190
currency amount　170
disintermediation　187
ECU　211, 215
E-net　159
G20 サミット　208
Glass-Steagall Act　187
global greenbacks　214
Gramm-Leach-Bliley Act　187
High Frequency Trade：HFT　155
IC カード　122
IMF　176
quota　173
Residential Mortgage-Backed Securities：RMBS　190
SBI ホールディングス　162
SDR　168, 210, 215
SDR の価値　170
SDR のドル建て相場　172
SDR の配分　174
SDR の復元規定　181
SIV（Structured Investment Vehicle）　190

あ　行
赤字主体　61
アジア通貨単位　211
後払い　26
暗号　119
暗号技術　130
異業種の金融業参入　158
委託売買　60
委託売買業務（ブローカー業務）　85
一取引単位　18
一覧払い債務　51
一覧払い手形　37
一般的等価形態　16
一般的等価物　17
一般的流通　47
意昧的情報　93, 107
インカム・ゲイン　79, 80
インターネット　145, 147, 148, 186
インターネット専業銀行　149, 156
インターバンク市場　54
インフレ　113
ウエイト付け　170, 212
ウエイトの意味　173
裏書き　32
売り手と買い手の結合　51
円　23
欧州通貨単位　211
オープン・ループ型　121
オンライントレード　154
オンラインモール　162

か　行
外貨準備　169, 203
価格　22, 107, 108
格付け会社　86
掛売買　27, 45
貸出　55
貸出と返済　56
貸付債権の証券化　79
貸付資本　59, 73, 74, 76
貸付資本家　73
貸付証券　79
貸付方式　58, 76
過剰貯蓄　206
過剰投資・消費　206
仮想通貨　130
価値　136
価値回転期間　47
価値形態論　3
価値尺度機能　99
価値増殖の手段　34
価値データ　130, 133
価値の実現　9
価値の尺度　22
価値の表現　9
価値表現　22
課徴金　215
金貸資本　71, 74
株式（資本証券）　60
貨幣　18, 92, 107, 108, 109, 115, 134, 136, 183
貨幣機能の創出　27, 28, 82
貨幣機能の創造　48
貨幣コスト　20
貨幣資本家　44, 72
貨幣生成の必然性　3
貨幣取扱業　37
貨幣取扱業務　141
貨幣取扱資本　44
貨幣取扱いにおける効率化　32
貨幣取扱費用　24
貨幣の運用者　57
貨幣の価値保蔵機能　34
貨幣の経済原則的な意味　104
貨幣の資本への転化　67
貨幣の調達者　58
貨幣の本質　93, 130, 132
貨幣を融通する資本　58
為替介入　169
為替介入・準備通貨　194
為替媒介通貨　195
幹事銀行　53
間接金融　62, 143
間接交換　9
間接証券　143

事項索引 233

間接的交換の媒介物　12
基金原理　181
貴金属　19
基軸通貨国特権　175, 196
規制緩和　147
寄生的な増殖　71
機能資本家　44, 72
キャピタル・ゲイン（ロス）
　　79, 80
強制通用力　46
共通等価物　15
業務の自由化　187
金　109
銀行　36, 37
銀行間組織　37
銀行業資本　50
銀行券　37, 51
銀行原理　181
銀行システム　64
銀行資本　59, 76
銀行信用　36, 39, 49
銀行代理店　152
銀行手形　37, 50, 51
銀行の銀行　38, 53
銀行の債権　51
銀行の債務　51
銀行の受信　55
銀行の与信　55
金・ドル交換停止　193
金の呪縛　216
金平価　177
金本位制　110
金融　140
金融機関論　59
金融業　140
金融業資本　61
金融業の再編　150
金融業務　61
金融コングロマリット　150, 188
金融コングロマリット化　151
金融資産　86
金融商品　140
金融商品の自由化　188
金融商品の製販分離　159
金融商品の取引費用　61
金融仲介　141
金融仲介機能　56, 63
金融取引　141
金融のワンストップショッピング化　152
金融ビッグバン　149
金融持株会社　149, 188

金利の自由化　187
クォータ（割当額）　173
クォータ（出資割当額）　209
クレジットカード　124
黒字主体　61
クローズド・ループ型　123
グローバル・インバランス
　　203, 204, 205, 206, 209
グローバル金融危機　183, 206, 207
グローバル紙幣　214
グローバル準備通貨　211, 212, 214, 215
経済原則的な意味　100
経済のグローバリゼーション
　　147
計算貨幣　96, 98
計算単位　22, 23
形式的情報　93, 107
経常収支赤字　197
計数貨幣　24
ケインズ案　176
結合資本　77
決済　21, 27, 141
決済機構　46, 52
決済サービス　145
決済システム　32
決済手段　46
決済手段機能としての貨幣
　　29
現実的回転期間　47
現代の貨幣　4, 64
硬貨　46
交換尻　53
交換の確率　10
交換の経済効率性　11
交換の申し出　7
交換媒介機能　24, 27
交換媒介機能の貨幣　34
交換力　5
交換力の大きさ　7
交換力の保持　19
交子　25
購買　18
高頻度取引　155
高利貸資本　72
効率性の観点　13
小切手　38, 52
国際銀行貨幣　178, 179
国際金融のトリレンマ論　193
国際資金循環　206
国際収支節度の喪失　175, 194
国際清算同盟　178, 180

国際通貨体制　183, 205, 206
国際的金融仲介　202
国際的信用創造　202
国際投資ポジション　201
国民国家　216
国民通貨　216
国家紙幣　29, 113

さ　行
最軽量目規定　25
債権　78
債券　82
債券（貸付証券）　60
債権・債務関係　50
債権・債務関係の相殺　27
財ないしはサービス　87
債務担保証券　190
債務の遡及　33
債務不履行　27
差額の決済　33
先払い　26
サステナビリティ　204
サブプライム・ローン　189
資金　74
資金運用　56
資金循環構造　197
資金仲介機能　54
資金調達　56
資金融通の媒介　61
資金流出現象　187
自己売買　60
自己売買業務（ディーラー業務）　85
資産　58
資産決済　194
資産担保証券　189
資産変換機能　63
市場　5
市場外取引　154
市場型間接金融　62, 144, 189
市場経済　107, 108
システミック・リスク　54
私設取引システム（PTS）　163
持続可能説　204
持続不可能説　204
私的社会性　102
私的労働　102, 103, 108
支払手段としての貨幣　29, 46
支払い準備　51
支払準備金　39
支払保証　49
紙幣　26

資本　34, 70
資本形式論　66
資本市場　81
資本証券　79, 83
資本に対する資本　59, 71
社会的情報　107
社会的請求権　103, 109, 114
社会的労働　102, 103, 108
社会的労働の均衡配分　105
尺度の単位　23
シャドー・バンキング・システム　189
ジャパンネット銀行　156
住信 SBI ネット銀行　162
住宅バブル　191
住宅ローン債権担保証券　190
受益権　86
受益証券　62, 144
受信と与信の媒介　49, 50
出資の貸付け　80
出資方式　58, 76
出資持ち分　77
出資持ち分の証券化　79
需要と供給　106
準備手段としての貨幣　30
少額取引　25
償却資金　82
商業信用　36, 39, 47
商業信用の限界　48
商業手形　50
商業流通　47
証券　153
証券化　76
証券会社　86
証券業　142
証券業資本　59, 60, 63, 76, 85
証券市場　81
証券投資資本　59, 60, 76, 79, 84
証券投資信託　86
証券投資信託委託会社　86
証券投資信託業務　86
証券投資方式　79
証券の転売　81
消費　106
消費に関する情報　106
商品　5
商品経済的富　34
商品交換　6
商品交換の効率性　3, 4
商品取扱資本　44
商品の価値　5
商品の交換　5

商品の使用価値　5
商品の本質　4
商品流通　24
情報　105, 108, 109, 114, 115
情報生産機能　63
情報探索　14
情報通信の技術革命　147
情報の欠如　5
情報の収集　9
情報の信用力　109
情報の発信　8
情報媒体　115
情報発信機能　93
ジレンマ論　175
真正性　130, 131, 136
「新パラダイム」説　205
人民元　170, 203
信用貨幣　28, 46
信用創造　53, 54, 180
信用創造機関　62
信用創造機能　54
信用できる情報　109
信用取引　154
信用による売買　27
信用の代位　49
信用の媒介　50
信用の連鎖　35
信用媒介　51
信用媒介の専門業　51
信用保証・代位業　37
「信用論」の系譜　45
スマホ　124
清算　26
生産期間　47
生産物　4
生産と消費をつなぐ流通　81
生産・流通に関する情報　106
製販分離　152
世界貨幣　31
世界経済の不均衡　209
世界通貨　132
「世界の銀行」論　202
セブン銀行　158
戦後パックス・アメリカーナの衰退と転換　186
総合金融サービス業　152
相殺　32, 46
増殖率　70
相対的価値形態　9
即時決済　46
ソニー銀行　160

た　行
対外純債務国　201
対称性　180, 182
多角的一括交換　53
兌換制　109, 110
兌換請求　37
抱き合わせ販売　153
ダーク・プール　156
正しい情報　109
立会時間外取引　154
他人のための有用性　5
探索費用　142
蓄積資金　82
蓄蔵貨幣　31
致富機能　69
中央銀行　53
中央銀行預金　53
鋳造　24
直接金融　62, 143
直接的交換可能性　9, 16, 103
直接的な貸付け　52
貯蓄　34, 61
貯蓄と投資の仲立ち　62
賃金の支払い　36
通貨切り下げ戦争　208
通貨単位量　170
通貨提供義務　169
通貨提供請求権　168
通貨バスケット　170, 177
包金銀　25
出会う確率　8
デイトレーダー　155
手形　27, 38
手形交換所　53
手形割引　37, 49, 52
デジキャッシュ　121
デジタル化　144
デジタル・キャッシュ　126
デフォルト　206
電子決済　118
電子現金　119, 120, 128
電子小切手　119
電子署名の連鎖　131
電子媒体　125
電子マネー　92, 118
　IC カード型　121
　アクセス型　120
　ストアード・バリュー型　120
　ネットワーク型　121
転々流通　32
転々流通性　121
等価形態　9

投機的利得　86
東京証券取引所　153
当座預金　52
投資　61
投資会社　86
投資・調達通貨　195
等労働量交換　98
等労働量交換としての等価交換　103
匿名性　121, 123
ドッド・フランク法　208
取引費用の削減　21, 142
取引費用の節約　40
ドル暴落の懸念　197

な　行
内在的な価値尺度　99
内生的貨幣供給論　54
内部留保率　77
ニクソン・ショック　193
日本銀行券　46
ネット専業証券会社　154
ネットワーク　36, 38
値札　8

は　行
媒介的な金融機関　62
媒介物　10
媒介物としての経済合理性　18
配当　77
配当性向　77
売買委託手数料の自由化　154
売買手数料　85
売買の集中による売買の社会化　51, 159
売買の媒介　49
バスケット通貨　173, 211, 215
発券　37
発券の集中　53
バンコール　176, 178, 179, 180
藩札　28

ハンドリング・コスト　19, 24
販売　18
販売チャネル　153
非対称性　215
ビットコイン　131
標準バスケット方式　170
秤量貨幣　24
品位と量目　24
ファンド　86
不確実性　17
不換制　110
複線的連続生産方式　47
負債決済　196
物々交換　6
振替　38
プリペイド（前払い）　124
プルーフ・オブ・ワーク　131
ブレトン・ウッズ会議　176
ブレトン・ウッズ体制　194
ブロックチェーン　131
米国財務省証券　197
変動相場制　193
ポイント　124
貿易契約・決済通貨　195
法貨　46
保護主義　208
保証と信用　28
補助鋳貨　26
ポストペイ（後払い）　124
ボルカールール　208
ホワイト案　176
本源的証券　142

ま　行
持ち帰り手形　53
持ち出し手形　53
持手交換　94
モンデックス　121

や　行
山田羽書　25
遊休貨幣資本　73

遊休貨幣資本家　84
遊休資金　73, 75
優先劣後　190
有用性　4
ユニタス　176
ユニバーサルバンキング　150
ユーロ　212
預金　63
預金証書　143
預金通貨　46, 53
預金の設定　38
預金の保有者　55
預金を通じる決済　38
欲望の二重の一致　8, 9
与信　27

ら　行
楽天銀行　161
利子　48, 78
利子生み資本　44, 57
「利子生み資本論」の系譜　54
利潤率　70, 108
リージョナル通貨　211
リスク　27, 62
リスクとリターン　142
利回り　84
リーマン・ショック　184
流通期間　47
流通形態論　67
流通手段としての貨幣　24, 29
流通手段としての貨幣の紙券化　28
流通手段の分量　112
流動化機構　83
流動性ジレンマ論　202
量的緩和　184
量的・質的金融緩和　184
労働貨幣説　102, 104
労働＝生産・配分過程　87
労働と労働との交換　104

▧著者紹介

石橋 貞男（いしばし　さだお）
　1950年生まれ．和歌山大学経済学部卒業，東北大学大学院経済学研究科博士後期課程単位取得退学　博士（経済学）
　九州産業大学経済学部教授を経て，現在，和歌山大学経済学部教授

〈主要業績〉
『資本と利潤』（税務経理協会，1992年）
『資本主義の原理―経済学の新しいパラダイムを求めて―』（共編，昭和堂，2000年）

和歌山大学経済学部
研究叢書　25

現代の貨幣（げんだい　かへい）

平成28年1月16日　初版発行

著　者　石　橋　貞　男（いし　ばし　さだ　お）
発行者　大　矢　栄　一　郎
発行所　株式会社　白桃書房（はくとうしょぼう）
　〒101-0021　東京都千代田区外神田5-1-15
　☎03-3836-4781　📠03-3836-9370　振替00100-4-20192
　http://www.hakutou.co.jp/

印刷・製本　シナノ

Ⓒ Sadao Ishibashi　2016　Printed in Japan　ISBN978-4-561-96134-5　C3334

本書のコピー，スキャン，デジタル化等の無断複製は著作権法上での例外を除き禁じられています．本書を代行業者等の第三者に依頼してスキャンやデジタル化することは，たとえ個人や家庭内の利用であっても著作権法上認められておりません．

[JCOPY]〈(社)出版者著作権管理機構　委託出版物〉
本書の無断複写は著作権法上での例外を除き禁じられています．複写される場合は，そのつど事前に，(社)出版者著作権管理機構（電話03-3513-6969，FAX03-3513-6979，e-mail：info@jcopy.or.jp）の許諾を得てください．

落丁本・乱丁本はおとりかえいたします．

発刊のことば

和歌山大学経済学部研究叢書

　学問の世界のきびしさ。それはいまさら説くまでもない。一刻，一刻が精進であり，ある困難な問題ととり組んだとき，文字どおり寝食をも忘れた生活である。この修練に耐えうるのは，一つには，研究の成果をまとめて公けにする，という喜びがあるからである。ところが，出版の世界では学問の世界においてとは別な，営利の法則がきびしく支配している。学問的価値と営利的価値とは，必ずしも一致しない。「9年間お前の机の中に蔵っておけ nonum prematur in annum」ということは，ローマ人には通用しても，動きの早い今日の時代では，これを望むことは無理なことである。この矛盾を解決して，研究への熱意をあおり立てようというのが，本叢書発刊の主な理由である。

　あたかも，ことしの秋，われわれの学園では，和歌山大学開学10周年と，その経済学部の前身である和歌山高等商業学校の創立35周年とを記念して，祝典があげられることになっている。そのさい，酒を酌んで喜びを分ちあうことも，たのしいことである。それと併せて，この叢書の刊行により新たな礎石を加えることによって，将来の発展をもたのしみたいのである。

　　昭和34年10月
　　　　和歌山大学経済学部研究叢書刊行委員会代表
　　　　　　　　　　　　後　藤　　清